Dr. Ph. Joshua David Stone
& Sally LeSar

DER INTEGRIERTE LICHTKÖRPER

R. Lippert Verlag

Dr. Ph. Joshua David Stone
& Sally LeSar

DER INTEGRIERTE LICHTKÖRPER

R. Lippert Verlag

Titel der amerikanischen Originalausgabe:
"Revelations of God and The Ascended Masters
and How to Construct your Integrated Light Body".
Erschienen bei: Dr. Joshua David Stone

Übersetzung: Waltraud Reiß

Titelbild: Rudolf Lippert
Gestaltung: Renate und Rudolf Lippert

Deutsche Erstausgabe Sommer 2004

Tel.: 07578-2229, Fax: 07578-933194
www.lippert-verlag.de
e-mail: service@lippert-verlag.de

Printed in Germany
ISBN 3-933470-70-6

Inhalt

Inhalt

Inhalt

Einführung

Dieses erste Buch in der spirituellen Enzyklopädie über die Bildung deines integrierten Lichtkörpers stellt eine Basis an Weisheit, Wissen und der aktuellsten revolutionären Information dar, die von Gott und den Aufgestiegenen Meistern gegeben wurde. Joshua David Stone und Sally LeSar arbeiten mit der Geistigen Welt und einer persönlich ausgewählten Kerngruppe von Aufgestiegenen Meistern an diesem göttlichen Projekt, um das aktuellste Material, das es jemals gab, ans Licht zu bringen. Es ist der göttliche Wille, dass die vorliegende Information zu dieser Zeit der Erdevolution der Menschheit überbracht wird. Wir freuen uns sehr und fühlen uns geehrt, als Vorhut dieses Projektes erwählt zu sein und dieses Wissen zur Unterstützung unserer Brüder und Schwestern für den Aufbau ihrer „integrierten Lichtkörper" zu ihrem höchsten Potenzial zu enthüllen. Niemals zuvor in der Geschichte der Erde wurde den Lichtarbeitern so viel entscheidendes Wissen zum Erlangen des integrierten Aufstiegs und zum Aufbau des eigenen integrierten Lichtkörpers gewährt. Wir sind erfreut und geehrt, diese Weisheit mit euch allen zu teilen, unsere geliebten Freunde, unsere Brüder und Schwestern in Gott.

Gechannelte Botschaft Gottes und unserer Kerngruppe der Aufgestiegenen Meister

Seid gegrüßt, unsere Geliebten! Wir kommen zu euch als Gruppenenergie tausender Aufgestiegener Meister und von Gott, unserem verehrten Vater. Wir arbeiten in der Art mit Joshua und Sally, wie es unsere Absicht und unser Plan für dieses Projekt ist.

Niemals zuvor in der Geschichte der Erde wurde ein Projekt in dieser Weise geplant und unterstützt. Es ist ein spezielles Projekt, das vollständig göttlich geplant und geleitet wird, um die Schwingung dieses Planeten und das Bewusstsein der Menschheit anzuheben. Die Absicht dieses Buches und der vielen Bände des Wissens, die noch folgen werden, besteht darin, ein neues Übungsfeld für die Erde zu schaffen. Gott möchte der Erde und allen ihren Bewohnern spezielle Hilfe zukommen lassen. Die Erde hat ein bedeutsames Ziel und eine wichtige Stellung im universellen Plan Gottes. Dieses Ziel ist sehr wichtig für die universellen Kräfte der Schöpfung. Ihr müsst verstehen, dass die Erde einer der wenigen Planeten in der Galaxie der kosmischen Schöpfung ist, auf dem zu dieser Zeit spirituelles Wachstum und der Aufstieg stattfinden kann. Gott hat diesem Planeten gerade eine spezielle Dispensation erteilt, die ihn in die Lage versetzt, mehr Lichtkörper in physischer Form auszubilden als irgendein anderer Planet im Universum. Welche Ehre für die ganze Menschheit! Es ist eine Auszeichnung für uns als Aufgestiegene Meister, mit diesem Auftrag der Menschheit zu dienen und mit euch, als Mitschöpfer Gottes, gemeinsam zu arbeiten und dafür ausgewählt zu sein. Unsere Aufgabe und unser Privileg besteht darin, der Menschheit neue Informationen und neues Wissen zu bringen und dem Planeten zu helfen, die Schwingung der Energie in neue Höhen anzuheben. Es ist uns eine sehr große Freude, als „kollektive Gruppenenergie" zusammenzuarbeiten und so der Menschheit die Weisheit und das Wissen des Universums zukommen zu lassen.

Unser Hauptziel in der Zusammenarbeit als „kollektives Gruppenbewusstsein" besteht darin, der Menschheit ein Beispiel dessen zu geben, was durch die höheren Bereiche des Aufstiegs erreicht werden kann. Das Schlüsselprinzip zum Erreichen und Verankern der höheren Lichtkörper liegt in der ausgewogenen und integrierten Erhöhung eures Bewusstseins. Dies kann durch die Anwendung der Informationen und Hilfsmittel aus diesen Büchern und durch die praktische Umsetzung dessen in eurem Leben vollbracht werden. Wer die Bedeutung der Bewusstseinserhöhung und des Umsetzens dieser Praktiken in seinem Leben erkannt hat, wird die Früchte seiner fleißigen Bemühungen ernten. Gott hilft denjenigen, die sich selbst helfen! Diese Aussage enthüllt ein Hauptthema in unseren Schriften; wir sind jedoch da, um euch bei diesen Bemühungen zu helfen. Wir sind da, um euch zu dienen, indem wir nah an eurer Seite weilen, stets bereit, euch unsere Liebe, Treue, Weisheit und unser Wissen zu schenken. Ihr seid niemals allein auf eurem Weg zu Gott. Die in diesem Buch enthüllte Weisheit bildet eine entscheidende Grundlage zur Manifestation einer neuen Realität und mit dieser stets im spirituellen Christus-/Buddha-/Gottesbewusstsein zu leben.

Gott hat der Menschheit eine neue Gelegenheit gegeben. Sein Glaube an uns ist unermesslich. Seine Treue zu uns ist grenzenlos. Seine bedingungslose Liebe uns gegenüber ist die Kraft der gesamten Schöpfung. Es gab niemals eine bessere Gelegenheit für die Vereinigung zum Gruppenbewusstsein, für das Anheben unseres Lebensstandards und das Erschaffen einer neuen Realität, die Gottes Vision und dem Himmel auf Erden gleicht. Dies ist unser Ziel und Gottes erhabener Plan für uns alle. Dieses Buch des Wissens ist Gottes Geschenk und Seine Ermutigung für euch, euren integrierten Lichtkörper zu bilden und höhere Stufen des Aufstiegs in diesem Leben zu erreichen!

1

Die genaue Bedeutung des Lichtkörpers und wie du deinen integrierten Lichtquotienten auf allen Stufen ausbildest

Meine Freunde, das folgende Kapitel, das ich nun channeln und schreiben werden, betrachte ich als das Bedeutendste, das ich jemals verfasst habe. Ich kann aufrichtig sagen, dass ich mich niemals so sehr darauf gefreut habe, wie bei diesem Kapitel. Wenn ich von der Geistigen Welt und den Aufgestiegenen Meistern der Inneren Ebenen ein Kapitel zum Schreiben empfange, dann kann ich mich sozusagen im Voraus darauf einstellen und fühle die Energie und den Inhalt. Zu Beginn eines neuen Buches ist dies ähnlich, wenn ich die Energie und den Inhalt davon wahrnehme. Ich kann bereits im Voraus durch den Ursprungsgedanken des Titels und das Einstimmen auf ihn sagen, welche Kapitel davon die Einschneidendsten und Revolutionärsten sind, die ich jemals empfangen habe. Dieses Kapitel entstammt der Gnade der Geistigen Welt, von Melchizedek, Mahatma und Erzengel Metatron. Schnallt euch an, wie ich gerne sage, dies ist weit entfernt von der „Lichtkörper Richterskala"! Ich bitte Gott, Christus, den Heiligen Geist, Melchizedek, Mahatma und Metatron um Unterstützung beim Channeln und Schreiben dieses Kapitels zu seinem höchsten Potenzial.
So steht es geschrieben! So soll es geschehen!

Ich habe hier selbst einiges zum Verständnis beigetragen. Was bedeutet der „Lichtkörper" genau und wie verläuft der Prozess der Ausbildung des „integrierten Lichtquotienten"? Ich glaube nicht, dass es zwei faszinierendere und umfassendere Themen gibt auf der Erde. Das Konzept des „integrierten Lichtquotienten" ist revolutionär und, um ehrlich zu sein, habe ich den Begriff selbst erfunden. Das Konzept des „integrierten Lichtkörpers" und eine tief gehende Erklärung der Bedeutung des Lichtkörpers ist auf dieser Erde ebenso revolutionär, denn es gibt darüber unglaubliche Verwirrung, falsche Auffassungen und Missverständnisse. Die Geistige Welt, die geliebten Meister und ich wollen in diesem Kapitel all dies für euch klären, macht euch daher bereit für das, was nun kommt!

Lasst uns mit der Frage der Bedeutung des Lichtkörpers beginnen. Über diesen Punkt gibt es in der New Age Bewegung so viel Verwirrung, Meinungen und Täuschungen. Diese Frage erscheint mir immer komisch. Viele Lichtarbeiter meinen, dass es "einen Lichtkörper" gäbe, den sie aufzubauen versuchen, um dann in ihn hineinzugehen und dies, meine Freunde, ist eine Illusion. Manche denken, dass es 12 Stufen des Lichtkörpers gäbe, doch ohne dies werten zu wollen, das ist eine Illusion. Es gibt 352 oder mehr Stufen des Lichtkörpers, wie es auch 352 Stufen der Initiation oder 352 Stufen des Mahatma und 352 oder mehr Stufen gibt, die zu Gott, dem erhabenen Schöpfer, zurückführen. Meine geliebten Leser, es gibt nicht einen Lichtkörper oder 12 Stufen eines Lichtkörpers oder eine einzelne Stufe des Lichtkörpers, zu dem physisch aufgestiegen werden kann. Die Ausbildung des Lichtkörpers ist in Wahrheit ein nie endender Prozess oder – noch besser gesagt – ein 352 oder mehr Stufen Prozess. Das Konzept, dass es 352 oder mehr Stufen des Lichtkörpers gibt, ist sicher revolutionär. Dies ist das erste revolutionäre Konzept.

Nummer zwei besteht darin, dass die Lichtkörperbildung einen Prozess darstellt und nicht einen einzelnen Körper oder etwas, das du dir überstülpen kannst und dann ist es passiert. Genauer gesagt, kann dies als planetarer Lichtkörper-Integrationsprozess, Solarkörper-Lichtkörper-Integrationsprozess, galaktischer Lichtkörper-Integrations-prozess, universeller Lichtkörper-Integrationsprozess, multi-universeller Lichtkörper-Integrationsprozess und kosmischer oder Quellen-Lichtkörper-Integrationsprozess betrachtet werden. Dies und das 352 Stufen Modell sind die zwei neuen Paradigmen für das siebte Goldene Zeitalter, um ein umfassenderes Verständnis dieses Prozesses zu erlangen, wie mir Melchizedek, der Universelle Logos, durch meinen Channel mitteilt und wie er es gerne bezeichnet.

Es gibt in einem weiteren Kapitel eine umfangreiche Auflistung der ersten 22 Lichtkörper dieser 352 Stufen, die es zu integrieren und verankern gilt und ihrer Wirkungsweise. Ich kann nicht alles über dieses Thema in diesem einen Kapitel erklären, denn darüber wird in den 50 fortlaufenden Büchern der spirituellen Enzyklopädie berichtet werden. Ich gebe euch jedoch ein paar Beispiele über einige zu verankernde Lichtkörper. Ihr verfügt über diejenigen, die mit den sieben Unterstufen der kosmisch-physischen Ebene verbunden sind: die physische-, astrale-, mentale-, buddhische-, atmische-, monadische und logoische Ebene, die jeweils einen entsprechenden Lichtkörper besitzt. Dann gibt es noch weitere, die wie folgt beschrieben sind: der gesalbte Christus-Überselbst-Körper, der Zohar-Lichtkörper, der Überselbst-Körper, der höhere Adam-Kadmon-Körper, und so weiter alle Stufen aufwärts.

Dann gibt es noch viele andere Körper, die nicht direkt mit einer Stufe dieser 352 verknüpft sind und die den Lichtkörper erweitern. Dies ist ein weiterer Grund dafür, dass es mehr als 352 Stufen des Lichtkörpers gibt. Einige davon sind: der elektromagnetische Körper, der Gematria-Körper, der Epi-kinetische Körper, der Eka-Körper, der solare-, galaktische- und universelle Körper, der Mayavarupa-Körper, der monadische Blaupausen-Körper, der mystische Körper des Herrn, die Merkabah, der Körper des paradiesischen Sohnes, der elohistische Körper des Herrn, 330 Chakren-Körper, 352 Körper des Mahatma, die Hülle des Shaddai, die Verankerung und Verschmelzung der Lichtkörper mit anderen kosmischen und planetaren Meistern, das Vehikel der Friedenstaube, die Hülle der Vollkommenheit, das mit Juwelen besetzte Vehikel des Lichtes, die komplette Hülle des Vaters, der gesalbte Lichtkörper, der monadische Lichtkörper, der Höheres Selbst - Lichtkörper, der Lichtkörper Gottes; der Lichtkörper von Gott, Christus und dem Heiligen Geist; der Kausalkörper; die Lichtkörper der kosmischen physischen Ebenen, die in Bezug mit folgenden Ebenen stehen: der kosmisch-physischen-, kosmisch-astralen-, kosmisch-mentalen-, kosmisch-buddhischen-, kosmisch-atmischen-, kosmisch- monadischen- und kosmisch-logoischen Ebene. Es gibt die kosmisch äquivalenten Lichtkörper, die mit den mikrokosmischen Versionen der sieben Unterstufen der kosmisch-physischen Ebene in Verbindung stehen, jedoch auf einer kosmischen Stufe, wie es in den Alice Bailey Büchern – durchgegeben von dem geliebten Djwhal Khul – beschrieben steht.

Meine geliebten Leser, nun beginnen wir die Grundlage dafür zu schaffen, was der Lichtkörper wirklich ist und wie unglaublich umfassend und komplex dieser Prozess ist. Ihr werdet auch erkennen, dass es eine Illusion ist, dass wir einen Lichtkörper aufzubauen versuchen oder dass wir in einen Lichtkörper eintreten können und damit sei der Prozess beendet. Oder dass es genau 12 Lichtkörper gibt. Oder wie absurd es ist, dass Menschen den Anspruch erheben, das Bilden ihres Lichtkörpers vollendet zu haben. Es gibt auf diesem Planeten kein Wesen, das mehr als 30 bis 35 Stufen seines Lichtkörpers auf der Erde verankern kann. Wenn euch jemand erzählt, dass er dies getan hat, dann hat derjenige mit Missverständnissen und Täuschung zu tun, ohne dies absichtlich werten zu wollen. Selbst die kosmischen Meister – wie Melchizedek, Mahatma und Metatron – befinden sich noch im Prozess des Verankerns, Aktivierens und Verwirklichens der mehr als 352 Stufen der höheren Lichtkörper.

Was ich hier besprochen habe, enthält noch nicht einmal den ganzen Prozess des Eingliederns eures „integrierten Lichtkörpers". Dies ist eine ganz andere Stufe der Diskussion auf psychologischer und physischer Ebene der Integration eures Lichtkörpers, worauf ich später in diesem Kapitel noch eingehen werde. Meine geliebten Leser, die meisten Menschen haben eine sehr begrenzte Sichtweise und ein begrenztes Verständnis darüber, was dieser Prozess wirklich bedeutet und was er nach sich zieht, wie wir in der Folge sehen werden, wenn dieses Kapitel durch die Gnade von Gott, Christus, dem Heiligen Geist, Melchizedek, Mahatma und Erzengel Metatron dargelegt sein wird. Um dies genauer zu erklären, kommt die Ausbildung der zwölf Stränge der DNA auf einer ätherischen und physischen Ebene noch zum Lichtkörperprozess hinzu. Ebenso die ganze Aufstiegsaktivierungsarbeit, über die ich geschrieben habe, sowie das Überwinden des negativen Egos mit seinem angstbegründeten, trennenden Denken und Fühlen des niederen Selbst und dies durch spirituelles Denken und Fühlen des Melchizedek, Christus, Buddhas und Gottes zu ersetzen.

Hier kommt ein weiteres total revolutionäres Konzept. Die Ausbildung eures „psychologischen Lichtkörpers" und eures „physischen Erdlichtkörpers", über die ich in der Folge in diesem Kapitel sprechen werde. Sagte ich euch nicht, dass ihr für dieses Kapitel euren „spirituellen Sicherheitsgurt" anlegen sollt? Dies ist eine völlig revolutionäre, befreiende Betrachtung dessen, was der Lichtkörper wirklich ist, wie sie von der Quelle und Melchizedek, Mahatma und Metatron in Zusammenarbeit für das neue Jahrtausend, das siebte Goldene Zeitalter und das Wassermannzeitalter offenbart wurde. Um diese neue Dispensation Gottes darzubringen, wurde diese spirituelle Enzyklopädie niedergeschrieben. Nun legt eure spirituellen Sicherheitsgurte an, denn wir starten jetzt. Dies ist sozusagen gerade mal die „Spitze des integrierten Lichtkörper-Eisberges"!

Als nächstes habe ich die Geistige Welt und die geliebten Meister gefragt, ob es der Fall ist, dass man mit dem physischen Körper in den Lichtkörper aufsteigt und ob man wählen kann, mit dem physischen Körper aufzusteigen und diesen nach dem Tod in Licht zu verwandeln anstatt nur mit der Seele aufzusteigen, was ein gleich guter und gleichwertiger Weg ist. Jede Seele entscheidet, wie sie ihre Energien in der gegebenen Lebenszeit nutzen möchte. Es benötigt etwas mehr Energie und Arbeit, um mit dem physischen Vehikel aufzusteigen, doch es ist nicht unbedingt besser, es in dieser Art zu tun. Für manche ist es ihr Dharma, oder ihre Bestimmung, dies zu tun und andere steigen mit der Seele auf. Nun kommen wir zu der ursprünglichen Frage zurück. Gott und die Meister sagten, dass die unterste Stufe des Lichtkörpers, in den man mit dem physischen Körper aufsteigen kann, der logoische Lichtkörper sei, was die siebte Stufe des Lichtkörpers auf einer planetaren Ebene ist.

Die nächste Frage, die ich Gott und den drei M's (Kurzform von Mahatma, Melchizedek, Metatron, wie ich sie sehr gerne nenne) gestellt habe, ist, was mit dem Lichtkörper geschieht, wenn Menschen normal oder physisch aufsteigen? Die Antwort ist das höchste, was ihr erfassen könnt. Da ich beispielsweise geplant habe, für eine gute Weile auf der Erde zu sein – in Verbindung mit der Geistigen Welt und den geliebten drei M's, habe ich gewählt, meinen physischen Aufstieg zu verzögern, um zum Dienen auf der Erde zu bleiben - werde ich, wenn ich physisch aufsteige, dies in einer viel höheren Stufe des Lichtkörper tun, als wenn ich mich dazu entschieden hätte, früher zu gehen. Ich persönlich betrachte es als große Ehre, zu dieser Zeit auf der Erde zu bleiben und zu dienen. Es gab in der Geschichte der Erde niemals eine derart beschleunigte spirituelle Zeit. Auf diesem Planeten gibt es in dem 40 Jahre dauernden Zyklus von 1988 bis 2028 mehr spirituelles Wachstum als in den letzten 3,2 Billionen Jahren. Durch diese Tatsache, die von Mahatma enthüllt wurde, sind die Gelegenheiten für Dienst und spirituelles Wachstum einmalig. So werde ich physisch in eine unendlich höhere Stufe des Lichtkörpers aufsteigen, was ich faszinierend fand. Ich dachte niemals daran, diesen Prozess hinaus zu schieben, bis sie mir gesagt haben, dass dies ebenso gut meine Entscheidung sei und ich akzeptierte sie, nachdem ich mich darüber direkt mit der Geistigen Welt beraten habe. Ist dies alles nicht faszinierend? Aufzusteigen oder physisch aufzusteigen in einem verankerten und aktivierten Lichtkörper, wenn er einmal verwirklicht ist, und zu entscheiden, zu welchem Lichtkörper und wann man aufsteigen möchte!

Nun muss auch bei der Bildung deines integrierten Lichtkörpers verstanden werden, dass jeder Lichtkörper in Stufen verankert und aktiviert wird. Es geschieht nicht alles auf einmal. Es ähnelt einem Initiationsprozess. Erinnerst du dich daran, wie ich in meinem ersten Buch *Das komplette Aufstiegshandbuch* erklärt habe, dass die Initiationen in sieben Unterstufen zwischen den Hauptinitiationen auftreten? Dasselbe geschieht mit diesen höheren Lichtkörpern, sie kommen in Unterstufen und jede Unterstufe des verankerten und aktivierten Lichtkörpers ist in sich selbst ein komplettes Paket, das Feuerzeichen, Schlüsselcodes, geheiligte Geometrien, die Sprache des Lichtes und vieles andere enthält, was in dem Kapitel über die 22 Stufen des Lichtkörpers erklärt wird. Alle diese „spirituellen Zutaten" in diesen Paketen der jeweiligen Unterstufe des Lichtkörpers enthalten die „synergetische, holistische Gestalt" von allem, was benötigt wird, damit der Lichtkörper perfekt funktioniert. Jede spirituelle Zutat muss nicht speziell angefordert werden, denn Gott fügt all dies einem „spirituellen Unterpaket" bei. Der Schlüssel zum Verständnis jedoch, was ich noch einmal wiederholen möchte und was nicht genug betont werden kann, liegt darin, dass – egal, wie viel du betest, meditierst, anrufst, channelst, zu den Meistern sprichst, liest, studierst, chantest, den Namen Gottes rezitierst oder welche spirituelle Praxis du auch immer anwendest, diese Lichtkörper erst dann verankert und aktiviert werden, wenn die nachfolgenden Dinge getan wurden. Dieser Punkt kann nicht genug betont werden und dies mag das Wichtigste sein, was ich in diesem Kapitel zu sagen habe. Lies es daher sorgfältig durch, denn es enthält den Schlüssel zu deinem Erfolg.

Diese höheren Lichtkörper werden erst dann verankert und aktiviert, wenn du:

1. Spirituell, psychologisch und auf physisch/irdischer Ebene integriert und ausgeglichen bist.
2. Die Präsenz Gottes, deiner mächtigen ICH BIN - Gegenwart, deiner Monade und deines Höheren Selbst auf dem Planeten Erde im täglichen Leben demonstrierst, verkörperst und praktizierst.
3. Die Lektionen, die jede Unterstufe und jeder Lichtkörper im entsprechenden Paket erfordern, lernst.

Das ist ein neues revolutionäres Konzept und eine Verfügung Gottes zu Beginn dieses neuen Jahrtausends, dass jeder Lichtkörper einzigartige Lektionen enthält, die man erlernen muss, um alle sieben Unterstufen dieses speziellen Lichtkörpers zu verankern und zu aktivieren. Wenn diese Lektionen nicht gelernt werden, egal, ob du meditierst, betest, anrufst, aktivierst, channelst, affirmierst, verfügst, chantest, Seelenreisen machst oder welche spirituelle Praxis du auch immer anwendest, werden diese Lichtkörper nicht verankert und aktiviert werden. Die Zeit für eine freie Fahrt ist vorbei! Damit ist Schluss, mein Freund. Gott und die kosmischen Meister und die Mächte haben entschieden, dass es zu viel Nicht-Integration und Fragmentierung in den Religionen und in der New Age Bewegung geben soll, ohne dies werten zu wollen, und Gott hat in Seiner unendlichen Liebe als neues Erfordernis die „Integration" hinzugefügt. Wenn du dich nur an eines aus diesem

Kapitel erinnerst, dann erinnere dich daran. Sonst verschwendest du dein Leben, indem du eine spirituelle Praxis ausübst und nur sehr wenig Fortschritt erlangst. Ich spreche von der direkten Erfahrung, meine Freunde, und ich weiß, wovon ich hier spreche und ich bringe euch diese Worte direkt von der Geistigen Welt und den Meistern. Das neue Jahrtausend, das siebte Goldene Zeitalter, das Wassermann- zeitalter, beendet nun offiziell die Möglichkeit der Unredlichkeit für den Aufstiegsprozess. Das Ziel ist nicht mehr der Aufstieg. Das Ziel ist der „integrierte Aufstieg"! Das Ziel ist, ein „integriertes spirituelles Christus-/ Buddha-/Gotteswesen" zu sein! Das Ziel ist es nun, ein „integrierter spiritueller Meister" zu sein und nicht einfach ein „spiritueller Meister auf der spirituellen Ebene". Jeder Mensch, der diese höheren Lichtkörper erhält, muss sich diese erarbeiten. Die freie Fahrt ist vorbei! Die Über-Identifikation mit der spirituellen Stufe und dem spirituellen Körper und die Vernachlässigung des psychologischen Selbst und der physischen Ebene ist vorbei. Um diese höheren Lichtkörper zu erhalten, komplett zu verankern und zu aktivieren, musst du „auf der Erde dienen". Kein Dienst – keine Lichtkörper!

Um diese höheren Lichtkörper zu erhalten, musst du deine Spiritualität erden, Gott auf Erden verkörpern, deine spirituelle Mission erfüllen, deinen spirituellen Vertrag auf Erden einhalten, deine persönliche Blaupause erfüllen, dein spirituelles Erbe auf der Erde hinterlassen. Du musst deinen Geist, deine Gefühle, dein negatives Ego, dein inneres Kind, deine niederen Begierden und deinen physischen Appetit meistern, deine Gefühle bewusst wählen, das Opferbewusstsein transzendieren, deine Gefühle auf eine spirituelle Ebene anheben und das spirituelle Christus-/ Buddha-Bewusstsein auf Erden in einer integrierten und ausgeglichenen Weise verkörpern. Du musst irgendeinen Beitrag leisten, der dir liegt und mit dem du dein spezielles Puzzleteil im göttlichen Plan erfüllst. Du musst einen Beitrag leisten, damit unsere Gesellschaft und Zivilisation ein besserer Lebensraum wird. Gott interessiert sich nicht für deinen Glanz oder deine Berühmtheit. Ich treffe viele Lichtarbeiter, die diese grandiosen Visionen haben und ehrlich gesagt, ohne dies absichtlich werten zu wollen, tun und manifestieren sie niemals etwas auf der physischen Ebene. Gott wäre es lieber, wenn du bescheidener beginnen würdest, z.B. bei deiner Familie, erweiterten Familie, Kirche oder deinem Tempel, deinen Freunden, deiner Arbeit und deiner Gemeinde. Die Zeit, einen dicken spirituellen Körper und einen mageren psychologischen und physischen Körper auszubilden ist vorbei. Die Zeit, auf einem Strahl zu leben und den Rest nicht ausbalanciert zu haben, ist vorbei. Die Zeit, in den höheren Chakren zu leben und nicht alle Chakren integriert und ausbalanciert zu haben, ist vorbei. Die Zeit, Gott/Göttin nicht ausbalanciert zu haben, ist vorbei. Die Zeit, das Männliche/Weibliche und Himmel und Erde nicht ausbalanciert zu haben, ist vorbei. Seit dem Jahr 2000 musst du dir die höheren Lichtkörper erarbeiten. In den Augen Gottes liegt die Rechtschaffenheit darin, es zu versuchen und nicht darin, perfekt zu sein. Die Zeit der Verankerung und Aktivierung der Lichtkörper, während das negative Ego überhand nimmt und der Emotionalkörper den Menschen zum Opfer macht und sein Leben bestimmt, ist vorbei. Die Zeit der Verankerung der höheren Lichtkörper, während die Hauptmotivation des Individuums echte Selbstsucht ist, ist vorbei.

Meine geliebten Leser, göttliche Reinheit wirkt ganz ausgezeichnet, und ich weiß, dass ihr euch alle daran erfreut. Durch die Gnade Gottes wurde es diesem Planeten, all seinen Bewohnern und fühlenden Wesen erlaubt, ein astronomisches spirituelles Wachstum zu erlangen und diese Phase in Gottes Plan wurde nun erreicht und wir Lichtarbeiter haben alle enorm davon profitiert. Denn wir haben alle in dieser einen Lebenszeit einen spirituellen Fortschritt gemacht, für den die Meister in der

Vergangenheit viele Lebenszeiten benötigt haben. Für diese Gnade mögen wir alle Gott und den Meistern danken. Nun betreten wir die nächste Phase des göttlichen Planes, denn die Lichtarbeiter haben eine wundervolle Arbeit vollbracht, indem sie spirituelle Energien und Licht gebracht haben. Nun ist der Zeitpunkt in Gottes Plan gekommen, um Licht, Liebe und Kraft auszubalancieren. Um die sieben großen Strahlen Gottes komplett auszubalancieren; alle Chakren, den physischen Körper und die Erde. Es ist nun für jeden auf der Erde die Zeit gekommen, ein „integrierter spiritueller Meister" zu werden! Um Heiler zu sein, in einer spirituellen, mentalen, emotionalen, ätherischen, energetischen, physischen und vernünftigen Weise. Es ist Zeit, Gott auf allen Stufen – nicht nur auf der spirituellen – zu verwirklichen. Es ist Zeit, Gott in einer ausgeglichenen und integrierten Weise vollkommen zu verkörpern – spirituell, mental, emotional und materiell. Dies, meine geliebten Leser, ist die „Offenbarung für das neue Jahrtausend"! Versteht daher bitte, meine geliebten Leser, dass der physische Aufstieg und sogar der Aufstieg selbst nur einen Aspekt bei der Ausbildung eurer Lichtkörper darstellt. Ihr werdet, nachdem ihr gestorben oder aufgestiegen oder physisch aufgestiegen seid, damit fortfahren, euren Lichtkörper auszubilden.

Meine Freunde, nun wenden wir uns der nächsten Offenbarung zu, die mir Erzengel Metatron mitgeteilt hat. Der Initiationsprozess geschieht in einer Folge von 1 bis 352. Ihr könnt keine höheren Initiationen erhalten, solange die bisherigen nicht integriert und vervollständigt sind, wie ich es in meinen früheren Büchern erklärt habe. Die außerordentliche Enthüllung, die von Metatron kommt, besagt, dass die höheren Lichtkörper eher multidimensional arbeiten. Diese werden oft bei Initiationen verliehen, sind jedoch nicht darauf beschränkt. Nun passt auf, die höheren Lichtkörper können alle auf einmal kommen anstatt in einer Folge. Habt ihr die Tiefe dieser Worte verstanden? Ihr könnt sie alle auf einmal erbitten. Wenn ihr darum bei den Initiationen bittet, dann wird euch nur ein Lichtkörper zu einer Zeit in der entsprechenden Reihenfolge gegeben. Dies ist nicht der Fall bei den höheren Lichtkörpern.

Gott und die kosmischen Meister können nach Belieben eine große Anzahl davon in Unterstufen „simultan" verankern und aktivieren. Wenn, was das Schlüsselwort ist, ihr "einer solchen Gnade würdig" seid. Was bedeutet „würdig sein"? Es bedeutet, dass ihr all dies tut, was ich in diesem Kapitel dargelegt habe. Die Meister verankern und aktivieren beispielsweise meinen höheren Adam-Kadmon- Körper, gesalbten Christus-Überselbst-Körper, Zohar-Lichtkörper und Überselbst-Körper simultan zu ihrem höchsten Potenzial, während ich meine Lektionen lerne, Gott auf dieser physisch/irdischen Ebene demonstriere, die rechte Beziehung mit mir selbst, Gott, den Meistern und allen anderen Menschen aufbaue, diene, Gott auf der Erde verkörpere, in die spirituelle Führerschaft und den planetaren Weltdienst gehe, versuche, die göttliche Reinheit und Egolosigkeit zu allen Zeiten zu manifestieren, Selbstmeisterung, bedingungslose Liebe, Heiligkeit, Harmlosigkeit, Wehrlosigkeit, Einheit, spirituelle Wachsamkeit, Integration und Balance demonstriere und in jedem Moment meines Lebens mein Bestes im Rahmen meiner Fähigkeiten gebe.

Nur weil jemand um alle 22 Stufen des höheren Lichtkörpers oder sogar um noch höhere bittet und sie sich sogar erarbeitet hat, bedeutet das nicht, dass sie alle gleichzeitig mit der vollen Kraft gegeben werden. Möglicherweise wird gerade mal ein kleines Stück eines dieser Körper gegeben, abhängig davon, was man sich erarbeitet hat. Möglicherweise wird einem nur ein „Teelöffel" von einem höheren Körper gegeben. Das hängt von Gottes Ermessen und deiner Stufe göttlicher Integrität und Reinheit ab, gemäß allem anderen bereits erwähnten. Ich denke, ihr stimmt dem zu, dass diese Information von Metatron sehr erstaunlich ist. Dies sollte euch sehr stark dazu motivieren, auf allen Stufen integriert und ausbalanciert zu sein, eure Spiritualität zu erden, das Thema Geld und alle anderen weltlichen Lektionen einschließlich der Beziehungen zu meistern. Dies wird euch dazu motivieren, eure Frömmigkeit inmitten des Lebens zu demonstrieren und das Erdenleben zu umarmen und es zu lieben. Es ist die Ironie und das Paradoxon Gottes, dass der einzige Weg, um all die höheren Lichtkörper, auf der höchstmöglichen Ebene, im schnellstmöglichen Tempo zu erreichen, nicht im Aufstieg liegt, sondern darin, mit eurer Spiritualität in euer psychologisches und physisches Leben herabzusteigen. Eines der Erfordernisse, um diese Lektionen des Erdenlebens zu meistern, besteht darin, das Erdenleben zu lieben und es als Teil Gottes zu betrachten. Ein weiteres Erfordernis liegt darin, sich selbst und alle anderen als Inkarnation Gottes anzuerkennen. Dies schließt Tiere, Pflanzen und das Mineralreich ein. In der Tat leben und bewegen wir uns in Gott und haben unser Sein in Gott!

Meine geliebten Leser, viele Lichtarbeiter und spirituell Suchende leben in der Illusion und Selbsttäuschung zu meinen, sie wären verwirklicht, obwohl sie es nicht sind und zu glauben, sie erfahren spirituellen Fortschritt, obwohl sie in Wahrheit nicht integriert und ausbalanciert sind, die Gefühle und ihr negatives Ego nicht kontrollieren, ihren spirituellen Körper nicht erden und zu sehr in himmlischen Bereichen leben. Gott und die Meister halten die Karotte eurer höheren Lichtkörper für euch in diesem neuen enthüllenden und auch potenziell beschleunigteren Verständnis bereit, wenn ihr die Lektionen in diesem Kapitel und in diesem Buch und in dieser Serie von Büchern lernt. Dieses Verständnis der Notwendigkeit der Integration und Balance beim Aufstiegsprozess und des spirituellen Meisterungsprozesses ist der Schlüssel zum Schloss, welcher der Gnade Gottes und der Meister ermöglicht, in dieser enthüllenden Weise über euch zu kommen.

Diese Lektionen müssen gelernt werden. Ihr müsst diesen integrierten spirituellen Lichtkörper, diesen integrierten psychologischen Lichtkörper und diesen physisch/irdischen Lichtkörper entwickeln. Dazu müsst ihr all diese spirituellen Prüfungen bestehen! Ihr müsst nicht nur euren Lichtkörper aufbauen, sondern auch euren Liebeskörper und Kraftkörper. Ihr müsst eure dreifaltige Flamme balancieren. Denn eure höheren Lichtkörper werden nicht integriert werden, wenn ihr nur das Licht herbeiruft und euch selbst, Gott, die Meister, andere Menschen und alle fühlenden Wesen im Leben nicht bedingungslos liebt. Ja, meine Freunde, es gibt einen Liebeskörper und nicht nur den Lichtkörper.

Ein weiteres enthüllendes und revolutionäres Verständnis dieses Prozesses. Ihr habt auch einen Kraftkörper, der gebildet werden muss. Wenn ihr eure persönliche Kraft nicht besitzt und euch nicht dem göttlichen Willen in der richtigen Balance von bedingungsloser Liebe und Licht hingebt, werdet ihr nicht in der Lage sein, eure Lektionen zu lernen und all eure höheren Lichtkörper richtig zu verankern und zu aktivieren. Ihr müsst auch Liebe, Weisheit und Kraft ausbalancieren. Denn Liebe ohne Weisheit oder Kraft ist Schwindel, Vereinzelung und ungerichtete Energie. Kraft ohne Liebe ist totalitär und Diktatur. Liebe und Kraft ohne Weisheit ist ein Weg der Selbstzerstörung, mit guten Vorsätzen gepflastert. Nur wenn diese drei großen Flammen und Qualitäten Gottes ausbalanciert sind, gemeinsam mit den anderen vier großen Strahlen Gottes, kann man seine Lektionen lernen und folglich den höheren Lichtkörpern gestatten, komplett verankert und aktiviert zu werden. Du darfst dich nicht nur auf die Ausbildung deines Lichtkörpers konzentrieren, sondern solltest dich auch auf die Ausbildung deines Liebes- und Kraftkörpers ausrichten, so dass du ausgeglichen und nicht nur mit Licht angefüllt bist und es dir an bedingungsloser Liebe und persönlicher Kraft, Selbstmeisterung und Selbstdisziplin nicht mangelt. Denn ohne persönliche Kraft, Selbstmeisterung und Selbstdisziplin wirst du nirgendwohin auf dem spirituellen Weg gehen. Ohne stetige bedingungslose Liebe wirst du nirgendwohin auf dem spirituellen Weg gehen, egal wie viel Kraft und Weisheit du besitzt. Ohne Weisheit kommst du auch nicht weit auf dem spirituellen Weg. Ich spreche hier nicht über intellektuelle Weisheit oder sogar esoterisches Wissen.

Es geht um die Weisheit, die benötigt wird, um diese Grundlektionen auf dem spirituellen Weg zu lernen, um ein Leben der Gottintegration, Gottreinheit und Gottliebe zu leben. Etwas Weisheit ist notwendig, um allezeit den täglichen Lektionen in bedingungsloser Liebe zu begegnen. Dies kann man als psychologische Weisheit im Gegensatz zu intellektueller Weisheit bezeichnen. Ein Politiker oder Rechtsanwalt kann über große intellektuelle Weisheit, jedoch über keine spirituelle oder psychologische Weisheit verfügen; wer ist also weiser? „Was profitiert ein Mensch, wenn er die ganze Welt gewinnt, aber seine Seele verliert?" Ich spreche hier über Seelenweisheit! Bilde deinen Seelenweisheitskörper ebenso aus. Intellektuelle Weisheit ist nicht notwendig. Denn Gott ist mehr an göttlicher Reinheit und Integrität als an Buchwissen oder einer nutzlosen Bibliothek von intellektuellen oder selbst esoterischen unklaren Fakten interessiert, die nicht in die Praxis umgesetzt werden.

Meine geliebten Leser, durch das umfassende Verständnis des Lichtkörperprozesses ist es möglich, das auszubilden, was die Geistige Welt, Melchizedek, Mahatma und Metatron als den „integrierten Meisterlichtkörper" bezeichnen. Dieser Körper ist dann in der Lage, nicht nur innerhalb dieser Ebene, sondern auch in anderen multidimensionalen Bewusstseinsebenen zu lehren. Wie auch viele von euch, unterrichte ich andere gleichzeitig auf der ganzen Welt an verschiedenen Orten während des Schlafes und wacher Stunden. Je stärker du diesen integrierten

Lichtkörper ausbildest, an umso mehr Orten kannst du dich gleichzeitig multidimensional aufhalten. Die meisten Menschen unterrichten oft in ihrem Astralkörper, Mentalkörper oder in einer niedrigeren Stufe der spirituellen Körper, was durchaus in Ordnung ist. Das höchste Ziel besteht jedoch darin, deinen „integrierten Lichtkörper“ innerhalb des Selbst auf Erden auszubilden und ihn hier bei deiner Praxis, die Gegenwart Gottes auf Erden zu verkörpern, einzusetzen. Dann beginnst du automatisch damit, aus diesem erweiterten „integrierten spirituellen Meisterlichtkörper“ heraus zu lehren, welcher ein wesentlich weiter entwickelter Lichtkörper ist und dir erlaubt, zu dienen und mehr Menschen in einer balancierten und integrierten Weise zu helfen.

Meine geliebten Leser, schließlich gibt es noch euren integrierten Lichtquotienten, der ein weiteres revolutionäres und bahnbrechendes Konzept darstellt. Dies wird sogar noch von der Ausbildung deines „integrierten Licht-/Liebes-/Kraftquotienten“ übertroffen. Ihr bildet dabei nicht nur einen „integrierten Lichtkörper“, sondern auch einen „integrierten Licht-, Liebes- und Kraftkörper“ aus. Was für ein spirituelles Konzept! Meine Freunde, dies ist eine Offenbarung für das nächste Jahrtausend! Ein Teil dieses Prozesses besteht in der Notwendigkeit, nicht nur deinen Lichtquotienten, sondern auch deinen Liebes- und Kraftquotienten auszubilden. Jedoch noch revolutionärer und bahnbrechender ist es, deinen Licht-, Liebes- und Kraftquotienten auf allen drei Ebenen – spirituell, psychologisch und physisch – auszubilden. Auf einer spirituellen Ebene wird die Ausbildung deines Licht-, Liebes- und Kraftquotienten durch das Verankern und Aktivieren all deiner höheren Lichtkörper, Aufstiegsaktivierungsarbeit, Meditationen, Gebete, all deines Rezitierens des Namen Gottes, Chantens, Channelns und deiner Licht-, Liebes- und Kraftarbeit auf den Inneren Ebenen verwirklicht. Wie auch durch das Arbeiten mit dem Licht und den Klängen Gottes und der Zusammenarbeit mit Gott und den Meistern der Inneren

Ebene zum Zwecke des Dienens. Durch die Verankerung deiner höheren Chakren, die Integration der Realitätsdimensionen, das Seelenreisen, die Bilokation und, die Liste lässt sich immer weiter fortsetzen, mit all den Begriffen der spirituellen Praktiken, die für dich verfügbar sind, um deinen Licht-, Liebes- und Kraftkörper auf der spirituellen Ebene zu erhöhen.

Nun, auf einer psychologischen Ebene, was gleichbedeutend mit der spirituellen Ebene ist, wird dein Licht-, Liebes- und Kraftquotient durch Meisterung all deiner Gedanken, Vorstellungen, Worte, Gefühle, Emotionen und Handlungen im Dienste Gottes und dem spirituellen Christus-/Buddha-/ Gottesbewusstsein in integrierter und balancierter Weise ausgebildet. Dazu bedarf es all der Dinge, die ich bereits erwähnt habe, die Überwindung des negativen Egos, der Trennung, Furcht, Begierde des niederen Selbst, des niederen Selbst, des sinnlichen Selbst, die Meisterung des Unterbewusstseins und nur noch positive Gedanken, Gefühle und Emotionen zu haben. Es bedarf die korrekte Elternschaft für das innere Kind, die Ausbalancierung der vier Körper, der drei Bewusstseinsebenen (Bewusstsein, Unterbewusstsein und Überbewusstsein), der Chakren und der sieben Strahlen. Ferner die Integration und Balance der 12 Tierkreiszeichen, der 12 Sephiroth des Baum des Lebens, der Tarotkarten, der Zahlen der Numerologie und der 12 Hauptarchetypen. Die Ausbalancierung von Gott und Göttin, weiblich und männlich, Himmel und Erde und der dreifaltigen Flamme. Die Entwicklung einer rechten Beziehung zu sich selbst, zu Gott und allen anderen. Die Entwicklung einer korrekten Psychologie und Lebensphilosophie, die auf „Gott = Mensch minus Ego“ und auch „Gott = Integration und Balance“ basiert. Das Loslassen aller Anhaftungen.

Die Betrachtung von allem im Leben als spirituelle Tests und Lektionen und bedingungslose Selbstliebe und Selbstwert zu entwickeln. Zu lernen, die persönliche Kraft zu besitzen, sich selbst zu meistern, stets ein kausales Bewusstsein zu besitzen und kein Opfer zu sein. Nur noch Vorzüge und keine Anhaftungen oder Erwartungen mehr zu haben. Das negative Ego der Dualität zu transzendieren, Gleichmut zu entwickeln, immer derselbe zu bleiben bei Gewinn und Verlust, Freude oder Leid, Krankheit oder Gesundheit, Sieg oder Niederlage, egal ob dich die Menschen bewundern oder kritisieren. Stets anderen gegenüber bedingungslose Liebe zu empfinden. Im Leben physisch aktiv zu bleiben, auf intelligente Weise zu dienen, Harmonie, Einssein, eine spirituelle wissenschaftliche Haltung, Hingabe, geordnete Verhältnisse, Freiheit, spirituelle Alchemie und Magie, Bescheidenheit in allen Dingen zu entwickeln. Ich könnte stundenlang fortfahren; dies sind jedoch die Hauptlektionen zur Ausbildung des Lichtquotienten auf der psychologischen Ebene.

Die Ausbildung des Lichtquotienten auf dieser Ebene ist gleich bedeutend und vielleicht sogar noch bedeutender als die auf der spirituellen Ebene, denn unsere Gedanken erzeugen unsere Realität. Die psychologische Ebene ist unsere Grundlage. Wie du aus diesem Kapitel erfahren hast, ist es dir nicht gestattet, die höchsten Früchte des Lichtkörpers auf der spirituellen Ebene zu ernten, bevor du nicht die psychologische Ebene des Licht-, Liebes- und Kraftquotienten gemeistert hast. Diese Stufe bei der Quotientenbildung ist deine Grundlage. Die spirituelle Ebene wird ungünstig beeinflusst und verunreinigt, wenn diese Stufe des integrierten Lichtkörpers nicht vollständig abgeschlossen wurde. Deshalb möchten Gott und die Meister nun, dass dieser Prozess von jetzt an in einer ausbalancierten und integrierten Weise durchgeführt wird und nicht in einer zersplitterten Weise, indem eine Stufe auf Kosten von einer oder mehreren anderen betont wird. In Wahrheit werden alle Stufen zersplittert, wenn die spirituelle, psychologische und physische Ebene nicht gleichermaßen gemeistert und in einer ausbalancierten und integrierten Weise entwickelt wird.

Meine geliebten Leser, lasst uns nun zur dritten Ebene kommen, die von der Ausbildung deines Licht-, Liebes- und Kraftquotienten auf einer physisch/irdischen Ebene handelt. Dies geschieht durch die Verkörperung Gottes, der mächtigen ICH BIN - Gegenwart und deines Höheren Selbst auf der Erde in deinem physischen Körper. Dies wird erreicht, indem man den physischen Körper liebt und sich richtig um ihn sorgt durch: körperliche Fitness, die richtige Nahrung, frische Luft, Sonnenschein, die rechte Atmung und das Hervorbringen von Prana und Mana. Weiterhin durch die Meisterung des Appetits und der Sexualität und diese nur in einer selbstlosen, bescheidenen und balancierten Weise in Verbindung mit bedingungsloser Liebe einzusetzen; die Meisterung des irdischen Daseins und der Erdenergien im Dienste Gottes; Liebe zum irdischen Leben und auch zur irdischen Zivilisation und Gesellschaft; den Dienst an der Welt; „Hände, die helfen, sind heiliger als Lippen, die beten." Ferner durch die Erdung deiner Spiritualität und die Verankerung deiner spirituellen Mission auf der Erde, nicht nur im Himmel oder in deinem Geist oder in deiner spirituellen Vision. Man muss lernen, zu manifestieren und nicht nur ein Visionär zu sein. Dies geschieht durch rechtes Handeln, durch den dritten Strahl der aktiven Intelligenz und des intelligenten Dienstes in der Welt. Weiterhin durch die echte Hilfe für Menschen und fühlende Wesen im Leben; Freude am Leben auf der Erde und durch das volle Eintauchen in das Erdenleben; das Erkennen und Leben deines Puzzleteilchens, deiner Blaupause, Vereinbarung und deines Vermächtnisses im göttlichen Plan; die Meisterung des Geldes und kein Armutsbewusstsein sondern ein Bewusstsein der Fülle zu besitzen. Ja, meine Freunde, die Meisterung des Geldes und Geschäftslebens ist eine der Lektionen auf dem spirituellen Weg! Tue so viel du kannst, damit du anderen in diesem Bereich der Energie ebenso helfen kannst.

Weiterhin erreicht man dies durch den Versuch, etwas in der irdischen Welt zu errichten, nicht nur in der spirituellen, mentalen oder emotionalen Welt; durch die Liebe zur Natur, zu Mutter Erde, zu den Energien der Göttin, dem Naturreich und dem Reich der Elementale; durch den Dienst an Gott und den Meistern als deren Instrument und Kanal und deren Hände und Füße auf der Erde; das Befassen mit Politik und sozialen Angelegenheiten; die Hilfe bei der Reorganisation unserer Gesellschaft und Welt, um sie in eine fünfdimensionale Gesellschaft und in das siebte Goldene Zeitalter zu bringen; das Erledigen von Aufgaben und all deinen irdischen Geschäften, so dass dein Leben auf dieser Ebene ebenso reibungslos verläuft; durch den physischen Aufstiegsprozess, indem man nicht nur die spirituelle, mentale, emotionale und ätherische oder energetische Ebene des Seins spiritualisiert, sondern auch lernt, wie man seinen physischen Körper schließlich ins Licht transformieren kann und anderen dabei helfen kann, dasselbe zu tun und durch die Meisterung der physischen Heilung auf allen Ebenen für dich selbst und andere. Auch hier könnte ich immer weiter fortfahren, und jede dieser Stufen könnte Bücher füllen, jedoch besteht der Zweck dieses Kapitels darin, den ganzen Prozess auf allen Stufen in einer Nussschale darzustellen und im Idealfall zu streifen.

Wie ihr sehen könnt, meine geliebten Leser, ist der spirituelle Pfad ein komplexer Prozess, der nicht dadurch erledigt ist, dass man einen Workshop besucht und ein einziges Buch liest, wie viele in der New Age Bewegung manchmal meinen. Das wäre das Anfangsstadium des spirituellen Weges und das ist gut so. Dieses Kapitel und dieses Buch ist für all diejenigen geschrieben, die Gott und den Lichtkörper auf der höchstmöglichen Ebene tatsächlich verwirklichen möchten. Für diejenigen, die wirklich zu einem „integrierten spirituellen Meister" werden wollen und die ihren „integrierten Lichtkörper" auf der höchstmöglichen Stufe der Gottesverwirklichung, die auf der Erde erreichbar ist, verwirklichen wollen.

Nun, meine geliebten Leser, es gibt sogar ein noch weiter fortgeschrittenes Konzept in diesem Prozess. Die Entwicklung eines „integrierten, balancierten Licht-, Liebes- und Kraftkörpers auf einer spirituellen, psychologischen und physisch/irdischen Ebene in einer ausbalancierten und integrierten Weise auf Erden". Meine geliebten Leser, dies ist der höchste „integrierte höhere Lichtkörper", der auf Erden erlangt werden kann und alle Stufen der Integration und Balance des Entwicklungsprozesses in Betracht zieht. Dies nennen die Geistige Welt, die Meister und ich von nun an zur Vereinfachung den „integrierten Lichtkörper".

War dies verständlich? Es geht um die Ausbildung deines „integrierten Lichtkörpers" und deines „integrierten Licht-, Liebes- und Kraft- quotienten" auf allen drei Ebenen – spirituell, psychologisch und physisch – in einer vollkommen ausbalancierten und integrierten Weise. Meine geliebten Leser, dies ist der „höchste integrierte Lichtkörper", der auf dieser Ebene der Existenz erreicht werden kann. Entscheide dich daher nicht dafür, den Lichtquotienten nur auf einer spirituellen Ebene zu erreichen.

Meine geliebten Leser, erkennt ihr nun, welch zersplitterte und begrenzte Sichtweise dies wäre? Wie mir Melchizedek einst in einer vollkommen bedingungslos liebenden Art erzählte, betrachten die meisten Menschen auf der Erde das Leben aus der Vogelperspektive. Dies führt oft zu einer großen Anzahl von spirituellen Führern, Channeln, Lehrern und Wissenschaftlern in der Welt, in der Religion und in der New Age Bewegung. Dies ist nicht wertend gemeint, sondern als bedingungslos liebendes spirituelles Verständnis, das von der Geistigen Welt und den Aufgestiegenen Meistern der Inneren Ebene überbracht wird, die meinen, dass es jetzt an der Zeit ist, wie Melchizedek, der Universelle Logos der Inneren Ebenen sagt, „ein breit gefächertes Verständnis" dessen, was der „Lichtkörper" und der „integrierte

Lichtkörper" wirklich darstellt, zu erlangen. Gott und die Meister trafen auf den Inneren Ebenen beim Jahrhundertwechsel die Entscheidung, dass der Aufstiegsprozess ein wenig verlangsamt wird, da die Menschen und Lichtarbeiter diesen Prozess durch einen sehr begrenzten, nicht-integrierten und unausgeglichenen Filter betrachteten. Dadurch haben sich ihre spirituellen Körper in einer extrem schnellen Geschwindigkeit entwickelt, jedoch nicht ihr Geist und ihre Gedanken, Gefühle, Emotionen, Energie, Gesamtschwingung, physische Körper und das Leben auf der Erde. Dies hat eine Zersplitterung im kollektiven Aufstiegsprozess verursacht. Nicht bei allen, jedoch bei sehr vielen Seelen. Gott und die Meister waren in ihrem unendlichen Mitgefühl und Verständnis sehr über den großen Fortschritt auf der spirituellen Ebene der Lichtarbeiter erfreut, aber sie wünschen sich jetzt mehr Balance und Integration und verringern daher etwas die Anpassung für dieses siebte Goldene Zeitalter und das neue Jahrtausend. Durch die Gnade von Gott, Christus, dem Heiligen Geist, Melchizedek, Mahatma und Erzengel Metatron wurde ich in diesem Kapitel gebeten, weiterhin ihre spirituelle Vision und kollektiven Ideale zu channeln, denn sie möchten sehr gerne, dass die Lichtarbeiter diesen „integrierten Lichtkörper-Prozess" des neuen Jahrtausends verstehen.

Ich hoffe demütig und bete darum, dass du diese Offenbarung für das neue Jahrtausend von ernsthaftem Wert betrachtest. Ich hoffe aufrichtig und bete darum, dass dies deine spirituelle Vision und dein Bewusstsein ein wenig mehr für die unglaubliche Tiefe und das Unergründliche Gottes öffnet. Die einzige Art, um diese Offenbarung von Gott, Christus, dem Heiligen Geist, Melchizedek, Mahatma und Metatron zu beenden, ist zu sagen:

Kodoish, Kodoish, Kodoish Adonai Tsabayoth!
Heilig, heilig, heilig ist Gott, der Herr der Herrscharen!

2

Wie du zentriert und ruhig im Zentrum des Zyklons und im Auge des Hurrikans bleibst: Wie du deine Schwingung meisterst und aufrecht erhältst

Meine geliebten Leser, dies ist ein sehr interessantes Kapitel, wie du bereits am Titel erkennen kannst. Über dieses Thema sind viele Bewusstseinssuchende und Lichtarbeiter oft verwirrt, und deshalb haben mich die Geistige Welt und die Aufgestiegenen Meister der Inneren Ebenen gebeten, dieses Kapitel zu schreiben. Es ist sehr interessant, dass in jedem echten Wirbelsturm, der die Erde trifft, ein Zentrum ist, in dem alles vollkommen ruhig ist. Meine geliebten Leser, diese Wahrheit gilt auch ganz besonders in einem spirituellen und psychologischen Sinn. Denn der spirituelle Weg und das Leben selbst sind oft wie ein Zyklon. In der heutigen Zeit führen wir alle ein sehr geschäftiges Leben. Neben dem Versuch, uns selbst und Gott gegenüber aufrichtig zu bleiben, versuchen wir auch alle, in allen unseren Beziehungen korrekt zu sein. Wir versuchen, zentriert und ruhig in unserer Liebesbeziehung zu bleiben. Wir versuchen, zentriert und ruhig mit unseren Kindern und Familien zu bleiben. Wir versuchen, zentriert und ruhig in unseren geschäftlichen Beziehungen und in unseren geschäftlichen und finanziellen Verantwortlichkeiten im Allgemeinen zu bleiben. Mit unseren Freunden ebenso. Wir versuchen, uns um unsere Aufgaben und alle Verantwortungen im Leben zu kümmern.

Als Lichtarbeiter auf dem Pfad des Aufstiegs sind wir alle stark beschleunigt und es gibt enorme persönliche und planetare Ströme der kosmischen Strömung durch uns. Es gibt starke astrologische Kräfte, die uns auch treffen. Wir alle gehen durch eine spirituelle Wandlung unseres physischen und ätherischen Vehikels, wenn wir unsere Schwingung erhöhen. So wie wir in unseren Initiationen und während des Aufstiegsprozesses wachsen, übernehmen wir immer größere Stufen der spirituellen Führerschaft, was unser Leben auf Grund der größeren Verantwortung immer mehr zu einem Zyklon macht. Viele haben Angestellte in ihrem Geschäft. Viele haben eine große Familie und einen Freundeskreis. Wir übernehmen immer mehr Schüler und mehr Verantwortung, um anderen zu helfen. In dieser modernen Zeit gehen wir mit E-Mails, Faxgeräten und Webseiten um. Dann gibt es all die Menschen um uns herum, die in der einen oder anderen Weise durch spirituelle, mentale, emotionale und/oder physische Krisen gehen.

Jeder von uns beschleunigt seinen Aufstiegsprozess so schnell, dass ganze Bereiche von unerlöstem Material hochkommen, wo auch immer etwas unklar ist. Wir leben in einer „Hyper-Zeit", in der wir in drei Monaten so viel Wachstum erleben wie in einem ganzen Jahr. Die Zeit vergeht so schnell, dass ein ganzes Jahr verstreicht und es scheint so, als hätte es erst gestern begonnen! Die Meister arbeiten mit uns auf den Inneren Ebenen und tiefe Veränderungen geschehen in all unseren Körpern.

Wir tragen enorme persönliche, familiäre, spirituelle, finanzielle, geschäftliche und dienende Verantwortung. Wir studieren spirituelles Wissen und meditieren darüber und tiefe Einsichten, Inspiration, Führung, Weisung und Kreativität werden uns zuteil. Wir haben ständig mit den negativen Egos anderer Menschen und den Lektionen des Lebens zu tun und wenn wir uns nicht vollkommen selbst gemeistert haben und zentriert und klar sind, so kann uns dies Zeit kosten und uns unserer Energie berauben. Unsere physischen Körper gehen durch solch eine tiefe Transformation, dass wir nicht immer gut schlafen oder der

Körper verändert sich tief gehend und hat oft chronische Schmerzen und Leiden oder Gesundheitslektionen. Das Unterbewusstsein bringt ständig massenhaft Information und Material zum Verarbeiten hoch. Wir leben intensiv in Arbeit und Freizeit und es gibt enorm viel Informationen, die wir aus der Außenwelt in uns aufnehmen. Die Medien in Form von Fernsehen, Radio, Zeitungen, Internet, Illustrierten und Filme bombardieren uns mit ihrer Information. Viele von uns sind mit kirchlichen Gruppen oder spirituellen Gemeinschaften von Menschen verbunden. Wir führen enorm viele private und berufliche Telefongespräche. Als Lichtarbeiter müssen wir uns Zeit nehmen, um gute Nahrung zu uns zu nehmen, genügend Bewegung und frische Luft zu haben, Zeit für Entspannung, Sonnenschein, Meditation, Gebet, spirituelle Lektüre, Regeneration, die Gegenwart Gottes zu praktizieren, zu channeln und all unsere spirituellen Praktiken durchzuführen.

Meine geliebten Freunde, in dieser technisch fortgeschrittenen Welt mit der beschleunigten Zeit, in der wir leben und in der jeder von uns durch die beschleunigten Initiationen und den Aufstiegspfad mehr Verantwortung spiritueller Führerschaft und den Dienst an der globalen Welt übertragen bekommt, kann man dies nicht als metaphysischen und psychologischen Zyklon oder energetischen Hurrikan bezeichnen? Viele Menschen sind so geschäftig und haben so viele persönliche, familiäre und beruflichen Verantwortlichkeiten, dass sie nicht genügend Zeit für sich selbst haben, um zentriert und in all dem organisiert zu bleiben.

Wenn all diese Dinge aus einer spirituellen Christus-/Buddha-Perspektive betrachtet werden, dann kann man dies als spirituelle Tests und Lektionen betrachten. Wenn aus der göttlichen Perspektive heraus verstanden wird, dass alles im Leben ein spiritueller Test und eine Lektion ist, um zu sehen, ob du zentriert, ruhig, balanciert, bedingungslos liebend und immer im

Christus-Bewusstsein verbleiben kannst. Wir sind alle wie Jongleure, die mit tausend Bällen zu jonglieren versuchen. Wir versuchen so viele Dinge in uns und außerhalb von uns zu integrieren und zu balancieren. Um das zu erreichen, muss man wirklich ein „integrierter spiritueller Meister" sein! Meine Freunde, dies ist das Ziel des Lebens!

Was an diesem Prozess noch erstaunlicher ist, ist die Tatsache, dass, je mehr Fortschritte du in spiritueller Hinsicht erlangst, umso mehr spirituelle Führerschaft und globaler Dienst an der Welt wird dir übertragen. Wie die Meister gerne sagen: „Es wird viel gegeben und viel erwartet!" Anstatt tausend Bälle zu jonglieren, wirst du darum gebeten, zehntausend Bälle zu jonglieren! Dann eine Million Bälle! Nun, wenn du glaubst, dass dies eine ganz schöne Menge sei, Lord Buddha steht als der Planetare Logos in der Verantwortung für den gesamten Planeten! Helios und Vesta stehen in der Verantwortung unseres gesamten Sonnensystems! Melchior steht in der Verantwortung für unsere gesamte Galaxie! Melchizedek steht in der Verantwortung für unser gesamtes Universum! Was bedeutet es dagegen schon viele Bälle zu jonglieren? Gott steht in der Verantwortung für den gesamten Kosmos! Gott ist der höchste Jongleur des unendlichen Universums!

Nun, der einzige Weg, wie es für jeden von uns und jeden dieser Meister möglich wird, all dies zu tun und zentriert und balanciert zu sein und im Zentrum des Zyklons und im Auge des Hurrikans zu bleiben, in dem alles vollkommen ruhig und still ist, ist so zu tun, als wären wir alle Götter. Nun, dies ist die Wahrheit. Wir sind alle Inkarnationen Gottes und Gott hat unserem Bewusstsein alle Fähigkeiten, Gaben, übersinnliche Fertigkeiten und Talente mitgegeben, damit wir fähig sind, dies alles mit ein wenig spirituellem und psychologischen Training zu bewältigen. Der Zweck dieser leicht zu lesenden Enzyklopädie des spirituellen

Pfades, welche die Geistige Welt, die Meister und ich geschrieben haben, besteht darin, euch allen das Verständnis und die Methoden, wie dies leicht umzusetzen ist, zukommen zu lassen. Es ist vielleicht nicht leicht dies alles zu bewältigen, doch es ist möglich. Es ist viel, selbst für den schon am weitesten fortgeschrittenen „integrierten spirituellen Meister", jedoch wird es mit der Zeit immer leichter, je mehr „integrierte spirituelle Meisterschaft" du erreichst.

Die Schlüssellektion des Lebens, um dazu fähig zu sein, besteht darin, zu lernen ein Meister auf einer spirituellen, psychologischen und physischen Ebene zu sein und dann diese drei Ebenen auch zu balancieren und zu integrieren. Ein weiterer Schlüssel besteht darin, das negative Ego mit seinem angstbegründeten, trennenden Denken und Fühlen zu überwinden und nur noch aus dem spirituellen Christus-/Buddhabewusstsein heraus zu denken und zu fühlen. Der Schlüssel liegt darin, in der Lage zu sein, dies zu tun und außerdem integriert und balanciert zu bleiben. Ein anderer Schlüssel besteht darin, dass du lernen musst, Herr über deine persönliche Kraft zu werden, dich selbst zu meistern und immer die Ursache deiner Realität und nicht die Wirkung oder das Opfer zu sein. Ein weiterer Schlüssel besteht darin, dass du der absolute Meister deines Geistes, deiner Gedanken, deiner Gefühle, deines Unterbewusstseins, deines inneren Kindes, deiner niederen Begierden und deines negativen Egos bist. Wir kennen alle das Zitat, dass derjenige, der sich selbst meistert, größer ist als derjenige, der die ganze Welt meistert! Ein weiterer Schlüssel besteht darin, mit sich selbst und mit Gott immer in der rechten Weise umzugehen, als die beiden wichtigsten Beziehungen in deinem Leben. Wenn diese recht bleiben, dann bleiben auch alle anderen Beziehungen zu Menschen und Dingen sowie das Leben selbst recht. Nun enthülle ich euch das große Geheimnis aller Zeiten, wie man zentriert und ruhig im Zentrum des Zyklons und im Auge des Hurrikans bleibt. Es ist die Fähigkeit, deinen Geist absolut selbst zu meistern. Indem du deinen Geist meisterst, kannst du deine Gefühle, Emotionen, dein Verhalten und deine physische Gesundheit meistern und entscheiden, was du in deinem Leben anziehst! Durch die Meisterung deines Geistes erkennst du, dass Glück und innerer Frieden ein Geisteszustand ist, der nicht auf etwas außerhalb von dir selbst basiert. Durch die Meisterung des Geistes und die Überwindung des negativen Egos kann man lernen, jederzeit in bedingungsloser Liebe, innerem Frieden, Freude, Glück, Segen, spiritueller Ekstase, Ausgeglichenheit und Gleichmut zu leben. So kann man lernen, immer im Zentrum des Zyklons oder im Auge des Hurrikans zu leben!

In spiritueller Terminologie heißt dies „lernen zu meistern und deine Schwingung aufrechtzuerhalten"! Dies ist eine der wichtigsten spirituellen Fähigkeiten, die ein spiritueller Führer, Lehrer, Channel, Schüler, Eingeweihter oder spiritueller Meister entwickeln muss. Wenn du dich selbst nicht meistern und deine Schwingung aufrechterhalten kannst, wie sollen dir Gott und die Meister dann zutrauen, dass du spirituelle Führerschaft, globalen Dienst an der Welt und fortgeschrittene spirituelle Aufgaben übernimmst, und dir gestatten, in die kosmischen Ebenen des Aufstiegs zu gelangen und dir Zugang zu fortgeschrittenen spirituellen Stufen und kosmischen Frequenzen geben? Wenn du dich selbst nicht meisterst und deine Schwingung auf einer spirituellen, psychologischen und physischen Ebene sowie auf der Beziehungsebene aufrechterhalten kannst, dann kannst du auch nicht die Heilungen, Aufstiegsaktivierungen und den Segen, die du durch Gott und die Meister erhältst, aufrechterhalten. Wenn du dich selbst nicht meistern und deine Schwingung auf all diesen Stufen in einer balancierten und integrierten Weise aufrechterhalten kannst, dann werden die inneren und äußeren Kräfte des Lebens dich immer weiter aus der Balance bringen.

Deshalb ist der Sinn des Lebens, ein „integrierter und balancierter" spiritueller Meister zu werden! Die Erde ist eine Schule, um dies zu üben. Wenn du diese Lektionen lernst, dann bleibst du auf der Erde, um zu dienen und anderen zu helfen, damit sie diese Dinge auch erreichen können. Dann steigst du spirituell und physisch auf und graduierst sozusagen in einen integrierten spirituellen Dienst einer höheren Stufe der Existenz auf den Inneren Ebenen. So bewegen wir uns langsam aber sicher durch die 352 Stufen von Gott und Mahatma zurück zur Quelle, von der wir schließlich als kosmische Aufgestiegene Meister der gesamten Schöpfung dienen werden. Eine der ersten Lektionen auf dem spirituellen Weg, um fähig zu sein, diesen Weg zu beschreiten, besteht darin, zu lernen, jederzeit im Zentrum des Zyklons, im Auge des Hurrikans zu leben und in der Lage zu sein, sich selbst zu meistern und stets die eigene Schwingung spirituell, psychologisch und physisch in einer balancierten und integrierten Weise aufrechtzuerhalten!

So steht es geschrieben! So soll es geschehen!

3

Wie du deinen spirituellen, mentalen, emotionalen und ätherischen Schutz und die Liebe zu Beginn des Tages aufbaust

Meine geliebten Leser, was ich mit euch in diesem Kapitel teile, ist eines der großen Geheimnisse der Zeitalter, das nur sehr wenige Menschen in dieser Welt kennen, verstehen und anwenden. Es ist ganz einfach und ergibt tiefen Sinn, so dass du dich nach dem Lesen dieses Kapitels wunderst, warum es nicht jeder anwendet. Du wirst dies jedoch fast nirgendwo in der Welt geschrieben finden.

So wie wir jeden Morgen aufstehen und uns bewusst physisch ankleiden, ist es ebenso wichtig, sich „bewusst" spirituell, mental, emotional und ätherisch anzuziehen. Ihr werdet das, was ich zu sagen habe, sehr interessant finden. Fast jeder hat als Kind oder als Jugendlicher oder vielleicht sogar als Erwachsener in der Nacht während des Schlafes davon geträumt, in einem Klassenzimmer in der Schule zu sein, aber nicht angezogen zu sein oder in der Unterwäsche dazusitzen. Dies ist ein universeller Traum, den fast jeder irgendwann in seinem Leben gehabt hat. Dies bedeutet, dass du in der Zeit deines Lebens, als du diesen Traum hattest, spirituell, mental, emotional und ätherisch für diesen Tag nicht richtig angezogen warst.

So wie es wichtig ist, sich physisch mit Kleidung zu schützen und dabei nach eigenem Geschmack verschiedene Farben und vielleicht Schmuck zu tragen, ist es ebenso wichtig, dasselbe auf einer metaphysischen und psychologischen Ebene zu tun. Kleide dich jeden Tag, wenn du dich anziehst oder während deiner Meditation, auch innerlich an. Beanspruche deine persönliche Kraft beispielsweise in Form des Schwertes von Erzengel Michael. Lege deine goldene Schutzblase um, so dass die negative Energie anderer Menschen an dir abperlt, wie das Wasser am Federkleid einer Ente. Kleide dich mit bedingungsloser Liebe, wie beispielsweise einer roten oder rosa Rose in deinem Herzen. Kleide dich mit der dreifaltigen Flamme der Liebe, Weisheit und Kraft in deinem Herzen. Bitte Gott und die Meister um einen schützenden Zylinder und beispielsweise um einen Zylinder aus der violetten transformierenden Flamme. Bitte Gott und die Meister um ein Platin-Netz, um deine Energiefelder zu reinigen. Bitte Gott und die Meister um eine axiatonale Ausrichtung. Bitte Gott und die Meister um die Balance deiner Chakren und deines Vier-Körper-Systems.

Bitte um Reinigung und korrekte Ausrichtung deiner Merkabah. Verankere deine Erdungsschnur die Wirbelsäule hinab bis in den Erdmittelpunkt. Öffne deine Fußchakren und bilde Wurzeln von deinen Füßen in die Erde hinein, damit du mit der Erde verbunden bist und Energie von ihr erhältst. Vielleicht visualisierst du eine Taube, die vom Himmel kommt, als Verbindung zum Heiligen Geist. Lege einen Brustpanzer aus spirituellem Material mit sieben farbigen Steinen von jedem der sieben Strahlen als Schutz an, um die Balance und Integration aller Strahlen zum Ausdruck zu bringen. Stell dir ein Yin und Yang - Symbol auf dem Brustpanzer vor, das deine weibliche und männliche Seite und die Balance von Gott / Göttin symbolisiert.

Wenn du mit Lektionen der Selbstliebe und des Selbstwertgefühles arbeitest, dann möchtest du vielleicht ein spezielles Halsband mit einem diamantenen Herzen tragen. Vielleicht möchtest du dein gesamtes Feld mit gold-weißem Licht erfüllen. Bitte, während du am Morgen duschst, auch um eine Liebes- und

Lichtdusche, um dein inneres Selbst zu reinigen. Siehst du, wie einfach dies ist und wie viel Sinn es macht; wir denken nur nicht daran, dies zu tun. Der Zweck dieses Buches und der spirituellen Enzyklopädie ist, dich an diese alten psychologischen und esoterischen Geheimnisse zu erinnern.

Du kannst innerlich wunderschöne Roben tragen oder Frauen mögen auch edle Kleider anhaben. Visualisiere deine eigene persönliche Antakarana, die sich durch deine mächtige ICH BIN - Gegenwart ausdehnt und den ganzen Weg zurück zu Gott. Bitte Gott auch um eine Licht- und Aufstiegssäule um dein Selbst, Büro, Heim und Geschäft. Bitte auch um eine Schutzblase um dein Auto. Du magst vielleicht ein Armband mit 12 Sternen tragen, welche die 12 Tierkreiszeichen symbolisieren und die du integrierst und balancierst. Bitte und visualisiere die Monade, oder die mächtige ICH BIN - Gegenwart, in dein ganzes Energiefeld herabzusteigen und sich mit deiner Energie zu vereinen. Visualisiere deinen Blutkreislauf als flüssiges goldenes Licht. Visualisiere alle deine Chakren als balanciert, ausgerichtet und als ein integriertes Chakra. Visualisiere deine Merkabah erfüllt mit gold-weißem Licht.

Bitte die Geistige Welt und die Meister, deine Merkabah herum zu wirbeln, um deine Energiefelder zu reinigen. Bitte weiter um eine fünfminütige Meditation mit dem Prana-Wind-Reinigungsgerät, um alle deine Meridiane, Nadis, Venen und Arterien von energetischen Giftstoffen zu reinigen. Das Prana-Wind- Reinigungsgerät ist ein gigantischer Ventilator, der in deinem Herzchakra, oder dritten Chakra, verankert ist und buchstäblich alle Energieströme deines 12-Körper-Systems in einer sehr balancierten und integrierten Weise durchzieht. Vielleicht magst du dich zuerst reinigen und dann spirituell und psychologisch ankleiden. Erfülle dich ringsum mit Farben. Wenn du lieber badest anstatt zu duschen, dann bade in flüssigem, farbigem Licht. Bade in einer goldenen, blauen oder grünen Flüssigkeit oder in welcher Farbe auch immer du möchtest. Bitte weiter um einen spirituellen Wirbelwind, um die Energiefelder aus deinem Höheren Selbst und deiner mächtigen ICH BIN - Gegenwart zu reinigen. Vielleicht magst du dir das OM-Symbol auf deinem Dritten Auge vorstellen. Meine Freunde, ich könnte stundenlang so weitermachen. Diese Auflistung der möglichen Arten sich anzukleiden ist derart vielfältig wie die Arten, sich physisch zu kleiden. Du kannst den wunderschönsten spirituellen Schmuck anlegen, den du dir vorstellen kannst. Das große Geheimnis aller Zeiten ist, dass du dich nicht allein anziehen musst, denn Gott und die Meister helfen dir dabei. Sie würden sich freuen, wenn du sie darum bitten würdest. Ist das Leben nicht eine gemeinsame Schöpfung?

Meine geliebten Leser, fühlt ihr euch nicht viel besser, wenn ihr euch richtig vorbereitet, wenn ihr hübsche physische Kleidung und Schmuck tragt? Es ist genau dasselbe auf einer mentalen, emotionalen, ätherischen und spirituellen Ebene. Glaubt nicht eine Sekunde daran, dass diese Form der Kleidung nicht real sei. Sie ist absolute Wirklichkeit und so real wie die physische Kleidung! Sagte nicht der Universelle Geist durch Edgar Cayce: „Gedanken sind Dinge“? Wenn du dich mental, emotional, ätherisch und spirituell ankleidest, fühlst du dich nicht nur tausend Mal besser, sondern andere Menschen werden dies auch bemerken. Hellsichtige sind wirklich in der Lage, dies zu sehen. Menschen in der dritten Dimension werden all das Licht und die Liebe, die aus deinem inneren Selbst und aus deinen Energiefeldern scheint, fühlen; sie werden nicht wissen, was es ist, aber sie werden sich davon sehr angezogen fühlen.

Was ich hier empfehle dauert, wenn du ein wenig Übung darin erlangt hast, jeden Morgen nicht länger als fünf Minuten, aber der Nutzen davon wird den ganzen Tag andauern! Meine geliebten

Leser, ihr habt gerade eines der großen Geheimnisse der Zeitalter erhalten, das eure Energiefelder vollkommen beschützen und euch mit innerer Schönheit und Anmut anfüllen wird und ihr werdet jeden Tag damit richtig beginnen. Wenn ihr dies ausprobiert, werdet ihr es nicht mehr missen wollen. Es wird wie das physische Anziehen zur Gewohnheit werden. Ihr werdet euch nackt fühlen, wenn ihr es nicht tut. Dies ist auch eine exzellente Form der Selbstprogrammierung, denn wenn ihr dies konsequent 21 Tage lang durchführt, dann wird dies euer Unterbe- wusstsein neu programmieren und eure Psyche mit all den visuellen und gedanklichen Attributen programmieren, mit denen ihr euch gekleidet habt und es wird zur Gewohnheit werden. Dieses Geheimnis der Zeitalter, wie du dich innerlich ankleidest und für deinen Tag vorbereitest, wird dein Bewusstsein jeden Morgen richtig in Einklang bringen und zwar spirituell, mental, emotional, ätherisch und physisch. Es wird dein Bewusstsein auch für alle Lektionen des Tages vorbereiten und dir dabei helfen, ein spiritueller Meister, Ursache deiner Realität und Mitschöpfer mit Gott und den Meistern zu sein.

Wenn die Meister hellsichtig auf den Inneren Ebenen gesehen werden, so tragen sie alle die wunderschönste Kleidung und Schmuck, obwohl sie keine physischen Körper mehr haben. Meine Freunde, sind wir nicht die Sichtbarwerdung der Hierarchie auf Erden? Wir alle sind in Wahrheit Inkarnationen Gottes und es ist nur angemessen, dass wir uns innerlich und äußerlich kleiden wie Götter! Kleide dich selbst jeden Tag wie der integrierte spirituelle Christus-, Buddha-Meister, der du bist. Selbst wenn du noch nicht alle Lektionen in deinem Leben gelernt hast, wirst du, wenn du dich auf diese Art kleidest, zu dem werden, was du denkst, visualisierst und worum du betest! Denn wie ein Mensch denkt, so ist er! Dir geschieht nach deinem Glauben! Unsere Gedanken und Bilder erschaffen unsere Wirklichkeit! Worauf du deine Achtsamkeit richtest, das erhältst du! Dies ist auch eine exzellente Art, die dir hilft, deinen Lichtkörper aufzubauen. Du bist, was du denkst! Meine geliebten Leser, beansprucht ganz die Macht der Liebe, Weisheit und Kraft und werdet die vollkommen verwirklichten Mitschöpfer Gottes und die Verkörperung Gottes auf Erden!

So steht es geschrieben! So soll es geschehen!

4

Die unglaubliche Bedeutung der korrekten Verarbeitung des Lebens aus der Perspektive eines integrierten spirituellen Meisters

Dies ist ein sehr interessantes Kapitel, auf das ich mich sehr gefreut habe. Es handelt vom gesamten Prozess der Verdauung aus einer spirituellen, psychologischen und physischen Perspektive. Nicht viele Menschen wissen, dass wir vier Ebenen der Verdauung besitzen und nicht nur eine. Wenn die meisten Menschen an Verdauung denken, dann denken sie nur an die Ebene des physischen Körpers. Auf einer Ebene des physischen Körpers nehmen wir physische Nahrung zu uns und unsere Organe und Drüsen verdauen dieses Essen und extrahieren die Vitamine, Mineralstoffe und Nährstoffe, die unser Körper für die chemische und physische Balance im Leben benötigt.

Was viele Menschen nicht wissen, ist die Tatsache, dass es ebenso wichtig ist, unsere mentale und emotionale Nahrung im Leben zu verdauen. Was bedeutet dies? Dies bedeutet, dass, wenn ein Gedanke oder Gefühl aus unserem Unterbewusstsein oder von einem anderen Menschen oder von einer äußeren Quelle, wie von einem Buch, aus dem Fernsehen oder Film und so weiter hochkommt, dann ist es sehr wichtig, dass das Bewusstsein die mentale und physische Nahrung checkt, so wie man es auch physisch tut. In diesem Fall bedeutet kauen, spirituell zu unterscheiden und abzuwägen, ob dies ein Gedanke ist, dem wir Zutritt zu unserem Bewusstsein erlauben wollen. Da es unsere Gedanken sind, die unsere Realität erschaffen, ist dieser Kauprozess sehr wesentlich. Wenn man das Essen physisch nicht kaut, so ist es fast unmöglich, es zu verdauen. Dasselbe geschieht auf der psychologischen, mentalen oder emotionalen Ebene. Wenn du Gedanken, Bilder, Gefühle, Emotionen und Lebenserfahrungen aufnimmst und sie nicht verdaust, dann extrahierst du nicht die psychologischen „Vitamine und Mineralstoffe" aus deiner Erfahrung. Was bedeutet dies? Das bedeutet, dass du nicht entscheidest, welche Gedanken und Gefühle zugelassen und welche aus deinem Bewusstsein fern bleiben sollen. Wenn jemand nicht unterscheidet und lernt, einem Gedanken, der nicht von Gott kommt, den Zutritt in den Geist zu verwehren, dann wird er vergiftet, indem er vergiftete „psychologische Nahrung" isst. Zweitens, wenn du deine Lektionen aus deiner Erfahrung lernst, bedeutet dies, dass du deine Lektionen aus deiner Erfahrung lernst. Alles, was im Leben geschieht, ist ein spiritueller Test und eine Lektion, um das spirituelle Christus-/Buddha-Bewusstsein aufrechtzuerhalten. Wenn du deine Erfahrung nicht auf diese Weise nutzt und nicht aus deinen Fehlern und aus den Dingen spirituell angemessen lernst, dann verdaust du deine psychologische Nahrung nicht!

Drittens, die psychologische Verdauung hat damit zu tun, dass du deine Erfahrung integrierst und sie dir bewusst machst. Du gehst beispielsweise zu einem Workshop oder liest ein Buch und nimmst enorme Mengen an Informationen über das gesamte Wochenende auf. Am Ende des Wochenendes bist du so voll von Informationen und damit überladen, dass du wie ein Mensch bist, der gerade ein Thanksgiving Festessen hatte und bis zum Rand gefüllt ist. Wenn du dann noch mehr Informationen erhältst, egal wie wertvoll sie sind, dann wirst du auf psychologische Weise krank, weil du mit Informationen angefüllt bist, aber nichts davon verdaut hast. Dann gehst du nach Hause und schläfst in der Nacht gut und stehst am Morgen auf und siehst deine Notizen durch und streichst alles Unwichtige heraus und machst eine separate Liste mit allen wirklich wertvollen Dingen, die du mental, emotional und physisch umsetzen möchtest. Dann erarbeitest du einen Schlachtplan oder eine Struktur, um diese Informationen umzusetzen. Du gehst noch einmal die Liste durch, um dich zu vergewissern, dass du dich an alles erinnerst und es wirklich in dein Bewusstsein und Unterbewusstsein eingeprägt wurde. Während es zuvor nur im Unterbewusstsein war, ist es nach dem Durchsehen deiner Notizen nun im Bewusstsein angelangt. Nachdem du diesen ganzen Prozess durchgeführt hast, hast du bewusst die Informationen integriert und einen Plan aufgestellt, um sie in deinem Leben umzusetzen. Dies ist die psychologische Verdauung der Information!

Der vierte Punkt der psychologischen Verdauung besteht darin, nicht nur die Informationen zu studieren und einen Plan zur Umsetzung aufzustellen, sondern auch die Informationen auf Erden zu demonstrieren und zu verkörpern. Dies nenne ich gerne die „Praxis der Gegenwart Gottes". Die Informationen müssen geerdet und in deinem physischen Körper, deinem Verhalten und in deinem Erdenleben verankert werden, im Sinne des Manifestierens und Demonstrierens in all deinen Beziehungen und inmitten der Gesellschaft und der Erdzivilisation.

Meine geliebten Leser, es gibt so viele Menschen, die selbst zu Bibliotheken an spiritueller Information geworden sind und die zu unzähligen Workshops gehen oder channeln oder Channelings und dies alles erhalten, aber sie demonstrieren und verkörpern nicht das, was sie auf Erden lernen! Wenn es nicht in deinem Verhalten auf Erden in deinem täglichen Leben demonstriert wird, dann wurde es psychologisch nicht richtig verdaut und die psychologischen Vitamine und Mineralstoffe wurden nicht richtig von deinem mentalen, emotionalen und physischen Körper aufgenommen!

Dies bringt uns nun zur spirituellen Verdauung. Wenn wir Gott, die Aufgestiegenen Meister der Inneren Ebenen, die Erzengel und Engel, die Elohim-Meister und /oder die Außerirdischen anrufen, dann senden sie oft große Mengen an spiritueller Energie herab. Sie senden bewusst nur die Menge, von der sie meinen, dass sie der Mensch noch bewältigen kann. Wenn Gott alle 352 Stufen an Energie auf einmal zu einer 7.Grad Initiation senden würde, dann hätten wir spontane Verbrennungen. Dies gilt genauso umgekehrt bei dem, worum der Lichtarbeiter bittet. Rufe nicht mehr herbei, als du spirituell verdauen kannst. Dies bezieht sich auf das, was wir von höheren Quellen des Wissens an Aktivierungen für den Aufstieg anfordern und auf die Informations-Lichtpakete, um die wir bitten. Aktivierungen für den Aufstieg zu sprechen ist eine gute Sache, wenn du jedoch zu viel tust, wirst du spirituelle Verdauungsstörungen bekommen. Wenn du zu viel aktivierst, kannst du auch dein elektrisches System ein wenig verbrennen.

Ein anderes Beispiel mag sein, dass du den gesamten Lichtschatz Gottes auf der 352ten Stufe der Existenz anrufst. Nun, all dies ist bestens, wenn Gott dir jedoch tatsächlich all dies gäbe, dann hättest du von jetzt an spirituelle Magenverstimmung bis in alle Ewigkeit! Ein anderes treffendes Beispiel für spirituelle Verdauungsstörung, was gerade jetzt in der New Age Bewegung sehr üblich ist, besteht darin, dass Lichtarbeiter nicht geerdet und in den Chakren und den vier Antlitzen Gottes - spirituell, mental, emotional und materiell – nicht balanciert sind! Viele Lichtarbeiter neigen auch dazu, die spirituelle Ebene zu sehr zu betonen und denken, dass sie die psychologische Ebene „im Frühling 1972“ gemeistert haben, und erkennen noch nicht einmal, dass die ganze Absicht des Aufstiegs die physische Erdung der mächtigen ICH BIN - Gegenwart auf Erden ist. Sie versäumen es, Gott ausreichend auf Erden und inmitten ihres Lebens zu verkörpern und zu demonstrieren und haben zudem ihre spirituellen Missionen, Vereinbarungen, Puzzleteile und ihre persönliche spirituelle Blaupause nicht voll angenommen und vervollständigt oder ihr spirituelles Erbe nicht auf Erden hinterlassen. Sie haben die Erde und die Erdenergien nicht gemeistert. Sie haben der Gesellschaft und Zivilisation nichts zurückgegeben. Sie befinden sich nicht in der spirituellen Führerschaft und im planetaren Weltdienst. Sie haben den Geschäftsbereich und das Thema Geld nicht gemeistert. Sie tragen nichts zum Wohlergehen, zur Reorganisation und zur Wiederherstellung dieser Welt bei. Sie ignorieren Politik und weltliche soziale Angelegenheiten, denn sie meinen, dass nur noch die spirituelle Ebene wichtig sei. Sie mögen auf einer hohen Stufe der Initiation stehen; sie haben jedoch nicht die psychologische und die physische Ebene Gottes realisiert.

In den höheren Chakren ist zu viel Energie und in den niedrigeren Chakren zu wenig. Der Mensch ist nicht richtig geerdet und deshalb ist nicht genügend Energie im physischen Körper. Dies führt zur Schwächung der Drüsen und Organe in den niedrigeren Chakren und im physischen Körper. Dies verursacht eine Überstimulation der höheren Chakren, was zu Unausgeglichenheit in der Hypophyse und Zirbeldrüse führt. Dies kann Kopfschmerzen und andere Symptome verursachen. Der Mensch meint, er habe Gott verwirklicht, was jedoch nicht stimmt. Er ist darauf ausgerichtet, seinen höheren Lichtkörper auszubilden, hat jedoch seinen integrierten Lichtkörper nicht erschaffen. Der Mangel an Integration hält die höheren Lichtkörper tatsächlich davon ab, richtig integriert zu werden und verlangsamt die Initiationen und den Aufstiegsprozess. Wenn diese Menschen ihre Missionen des Dienstes auf Erden nicht erfüllen, verlangsamen Gott und die Aufgestiegenen Meister der Inneren Ebenen ihren Aufstiegsprozess, weil die höheren kosmischen Stufen des Aufstiegs den Zugang nur für diejenigen vorsehen, die „integrierte spirituelle Meister“ sind!

Der Dienst auf der Erde und die Verkörperung Gottes auf Erden und das Erfüllen der eigenen spirituellen Mission sind Voraussetzungen dafür, um wirklich die höchste Beschleunigung zu erhalten, um welche die Lichtarbeiter gebeten haben. In Wahrheit leben so viele Lichtarbeiter in Täuschung und Verblendung. Sie meinen, dass sie all diesen spirituellen Fortschritt erlangen, weil sie sich nur auf die spirituelle Ebene konzentrieren.

In Wahrheit jedoch leiden sie unter spirituellen Verdauungsstörungen, weil sie sich zu sehr auf die spirituelle Ebene und zu wenig auf die psychologische und physische Ebene konzentrieren! Sie zahlen mental, emotional, physisch und materiell nicht ihre Zinsen an Gott. In Wahrheit verwirklichen sie nur ein Fünftel von Gott! Sie mögen aufgestiegen sein oder sich auf einer hohen Stufe der Initiation und der Lichtquotienten befinden, sie sind jedoch keine „integrierten spirituellen Meister“ und aus der Sicht Gottes und der Meister erfahren sie den so genannten „nicht-integrierten Aufstieg oder bruchstückhaften Aufstieg“! Gott kann nur in einem spirituellen, mentalen, emotionalen und physischen Sinn voll verwirklicht werden.

Ich wiederhole es noch einmal: Wenn nicht alle Ebenen gleichermaßen integriert und geheiligt werden und die spirituelle Mission nicht in einer balancierten und integrierten Weise erfüllt wird, dann erhalten sie nicht die spirituelle Beschleunigung in dem Grad, den sie sich wünschen und worum sie konstant beten und bitten. Um die höchste Stufe der Aufstiegsbeschleunigung bewilligt zu bekommen, muss man Meisterschaft, Integration, Balance und Dienst auf Erden in einer selbstlosen Weise erlangt haben! Wenn du in Raketengeschwindigkeit zu Gott gelangen möchtest, dann musst du zu 100% ein „integrierter und balancierter spiritueller Meister“ werden! Diese Information wird dir fortan erlauben, diese spirituelle Verdauungsstörung zu lindern, und den spirituellen Fluss, die spirituellen Aktivitäten, die spirituellen Informationen, das spirituelle Herunterladen der Feuerzeichen, Schlüsselcodes und geheiligten Geometrien, höheren Chakren, Lichtquotienten, Liebesquotienten, Kraftquotienten korrekt einzuteilen, damit alle deine Körper und alle deine Chakren in einer balancierten und integrierten Weise gereinigt werden!

So erreichst du nicht nur auf die schnellstmögliche Weise die Verankerungen und Aktivierungen deiner höheren Lichtkörper und die rascheste Ausbildung deines eigenen Lichtkörpers, sondern es wird auch deinen „integrierter Lichtkörper“ ausbilden, der ein viel fortgeschrittener Lichtkörper ist als nur ein spiritueller Lichtkörper. Ein integrierter Lichtkörper ist ein gottverwirklichter Lichtkörper, der das eigene höchste Potenzial in einer balancierten und integrierten Weise spirituell, psychologisch und physisch vollkommen manifestiert. Ich wiederhole es noch einmal: Es gibt nur zehn solcher integrierten spirituellen Meister auf Erden. Lass dies das spirituelle Ziel und Ideal sein, worum du dich bemühst. Geh nicht in das Netz der Täuschung und den Glanzes des nicht-integrierten und bruchstückhaften Aufstiegs. Bleibe nicht in der Falle des negativen Egos mit seinem angstbegründeten, trennenden, unbalancierten und nicht-integrierten Denken stecken! Werde stattdessen ein „integrierter Melchizedek /Christus /Buddha auf Erden“!

Meine geliebten Freunde, dies ist der Weg, wie ihr eine perfekte spirituelle, psychologische und physische Verdauung in einer vollkommen balancierten und integrierten Wiese entwickeln könnt!

So steht es geschrieben! So soll es geschehen!

5

Zwei der wichtigsten Schlüssel auf dem spirituellen Weg: Denken und nicht denken lernen

Meine geliebten Leser, auch dies ist ein sehr interessantes Kapitel und es beinhaltet tatsächlich eines der großen Geheimnisse des Lebens. Um Gott zu verwirklichen und im Leben erfolgreich zu sein, müsst ihr zwei der bedeutendsten Fähigkeiten lernen: zu denken und nicht zu denken.

Ich möchte mit dem Denken beginnen. Da unsere Gedanken unsere Realität erzeugen und unsere Gedanken unsere Gefühle, Emotionen, unser Verhalten, unsere Energie und alles, was wir in unserem Leben anziehen, verursachen, ist es absolut notwendig und erforderlich, dass jeder Mensch lernt, korrekt zu denken. Jeder sucht Glück und inneren Frieden und das große esoterische Geheimnis des Lebens besagt, dass dies in deinem Denken liegt! Wir sehen nicht mit unseren Augen, sondern mit unserem Geist. Die Welt ist in Wirklichkeit eine Leinwand und wir betrachten unseren eigenen Film. Der Schlüssel zu Glück und innerem Frieden liegt in der richtigen Perspektive. Wenn du das Leben aus deinem spirituellen Christus-/Buddha-/Gottesbewusstsein anstatt aus deinem negativen Ego mit seinem angstbegründeten trennenden Denken des niederen Selbst interpretierst, dann fühlst du dich immer gut und hast nur positive spirituelle Gefühle und Emotionen. Das Gegenteil geschieht, wenn du dies nicht tust. Aus der Sicht des spirituellen Christus-/Buddhabewusstseins ist alles im Leben ein spiritueller Test und eine Lektion, um zu überprüfen, ob du deine spirituelle Christus-/Buddha-Perspektive beibehalten kannst.

Negative Gedanken, Gefühle, Emotionen oder negatives Verhalten bedeuten, dass du falsch denkst. Natürlich wird das nicht verurteilt; es ist nur eine Lektion. Dies ist die Wissenschaft der Heilung von Einstellungen! Nichts außerhalb und kein Mensch oder keine Situation veranlassen dich dazu, etwas Bestimmtes zu denken oder zu fühlen. Es ist alles deine Entscheidung und Interpretation. Wie man richtig denkt, ist eines der ersten Dinge, die ich in diesem Buch lehre und was die Meister und meine ganze spirituelle Enzyklopädie behandeln. Das Denken ist so wichtig, dass jeder deiner Gedanken wie ein Filter ist, durch den du das Leben betrachtest. Das Ideal wäre, das Leben aus einer breit gefächerten Perspektive so zu sehen, wie Gott es sieht. Die meisten Menschen auf der Erde betrachten das Leben nur durch ein paar Filter anstatt durch alle Filter gleichzeitig, so wie Gott es tut. Ich nenne dies gerne „begrenzte Filtersicht". Die Menschen sehen das Leben gefärbt durch die Kultur, die Religion, die Rasse, das soziale und ökonomische Umfeld, die Programmierung der Familie, die Gruppe der Gleichgestellten, die Programmierung der Kindheit, die Programmierung der vergangenen Leben und so weiter. Die Absicht dieser leicht zu lesenden spirituellen Enzyklopädie, die die Meister und ich geschrieben haben, besteht darin, euch die Augen zu öffnen, damit ihr das Leben aus einer viel größeren und weiteren Perspektive als kosmische Bürger sehen könnt.

Die Bedeutung, richtig denken zu lernen, ist wirklich einer der absoluten Schlüssel, um Gott zu verwirklichen, glücklich zu sein, inneren Frieden zu erlangen und erfolgreich im Leben zu sein. Dies wird leider nicht verstanden in dieser Welt. Sogar das ganze Feld der traditionellen Psychologie erkennt oder versteht dies nicht. Schwer zu glauben, aber wahr. Es gibt keine einzige psychologische Theorie, die dies ausführlich lehrt und kognitive Psychologie mit einschließt. Dies wird nicht gelehrt, da das Leben nicht durch das breit gefächerte Bewusstsein der mächtigen ICH

BIN - Gegenwart, das Höhere Selbst, den Heiligen Geist, die Aufgestiegenen Meister und Gott betrachtet wird. Die Religion lehrt dies nicht und sogar die New Age Bewegung versteht dies nicht vollständig auf der Ebene und in dem Maß, von dem ich hier spreche. Durch die Gnade Gottes und der Meister beginnt die New Age Bewegung jedoch, damit in Berührung zu kommen, was gut ist.

Es ist auch nicht möglich, Gott zu realisieren, wenn du nicht lernst, nicht zu denken, was nur die andere Seite der Medaille ist. Dieses Gebiet wird in der Psychologie, Religion oder New Age Bewegung nicht verstanden. Dies ist eines der bedeutendsten Verständnisse und Fähigkeiten, die im Leben zu entwickeln sind; jedoch wird dies nicht erkannt und Menschen wissen nicht, wie sie dies tun können. Die meisten Menschen wirken im Leben durch ihren Geist, ihre Gefühle, ihren Begierdekörper, ihr Unterbewusstsein, ihr inneres Kind, ihre Impulse, ihre Unterpersönlichkeiten, ihren Appetit, ihren physischen Körper und so weiter. Der Zweck des Lebens ist die Meisterung all dieser Dinge in einer vollkommen balancierten und integrierten Weise im Dienste Gottes sowie die Meisterung des spirituellen Christus-/ Buddhabewusstseins und der bedingungslosen Liebe.

Wenn speziell der Geist betrachtet wird, so kann man sagen, dass der Geist der meisten Menschen konstant in Bewegung ist. Die Menschen wissen nicht, wie sie ihren Geist beruhigen können. Deshalb sind viele Menschen immerzu so beschäftigt und getrieben im Leben. Es ist nicht möglich, inneren Frieden zu erleben, wenn du nicht von Zeit zu Zeit deinen Geist beruhigen kannst. Der Zweck und Grund dafür ist vielfältig. Der erste Grund liegt darin, dass, wenn dein Geist immer in Bewegung ist, dies physisch einen Tribut von dir fordert. Deine Leber steht unter Druck; dort findet all das „Planen" statt. Das Bewusstsein bleibt zu sehr im dritten und sechsten Chakra fokussiert. Dies setzt die Adrenalindrüse und die Hypophyse unter Druck. Deshalb haben so viele Menschen heutzutage eine so genannte Adrenalinerschöpfung und sind immer müde. Die konstante Bewegung des Geistes überstimuliert den Adrenalinspiegel und erschöpft die Leber und dies zieht Energie aus allen Organen und Drüsen.

Der geheime Grund für die Bedeutung der Beruhigung des Geistes liegt hierin: Wie können Gott und die Meister zu dir sprechen, wenn dein Geist niemals zur Ruhe kommt? Manchmal ist der Geist mit Denken und Beten so beschäftigt, dass er niemals ruhig werden kann, nur um still zu sein und zuzuhören. Es ist wichtig zu verstehen, dass sich der innere Frieden einstellt, wenn man überhaupt nicht denkt und lernt, die richtige Sichtweise einzunehmen. Beides gehört dazu, nicht nur eines! Ein intensiver innerer Frieden entsteht dann, wenn man überhaupt nicht denkt und einfach nur ist. Dieser kann eintreten, wenn du einfach in deinem Bett liegst oder auf deinem Lieblingsstuhl sitzt oder dich in Meditation befindest. Viele Lichtarbeiter meditieren, jedoch immer in einer aktiven Form der Meditation. Sie nehmen sich nicht die Zeit für eine stille Meditation, um sich auf Gott einzustimmen und dann einfach nur ganz ruhig und still zu sein.

Es ist äußerst bedeutsam zu lernen, alle Ideen loszulassen, mit denen das Unterbewusstsein das Bewusstsein 24 Stunden am Tag aufwühlt. Alle Einkaufslisten, zu erledigenden Dinge, Pläne, Sorgen, Prozesse, Beziehungsprobleme, Dramen und so weiter werden hier konstant ausgetragen. Die meiste Zeit ist man am Verarbeiten großer Dinge. Dies mag so sein, es ist jedoch notwendig, sowohl während des Tages als auch während der Meditation loszulassen. Aus dem Nicht-Denken, dem Stillesein und dem gedankenfreien Raum entsteht eine Stärke. Einer der Gründe, weshalb Menschen nicht gut schlafen, besteht darin, dass ihr Geist so sehr in Bewegung ist, dass er sie davon abhält oder sie in der Nacht aufweckt und sie nicht mehr zum Schlaf zurückfinden. Wenn man den Geist nicht davon abhält, immer zu denken, dann wird der physische Körper mit der Zeit erschöpft.

Nun muss ich hier erklären, dass das Unterbewusstsein immer in Bewegung ist und denkt, jedoch besteht der Schlüssel für das Bewusstsein darin, sich nicht darin zu verwickeln. Man zollt dem keine Aufmerksamkeit! So mag es im Hintergrund sein Spiel fortsetzen, aber du achtest nicht mehr darauf. Das Unterbewusstsein arbeitet folgendermaßen: Je mehr Aufmerksamkeit du irgendeinem seiner Gedanken schenkst, desto mehr stimuliert es diesen besonderen Zug der Gedanken, um es so zu nennen. Fasse in deinem Bewusstsein den Entschluss, dich nicht in einen der Gedanken des Unterbewusstseins oder seiner Impulse zu verwickeln. Genieße nur die Stille, das Sein, die Ruhe, den Raum zwischen den Gedanken. Dies wird auch das „Zentrum des reinen Gewahrseins" genannt. Es ist der Ort in deinem Bewusstsein, bevor irgendetwas, was ich den Inhalt des Bewusstseins nenne, eintritt. Es ist ein sehr friedvoller Ort. Der innere Frieden kommt von der Behaglichkeit dieses Ortes, des Zentrums des reinen Gewahrseins, bevor der Inhalt des Bewusstseins eintritt. Das ist der Schlüssel zum Verständnis dafür. Dazu gehört auch, zu lernen wie man richtig denkt und das Leben stets aus dem spirituellen Christus-/Buddhabewusstsein heraus interpretiert.

Es ist wichtig, sich Folgendes in Erinnerung zu rufen: Wenn das Unterbewusstsein immer in Bewegung ist, wie ist es dann dem Überbewusstsein oder dem Höheren Selbst möglich zu sprechen? Es ist die „kleine leise Stimme in dir" und sie kämpft nicht um Sprechzeit in deinem Bewusstsein. Da das Unterbewusstsein immer in Bewegung ist, möchte ich dir nun einige Methoden nennen, wie man es beruhigen kann. Führe zunächst eine mentale Diät oder Fastenkur durch. Denke und verwickle den Geist einmal für 20 Minuten nicht darin! Was auch immer hochkommt, beachte es nicht. Genieße nur die Ruhe, die Stille und diesen Zustand des Seins.

Ich möchte dir als zweite Methode etwas geben, was eines der großen Geheimnisse der Jahrhunderte und eines der großen Geheimnisse, die mir in dieser Lebenszeit eingefallen sind, darstellt. Der Geist kann manchmal eine Plage sein, wenn er ignoriert wird. Solange er sozusagen geehrt und geliebt wird, arbeitet er mit dir. Diese Methode nenne ich „die Methode des Aufschubs"! Ich persönlich habe täglich eine Trillion Gedanken in meinem Geist und er arbeitet mit Lichtgeschwindigkeit, was ich liebe. Die Art, wie ich damit umgehe, wenn ich meinen Geist abstellen möchte - und viele Gedanken sind sehr gute und/oder bedeutende Ideen, aber ich möchte gerade nicht in diesem Moment darüber nachdenken – ist es, entweder eine physische Liste zu erstellen oder eine mentale Liste in meinem Geist zu machen. Ich sage meinem Geist, dass ich darüber später nachdenke. Ich gebe meinem Geist das Versprechen, dass ich ihn nicht für immer ignoriere, sondern nur temporär. Der Geist liebt dieses Arrangement, denn er fühlt sich geschätzt und weiß, dass ich mit meinen Aussagen aufrichtig bin und gibt Ruhe. Ich schreibe den Gedanken auf ein Stück Papier oder ich behalte die Liste in meinem Geist von 1 bis 100 und mein Geist wird mich an jeden Punkt erinnern. Ich berücksichtige dies, indem ich jenem Gedanken eine Nummer gebe. Jeder neue Gedanke erhält eine andere Nummer. Dies ist eine wesentliche Methode wenn ich meditiere oder gerade etwas anderes tue, wobei ich nicht daran denken möchte. Ich lege den Gedanken im Regal oder Lager ab, um ihn später wieder aufzunehmen. Der Geist ist vollkommen damit einverstanden. Dadurch habe ich gelernt, meinen Geist enorm zu beruhigen. Das geschieht oft mitten in der Nacht. Möglicherweise stehe ich auf, um ins Badezimmer zu gehen. Wir alle haben die Erfahrung gemacht, dass wir mitten in der Nacht von selbst aufwachen, weil wir zu viel denken. Ich verweile an einem Ort ohne Gedanken und wenn eine bedeutende Idee oder ein Traum aufscheint, dann sortiere ich dies mit dem Zählsystem in meinen Geist ein. Wenn ich dann am nächsten Morgen an meinem Computer sitze, um meinen Tag zu organisieren, dann öffne ich diese Datei und schreibe alles auf, was ich entweder auf Papier geschrieben oder in meinem Geist einsortiert habe. Das Unterbewusstsein liebt diese Vereinbarung und gibt noch in der Sekunde Ruhe, in der ich diesem Gedanken oder Impuls eine Zahl zugewiesen habe. Damit steht einem ein bedeutendes Werkzeug zur Verfügung, wenn manchmal bei der Meditation ein wichtiger Gedanke hochkommt oder es zeigt sich etwas Wichtiges bei einem Verarbeitungsprozess. Wenn du versuchst, deinen Geist zu ignorieren, dann funktioniert dies nicht. Dies ist die zweite Methode, um den Gedanken oder das Thema abzulegen und dein Geist wird damit vollkommen einverstanden sein! Mit diesen beiden Methoden wird dein Geist zu jeder Zeit unglaublich ruhig sein und du wirst nur dann denken, wenn du dies möchtest.

Hier ist noch ein weiterer Vorschlag von mir: Ab und zu solltest du entweder auf Papier oder in deinem Geist eine Zeit festlegen, wann du über diesen Gedanken oder das Verarbeitungsthema nachdenken möchtest. Zum Beispiel möchte ich am Sonntagmorgen an dieses denken oder jenes bearbeiten und bis dahin möchte ich nicht daran denken. Dies ist eine der unglaublichsten Methoden, die ich jemals entdeckt habe. Denn solange der Geist weiß, dass ich mich um seine Belange kümmere, ist er gewillt, für den Moment Ruhe zu geben und nicht zu denken. Auch der Emotionalkörper fühlt sich viel besser, wenn man das Denken und Verarbeiten auf einen späteren Zeitpunkt verschiebt und sozusagen eine Verabredung trifft. Denn die meiste Zeit fühlt sich der Emotionalkörper vom extremen Denken des Geistes belästigt und gestört. Es hat eine enorm beruhigende Wirkung, wenn man sich verabredet, um später darüber nachzudenken. Sehr oft ist dann die Situation gelöst, wenn die Zeit der Verabredung kommt.

Nun habe ich eines der unglaublichen Geheimnisse der Jahrhunderte mit euch geteilt. Wenn man es lernt, mit dem Denken aufzuhören, dann kann man den Geist in die richtige Perspektive versetzen, ohne überhaupt irgendetwas zu tun. Mit anderen Worten, wenn man über ein Thema, das in diesem Moment so wichtig erscheint, nicht nachdenkt, so ist dies eine Methode, um den Geist in die richtige Perspektive zu bringen. Damit sage ich nicht, dass es immer so funktioniert, denn manchmal muss ich die Verabredung einhalten, um über das, was ich klären möchte, nachzudenken oder zu schreiben. Ich finde, dass diese „Verabredungsmethode" die Dinge oft schneller auflöst. Ohne Einsatz des Bewusstseins können sich manchmal Dinge auf einer unterschwelligen Ebene des Denkens auflösen, wenn man nicht darüber nachdenkt. Es entsteht eine Balance im Wissen darum, wann man denken soll und wann nicht. Die meisten Menschen denken zu viel im Leben und wenn sie denken, dann ist dies nicht effektiv. Wenn ich bewusst über etwas nachdenke, dann bin ich wirklich achtsam bei dieser Angelegenheit und verschwende keine Zeit. Viele Menschen denken auf eine Art, die ich „Zwielicht-Denken" nenne, das heißt, sie verarbeiten und denken, kommen aber nirgendwo hin. Der Schlüssel zum effektiven Denken ist die Konzentration auf die Angelegenheit und den Konflikt, um das Thema oder den Gedanken schnell und effizient in deinem Geist zu lösen, so dass du zu deinem natürlichen Zustand eines stillen und ruhigen Geistes zurückkehren kannst.

Ich möchte mit euch vier weitere Methoden teilen, die den Geist beruhigen. Diese benutze ich manchmal, wenn ich am Abend schlafen gehe. Da ich eine große Verantwortung der spirituellen

Führerschaft trage, die Akademie leite, so viele Bücher schreibe und die ganze Zeit so viele kreative, unglaubliche Ideen und Inspirationen erhalte, wie es euch auch allen ergeht, ist es wichtig, dass, wenn ich am Abend ins Bett gehe oder mitten in der Nacht aufwache, um zur Toilette zu gehen, nicht durch Denken wach bleibe oder mich durch Denken aufwecke. Ich benutze zwei Methoden und /oder Werkzeuge, um meinen Geist zu beruhigen, die ich sehr hilfreich finde. Die eine besteht darin, mich auf meinen Atem zu konzentrieren anstatt zu denken, wenn ich zu Bett gehe. Ich versuche den Atem nicht zu verändern, ich beobachte ihn nur. Dies hat einen sehr beruhigenden und entspannenden Effekt und holt einen aus dem Mentalkörper heraus.

Wenn ich im Bett liege und mein Geist beginnt eine Gedankenkette oder es entstehen Bilder, so besteht die zweite Methode darin, dass ich die Augen öffne und irgendein Licht oder einen weißen Fleck auf der Wand, dem Fenster oder der Decke anschaue. Ich habe mit meinem Geist vereinbart, dass er jedes Mal wenn ich das automatisch tue die Gedankenkette oder Bilder durchtrennt und mich an den Ort des Nicht-Denkens zurückbringt. Dies ist eine sehr hilfreiche Methode, denn anstatt darum zu kämpfen, aus der Gedankenkette auszusteigen, geht es damit sofort. Einer der wirklichen Schlüssel, um schnell einzuschlafen und in der Nacht nicht aufzuwachen, besteht darin, den Geist ruhig zu halten und ihn nicht zu verwickeln.

Wir haben einen spirituellen, mentalen, emotionalen, ätherischen und physischen Körper, wie ihr alle wisst. Es besteht die Gefahr, dass ich zu viel in meinem spirituellen und mentalen Körper bin, wenn ich an einem Tag zu viel geistige Arbeit – wie das Schreiben von Kapiteln für mein Buch – verrichte oder zu viel denke. An anderen Tagen kann es geschehen, dass ich zu viel in meinem emotionalen Körper bin. Es mag sein, dass ich zu viel im spirituellen- oder ätherischen Körper oder einer Kombination aus beiden bin, wenn ich viel meditiert habe. Als dritte Methode bitte ich manchmal in solchen Situationen die Meister darum, meine Körper auszubalancieren. Meine Freunde, wenn ihr nämlich zu sehr in einem eurer Körper seid, dann entsteht ein Ungleichgewicht in eurer Ausrichtung und möglicherweise in eurem Mentalkörper, falls ihr zu viel denkt. Die Meister werden die Körper ausbalancieren, wenn ihr darum bittet, denn manchmal haben wir zu viel Energie in einem Körper und zu wenig in den anderen. Die Meister balancieren diese Energie aus, so dass die Energie im Fünf-Körper-System gleichmäßiger verteilt ist.

Als viertes Hilfsmittel für den Schlaf kann man die Geistige Welt und die Meister anrufen, damit sie einen Energiestrom verankern, der dir hilft zu schlafen und den Geist zu beruhigen. Dies funktioniert besser und ist gesünder als eine Schlaftablette und kostet nicht einen Cent! Als letztes möchte ich hier sagen, dass lernen, zu denken und nicht zu denken nützlich ist, um deinen „integrierten Lichtkörper“ auszubilden. Richtig denken zu lernen ist wirklich der Schlüssel zum Erschaffen eines integrierten Lichtkörpers, denn deine Gedanken erzeugen dein Licht. Du wirst nicht viel Licht oder Balance und Integration, was das Licht ebenso anwachsen lässt, erzeugen, wenn deine Gedanken nicht von spiritueller Christus-/Buddha-Natur und ausbalanciert sind.Lernen, nicht zu denken ist auch nützlich zur Bildung des integrierten Lichtkörpers, denn das Beruhigen des Geistes ist wesentlich für Zentriertheit, Ruhe, inneren Frieden und Gelassenheit. Es ist wesentlich für Meditation, Kommunikation mit Gott, Channeln und für das Erschaffen des richtigen Flusses als Mitschöpfer mit Gott und den Aufgestiegenen Meistern der Inneren Ebenen. Dies ist eine notwendige Balance und das Verständnis für die richtige Integration und Balance deines „integrierten Lichtkörpers“.

Ich hoffe und bete aufrichtig, dass dir dieses Kapitel einige Schlüsseleinsichten über die unglaubliche Bedeutung des Geistes in seiner Rolle, dir dabei zu helfen, deine Realität im Dienste Gottes und zur Entwicklung der bedingungslosen Liebe gegeben hat. Und ebenso hoffe ich, dass dir dieses Kapitel dazu gedient hat, den unglaublichen Wert dessen zu erkennen, wie man es lernt, den Geist für eine bestimmte Zeit lang zu beruhigen, um die Stille zu genießen, nur zu sein und sich auf Gott einzustimmen.

So steht es geschrieben! So soll es geschehen!

6

Wie man lernt, eine richtige Beziehung zu Gott aufzubauen

Meine geliebten Leser, ich habe viel Zeit in meinen Büchern damit verbracht, über die Bedeutung, wie man eine richtige Beziehung zu sich selbst und zu Gott entwickelt, zu sprechen. Ich habe im Detail erklärt, wie man die falsche Beziehung zu sich selbst auf alle anderen Beziehungen, einschließlich der zu Gott, projiziert. Wenn Menschen aus ihrem eigenen negativen Ego heraus wirken, dann wird dies automatisch auf alle anderen Beziehungen im Leben, einschließlich der zu Gott, projiziert. Dies hat das Missverständnis des Gottes des Alten Testamentes, die Verunreinigung aller Religionen und, um aufrichtig zu sein, sogar eine Menge Glanz und Maya in der New Age Bewegung verursacht. Die Geistige Welt und die Meister haben mich dabei geführt, dieses Kapitel zu schreiben, das sich speziell auf die eigene Beziehung zu Gott und den Meistern konzentriert, die wegen der verzerrten Perspektive des negativen Egos mit seinem angstbegründeten, trennenden Denken oft verwirrt und getrübt ist. Es ist mir eine große Freude, mich mit diesem Thema zu befassen, denn es ist von großem Interesse für mich und ich weiß, für euch auch, meine Leser! Nun lasst uns nach dieser Anmerkung beginnen.

Wir alle wissen, dass es nicht nur einen sondern zwei Götter im Leben gibt. Da ist der Mensch in der Vorstellung von Gott und Gott in der Vorstellung des Menschen. In der Tat ist dies eines der größten Geheimnisse des Lebens. Um wirklich eine richtige Beziehung zu Gott aufzubauen, ist es wichtig, die falsche Vorstellung, die sich der Mensch von Gott macht, zu beseitigen.

Dies geht nur, wenn wir psychologisch klar und integrierte spirituelle Meister sind, wie ich es gerne nenne. Dann können wir unsere Beziehung zu Gott und den Meistern richtig sehen und verstehen. Nun beginnen wir ganz von vorne und gehen alle Schritte und Stufen durch, um dies zu erlangen. Zu Beginn ist es von größter Bedeutung, dass man in der Beziehung zu Gott und den Meistern in seiner eigenen Kraft steht. Gott möchte, dass wir uns Ihm mit dem Respekt und der Ehrfurcht nähern, die er verdient, aber nicht ohne Respekt für unsere eigene Größe. In Wahrheit sind wir alle Inkarnationen Gottes und Söhne und Töchter Gottes. Wir sind alle Geist, Christus, Buddha, das Ewige Selbst, Atman. In der Bibel steht geschrieben: „Ihr seid Gott und wisst es nicht!" „Sei still und wisse ICH BIN Gott"! Wir alle sind die mächtige ICH BIN - Gegenwart, die auf Erden wandelt. Deshalb müssen wir natürlich in unserer eigenen Kraft stehen und uns selbst meistern in der Beziehung zu uns selbst und allen Dingen im Leben, einschließlich unserer Beziehung zu Gott. Deshalb respektiere und achte Gott, aber sei dir bewusst, dass Er unser liebender Vater und Mutter ist und wünscht, dass wir uns selbst als „integrierte spirituelle Meister" verwirklichen. Deshalb müssen wir uns selbst als Inkarnation Gottes ehren und in unserer eigenen Kraft stehen. Wir sind Gott nicht ebenbürtig, was wichtig zu verstehen ist.

Wir sind Gott nicht ebenbürtig, weil Gott uns erschaffen hat und nicht umgekehrt. Auch wenn wir Ihm nicht gleichgestellt sind, so wünscht Gott doch, dass wir in der Beziehung zu Ihm in unserer Kraft stehen und mit Kraft zu Ihm beten, denn wir sind in Wahrheit Seine Mitschöpfer. Sagte nicht schon die Bibel, dass wir nach Seinem Ebenbild geschaffen sind? Wir sind nach dem Bilde Gottes und Ihm ähnlich geschaffen. Wir sind sozusagen Mini-Götter. Wenn wir zu Gott beten, so wünscht Gott, dass wir mit persönlicher Kraft beten und uns nicht als schwach betrachten. Wir müssen uns nicht vor unserer eigenen Kraft in der Beziehung zu Gott fürchten, denn wir werden unsere Kraft immer in einer vollkommen liebenden und hingebungsvollen Weise Gott gegenüber einsetzen. Wenn wir mit Kraft zu Gott beten, dann sind auch unsere Gebete kraftvoller. Gott wünscht, dass wir wie Er sind. Gott ist der höchste Meister des unendlichen Universums, und Er wünscht, dass wir auch Meister sind. Solange wir unsere eigene Kraft im Dienst am spirituellen Christus-/Buddhabewusstsein einsetzen, besteht kein Grund, sich davor zu fürchten, im Leben und in allen Aspekten des Lebens, einschließlich Gott und den Meistern, vollkommen in der eigenen Kraft zu sein. In Wahrheit versuchen sie uns das zu lehren. Solange die Art, wie wir unsere persönliche Kraft einsetzen, frei vom negativen, angstbegründeten, trennenden Denken und Fühlen des niederen Selbst und des negativen Ego ist, ist es gut. Der erste Strahl Gottes ist nicht aus Zufall die Kraft.

Dies hat damit zu tun, dass man sich dem Willen Gottes und nicht dem des negativen Egos überlässt und man als Mitschöpfer Gottes in seiner eigenen Kraft steht! Die Kombination aus der Kraft Gottes und deiner persönlichen Kraft mit Gott als deinem Copiloten bildet ein unschlagbares Team! Die zweite Lektion in der Beziehung zu Gott besteht darin, sich dem Willen Gottes jeder Zeit zu übergeben und gleichzeitig in der eigenen Kraft zu sein. Manche Menschen übergeben ihr Leben Gott und verlieren ihre Kraft oder sie sind in ihrer eigenen Kraft und geben sich Gott nicht hin. Im Idealfall musst du beides gleichzeitig tun! Dies bedeutet auch, dass du dir alles anschaust, was das Leben oder Gott dir im Alltag als Lektion, Geschenk, Gelegenheit zum Wachstum, spirituellen Test und als Sprungbrett für das Wachstum deiner Seele bringt. Die richtige Haltung gegenüber allem, was in deinem Leben geschieht, ist, es zu segnen. Zu allem, was im Leben geschieht, zu sagen: „Nicht mein Wille geschehe, sondern Deiner, danke für die Lektion."

Nun haben wir das Thema über die persönliche Kraft und den Willen Gottes in die richtige Perspektive gerückt. Jetzt können wir zum Thema der bedingungslosen Liebe und Hingabe kommen. Wie Meister Jesus sagte, müssen wir – für die richtige Beziehung zu Gott – Gott mit unserem ganzen Herzen, unserer ganzen Seele, unserem ganzen Geist und aller Kraft lieben und unseren Nächsten so lieben wie uns selbst. Das bedeutet, dass unsere Liebe zu Gott als erstes im Leben kommt und dass unser spiritueller Weg als erstes im Leben kommen muss. Dies bedeutet, dass wir jegliche Anhaftung an Menschen, Plätze und Dinge loslassen und Gott an die erste Stelle setzen müssen. Es ist in Ordnung im Leben Vorlieben zu haben, jedoch keine Anhaftungen. Anhaftungen sind falsche Götter, gewissermaßen Idole. Nicht notwendigerweise physische, aber vielleicht psychologische oder spirituelle Idole.

Wir müssen auch vollkommene Hingabe an Gott üben. Alle unsere Gedanken, Gefühle, Worte und Handlungen müssen mit unserer richtigen Beziehung zum Selbst und zu Gott in Zusammenhang stehen. Wir müssen verstehen, dass es keine Ursünde gibt. In Wahrheit sind wir alle Inkarnationen von Gott, Christus und Buddha. Auch wenn dies wahr ist, es immer war und immer sein wird, ist es wichtig zu verstehen, dass wir uns trotzdem im Prozess befinden, Gott zu realisieren. Auch wenn jeder Gott ist, so bedeutet dies nicht, dass jeder in seiner spirituellen Entwicklung, in seiner Lichtfrequenz, in seiner Schwingung, in seinem Denken, Fühlen, in seiner Energie und so weiter, Gott vollkommen verwirklicht hat. Dies ist die spirituelle Entwicklung. Es gibt 352 Stufen, Gott zu realisieren. Deshalb gibt es 352 Stufen der Initiation, um Gott vollkommen zu verwirklichen. Zuerst müssen wir planetare Meister, dann solare Meister, dann galaktische Meister, dann universelle Meister, dann multiuniverselle Meister, dann kosmisch-göttliche Meister werden. In diesem Kapitel legen wir die Grundlage für eine richtige Beziehung zu Gott.

Ein anderer Schlüssel für eine richtige Beziehung zu Gott besteht darin, dass diese auf einer spirituellen, psychologischen und physischen Ebene vollkommen balanciert und integriert ist. Viele Menschen und Lichtarbeiter haben auf der einen Ebene eine richtige Beziehung zu Gott, aber nicht auf der anderen. Sie haben möglicherweise auf der spirituellen Ebene eine richtige Beziehung zu Gott, aber nicht auf der psychologischen und vielleicht auf der physischen Ebene. Um Gott vollkommen zu realisieren, muss dies integriert und balanciert auf allen drei Ebenen geschehen. Gott muss auch in allen Seinen vier Antlitzen realisiert werden – spirituell, mental, emotional und materiell. Alle vier Antlitze Gottes müssen geehrt, unterstützt und realisiert werden. Wenn eine Ebene ausgelassen wird und man sich nicht genügend darauf konzentriert, dann wurde Gott nicht vollständig realisiert. Daher sind Balance und Integration von größter Bedeutung!

Nachdem wir die Grundlage für eine richtige Beziehung zu Gott gelegt haben, untersuchen wir nun einige negative Gefühle, die Menschen zeitweise in ihrer Beziehung zu Gott haben und machen uns bewusst, was das negative falsche Ego-Denken ist, das diese Gedanken und Gefühle verursacht.

Viele Menschen ärgern sich über Gott. Die Definition von Ärger ist der Verlust der Kontrolle und der Versuch, diese wieder zu erlangen. Menschen ärgern sich über Gott, weil sie denken, dass Gott nicht das tut, was sie möchten. Das ist natürlich lustig, denn es ist der Zweck des Lebens, dass die Söhne und Töchter Gottes Seinem Willen folgen und nicht umgekehrt. Ein Mensch, der sich über Gott ärgert, hält an seinem kleinen, selbstsüchtigen, negativen Ego-Willen fest und übergibt sich nicht dem Willen Gottes und sieht nicht alles als spirituelle Lektion und Test. Anstatt Vorzüge zu haben, hängen diese Menschen an dem, was sie wollen.

Nun untersuchen wir die Gefühle der Menschen, die sich von Gott verlassen fühlen. Das ist auch komisch, denn dies ist unmöglich. Gott hat niemals irgendetwas in der Schöpfung verlassen und Seine Söhne und Töchter allein gelassen. Wenn sich jemand von Gott verlassen fühlt, dann ist dies wiederum eine Projektion seines negativen Ego. Das falsche Denken des negativen Egos oder des niederen Selbst versteht und interpretiert den spirituellen Test und die Lektion falsch. Ein ungeduldiger Mensch möchte, dass die Wünsche sofort erfüllt werden, fast wie ein Kind, das schreit, wenn es nicht sofort gefüttert wird oder sich jemand um es kümmert. Gott arbeitet geheimnisvoll, und wenn wir das, worum wir bitten, nicht bekommen, so bedeutet das nicht, dass Gott uns verlassen hat. Es bedeutet lediglich, dass wir Glauben, Vertrauen, Geduld, Vorlieben, Ausdauer, Standhaftigkeit und so weiter haben müssen.

Als nächstes negatives Gefühl gegenüber Gott empfinden die Menschen, dass sie unwürdig seien. Natürlich ist dies eine totale Illusion. Du bist wertvoll, denn du bist eine Inkarnation Gottes, und selbst Fehler und Lektionen sind positiv. Auf diese Art lernen wir. Wir beschuldigen Säuglinge und Kinder nicht für ihre Fehler und Gott verurteilt uns nicht für unsere Fehler, egal was wir getan haben. Gott heißt seine verlorenen Söhne und Töchter immer zu Hause willkommen. Menschen fühlen sich in der Beziehung zu Gott unwürdig, weil sie ihren eigenen Mangel an Selbstliebe, Selbstwert und Selbstvergebung auf Gott projizieren. Sie denken, dass dies von Gott käme, aber in Wirklichkeit kommt es von ihnen selbst.

Oft denken Menschen, dass Gott sie bestrafe für Dinge, die in ihrem Leben falsch laufen. Dies ist eine totale Illusion, denn Gott hat sie niemals bestraft und wird sie niemals bestrafen. Hier liegt ein anderes großes Geheimnis des Lebens: Gott erschafft nicht unsere Realität, wir erschaffen unsere Realität selbst. Die negativen Dinge im Leben werden nicht von Gott erschaffen, wir erschaffen sie selbst. Was man sät, das erntet man, was jemand aussendet, kehrt zu ihm zurück. Dies ist das große Karmagesetz und erstreckt sich über vergangene Leben. Daher führt einen das Leben immer wieder auf sich selbst zurück. Die Auslegung, ob Dinge positiv oder negativ sind, ist nur eine Interpretation. Gott betrachtet nichts als negativ oder schlecht, es ist nur ein spiritueller Test und eine Lektion. Nicht jedes Karma ist persönlich, denn wenn wir uns entscheiden, in diese Welt zu inkarnieren, so treffen wir auf Gruppenkarma und können „negative Erfahrungen" machen. Nehmen wir zum Beispiel den Zweiten Weltkrieg. Viele Menschen litten, doch nicht auf Grund ihres persönlichen Karmas, sondern vielmehr durch das Gruppenkarma von Ländern, Religionen, Rassen und Menschen, welches auf einer planetaren Stufe angelegt war. Für alle Betroffenen waren dies Lektionen. Der Glaube, dass Gott jemals bestraft hat, ist eine totale Illusion und eine Projektion des negativen Egos.

Manchmal kann ein Mensch auch einen Groll auf Gott hegen. Dies ist auch komisch, ohne es absichtlich werten zu wollen, denn, wie bereits gesagt, erzeugt Gott nicht unsere Realität. Das negative Ego beschuldigt in diesem Leben Gott für etwas aus einem vergangenen Leben oder für die Entscheidung, welche die Seele getroffen hat, in dieser speziellen Zeit der Erdevolution zu inkarnieren.

Oft fühlen sich Menschen in der Beziehung zu Gott verlegen, wenn sie Sex oder Ähnliches haben. Dies ist natürlich auch merkwürdig, denn Gott hat die Sexualität erschaffen. Die Verlegenheit hierbei stammt aus dem falschen Glauben und der Projektion, dass Gott dich verurteilt. Gott ist natürlich unfähig zu verurteilen und in Wahrheit verurteilt das negative Ego selbst und projiziert dies auf Gott. All diese Dinge sind in der Vorstellung des Menschen über Gott entstanden.

Dann haben wir die patriarchalische Projektion des negativen Egos, dass Gott männlichen Geschlechtes sei. In unserer Gesellschaft sind viele spirituellen Bücher in patriarchalischer Sprache geschrieben. Dies trifft auch auf viele New Age Bücher zu. Ein Teil dieses Problems liegt in unserer Sprache, denn wir haben keine geschlechtslosen Worte, um die wahre Natur Gottes richtig zu beschreiben. Gott ist natürlich weder männlich noch weiblich, sondern androgyn. Oder Er könnte als Vater/ Mutter-Gott beschrieben werden. In unserer historischen Ausrichtung wurden die Energien der Göttin und die weiblichen Meisterinnen vollständig geleugnet und zurückgewiesen, was ein patriarchalisches und männlich überbetontes Verständnis der wahren Natur Gottes zur Folge hatte. Nun beginnen die Göttliche Mutter und die weiblichen Meisterinnen schließlich, ihren rechtmäßigen Platz einzunehmen.

Es ist interessant, dass man in Wahrheit sagen könnte, dass es viele Götter gibt. Wir haben den katholischen Gott, den jüdischen Gott des Alten Testamentes, den Gott der Hindus, den islamischen Gott und den buddhistischen Gott. Ich denke nicht, dass es notwendig ist, hier die Verunreinigungen in den Religionen durch das negative Ego aufzuzeigen, denn dies habe ich in einigen meiner anderen Bücher getan. Es ist erstaunlich, wie viele negative Ego-Qualitäten Gott zugeschrieben werden. Im Buddhismus, dieser wunderbaren Religion mit ihren großartigen Lehren, die sehr auf Gott abgestimmt sind, geht man sogar so weit, zu sagen, dass Gott nicht existiert! Was ist das für eine Verunreinigung durch das negative Ego? Ohne dies absichtlich werten zu wollen, doch einige der anderen Religionen sind nicht viel besser, wenn die Unterscheidung in Spiritualität, Christus oder Buddha dazu benutzt wird, um einige falsche Auffassungen zu untersuchen. Natürlich stellt dies kein Urteil dar; es zeigt lediglich manche Bereiche falschen Denkens von Priestern, welche die Religion der wahren Natur der Lehre Gottes falsch ausgelegt haben. All dies wird im siebten Goldenen Zeitalter korrigiert werden und Religion wird in Zukunft eine größere Funktion ausüben.

Dann gibt es den Glauben in der Beziehung zu Gott, dass Gott möchte, dass du arm bist. Natürlich ist dies eine Illusion. Gott möchte, dass du auf allen Ebenen – einschließlich der materiellen und finanziellen – Wohlstand hast, aber Er möchte, dass du diesen Wohlstand in einer spirituellen Christus-/Buddha-Weise einsetzt. Manche meinen, dass Gott unpersönlich sei und man nicht persönlich mit Ihm in Kontakt treten kann. Dies stimmt natürlich nicht. Gott hat eine unpersönliche Seite, aber auch eine sehr persönliche und daher kann man mit Ihm auch in idealer Weise in Kontakt treten. Manche glauben auch, sie hätten Gott vollkommen realisiert und natürlich entstammt dies auch dem negativen Ego. Denn im Jahr 2001 gibt es auf diesem Planeten – mit Ausnahme von Sai Baba – niemanden jenseits der 16. Einweihung und die Meister sagten mir, dass es in diesem Jahr nur zehn wirkliche „integrierte spirituelle Meister" auf der Erde gäbe.

Da es 352 Stufen der Einweihung gibt und sich niemand jenseits der 18. Einweihung befindet und es nur zehn Wesen gibt, die nahe der 18. Einweihung balanciert und integriert sind und sich fast alle deutlich darunter befinden, ist es ein Egotrip, wenn jemand beansprucht, Gott vollkommen verwirklicht zu haben, ohne dies absichtlich werten zu wollen. Es wäre in Ordnung zu sagen, dass es Wesen gibt, die Gott auf einer planetaren Stufe des Aufstiegs verwirklicht haben, aber nicht notwendigerweise auf einer solaren Stufe, galaktischen Stufe, universellen Stufe, multiuniversellen Stufe und kosmisch-göttlichen Stufe. Sei sehr vorsichtig, wenn Menschen behaupten, dass sie Gott verwirklicht haben. Ohne es absichtlich werten zu wollen, haben sie meistens keine Ebene jenseits des negativen Egos, auf der sie leben, verwirklicht. Es ist so, wie wenn man denkt, dass das Universum um die Erde kreist, aber in einem spirituellen Sinn. Gott ist so unendlich ausgedehnt, es ist daher wichtig, die Dinge in der richtigen Perspektive zu betrachten.

Ein weiteres Missverständnis besteht darin, dass spirituelle Lehrer meinen, sie könnten Gott vollständig verstehen. Dies ist eine Illusion, denn Gott ist unergründlich. Man kann sehr viel verstehen, jedoch wird es immer einen Aspekt Gottes geben, der unergründlich bleibt, selbst wenn wir alle 352 Ebenen realisiert haben.

Dann gibt es das Verständnis, dass Gott alles ist, was stimmt. Wir leben und bewegen uns und haben unser Sein in Gott. Alles, was jemals erschaffen wurde, wurde von Gott erschaffen. Die einzige Ausnahme davon ist das negative Ego, welches der Glaube an Trennung ist. Dies wurde nicht von Gott, sondern von Menschen erschaffen. Deshalb lautet die Definition von Gott: „Gott = Mensch minus Ego". Denn alles ist eins in Gott. Durch den Missbrauch der freien Entscheidung durch den Menschen oder durch das Essen des Apfels vom Baum der Erkenntnis, wurden alle Probleme, alle negativen Gedanken, alle negativen Gefühle, jede negative Energie, jede Krankheit und jede negative Manifestation geschaffen. Dies existiert nicht in der Realität Gottes, denn Gott denkt nicht mit dem negativen Ego. Um also eine richtige Beziehung zu Gott und zum Leben aufzubauen, muss man sich selbst vom negativen, angstbegründeten, trennenden Ego-Denken und -Fühlen befreien, wobei ich euch hier in diesem Buch und in allen meinen Büchern zu helfen versuche. Dann betrachtet man das Leben aus den Augen Gottes und nicht aus denen des negativen Egos und alles, was man sieht, ist Gott und Liebe. Es gibt genau zwei Arten, das Leben zu betrachten. Durch Gott oder durch das negative Ego; durch die Liebe oder durch die Angst. Gott hat uns die mächtige ICH BIN -

Gegenwart, das Höhere Selbst, die Seele und den Heiligen Geist geschenkt, die uns dabei helfen, nur mit Gottes Augen zu sehen. Um dies zu erlangen, musst du ein vollkommener Meister all deiner Gedanken, Gefühle, Empfindungen, Energien, deines physischen Körpers, Unterbewusstseins, negativen Egos, deines niederen Selbst, inneren Kindes, deiner niederen Begierden und deines Lebens auf der Erde im Dienste Gottes und in bedingungsloser Liebe werden.

Der spirituelle Weg ist einfach und ebenso die Beziehung zu Gott, denn wenn du mit Gott im Himmel sein möchtest, so musst du wie Gott auf Erden handeln! Der Zweck des Lebens besteht darin, auf eine vollkommen integrierte und balancierte Weise und im absolut selbstlosen Dienst Gott auf Erden zu werden. Wenn man mit sich selbst und mit Gott vollkommen im Reinen ist, sich ganzheitlich fühlt und sich der Tatsache bewusst ist, eine Inkarnation Gottes zu sein, dann erkennt man alles und jeden als Gott, auch wenn andere dies noch nicht realisiert haben. Daher ist man selbst und sind alle anderen bedingungslos liebenswert. Deshalb sind Konkurrenz, nicht zu teilen, nicht kooperativ zu sein, Eifersucht und Kriege so absurd. Gott würde Gott nicht helfen: Was könnte absurder sein? Wenn du alles als Gott ansiehst – sogar Minerale, Pflanzen, Tiere und jeden Menschen –, dann musst du beachten, dass alles, was du vor einem anderen Menschen zurückhältst, du vor dir selbst zurückhältst, denn jeder andere Mensch bist du selbst. Wir alle teilen dieselbe Identität als das Ewige Selbst. Gott hat nur einen Sohn und eine Tochter und wir alle sind es! Deshalb ist in Wahrheit das Leiden eines anderen Menschen unser eigenes, jedoch bedeutet das nicht, dass wir das empathisch auf uns nehmen sollten, denn dies wäre kein Mitgefühl. Das Leben besteht aus unzähligen Begegnungen mit Gott im Dienst an Gott. Es gibt keine Trennung! Alles ist eins! Alles ist Gott!

In Wahrheit enthalten unsere Energiefelder im Idealfall alles und die Energiefelder aller anderen schließen uns mit ein. Wir sind alle eins mit allem und eins mit Gott! Wir befinden uns alle im Prozess, dies zu realisieren. In Wahrheit sind wir alle kosmische Bürger, nicht nur Bürger eines Landes oder eines Planeten, eines Sonnensystems, einer Galaxie, eines Universums oder multiuniversellen Systems. Meine Freunde, seht ihr nicht, dass alles Wahrnehmung ist? Wenn ihr eure Gedanken verändert, ändert ihr euer Leben. Sagte die Bibel nicht: „Werdet durch die Erneuerung eures Geistes verwandelt" und „Lass den Geist von Jesus Christus in dir sein". Jeder sucht inneren Frieden und Glück, was ein Geisteszustand und nichts außerhalb von dir selbst ist. Wir sind alle hier, um die höchstmögliche Stufe der spirituellen Einweihung, die höchste Stufe der psychologischen Klarheit und Wahrnehmung zu erreichen und unsere spirituelle Mission auf Erden vollkommen zu erfüllen, im Sinne der absoluten Vollendung unseres Puzzleteilchens, des spirituellen Vertrages, der persönlichen Blaupause und um unser spirituelles Erbe auf der Erde zu hinterlassen.

Wir sind alle hier, um Gott auf Erden zu sein. Wir sind hier, um Gott auf Erden zu verkörpern. Wir sind hier, um die Gegenwart Gottes auf Erden zu demonstrieren. Wir befinden uns in einer Art Training, um „integrierte spirituelle Meister" auf Erden zu werden. Wir sind Auszubildende im Unterricht Gottes, um wie unser Vater und unsere Mutter im Himmel zu werden. In Wahrheit sind wir alle Gott und wir sind auf der Erde, um das bewusst zu verwirklichen. Es gibt drei verschiedene Ebenen, die gemeistert werden müssen. Die meisten Lichtarbeiter sind nicht integriert und zersplittert. Sie konzentrieren sich nicht auf die Entwicklung aller drei Ebenen. Die meisten konzentrieren sich nur auf die spirituelle Ebene und sie denken, sie seien Meister, aber sie sind es nicht. Gott kann nur auf allen drei Ebenen und in allen vier Antlitzen realisiert werden und dies kann nicht genug betont werden! Einweihungen müssen auf der mentalen, emotionalen, ätherischen, physischen und materiellen Ebene integriert werden. Wenn dies nicht der Fall ist, dann hat der Mensch, der meint ein spiritueller Meister zu sein, nur ein Sechstel von Gott realisiert. Um ein wirklich flügger Aufgestiegener Meister oder integrierter spiritueller Meister zu werden, muss dies vollständig auf all diesen Ebenen geschehen. Erkennt ihr, meine Freunde, weshalb die Meister mir gesagt haben, dass es nur zehn „integrierte, spirituelle Meister" auf Erden gibt? Ist euch bewusst, wie viele Menschen auf der Welt meinen, sie seien spirituelle Meister und dies auch für sich beanspruchen? Möglicherweise sind dies Millionen, aber zehn existieren. Seht ihr hier die Diskrepanz und den Zwiespalt? Dies geschieht, weil die Menschen eine „ineffiziente Wahrnehmung der Realität" besitzen. Sie betrachten das Leben nicht nur zu sehr aus dem negativen Ego, sondern auch aus einer begrenzten statt umfassenden Perspektive. Sie meinen, alles umfassend zu erkennen, aber sie tun es nicht. Sie meinen, dass sie vollständig von den Wahrnehmungen und Interpretationen des negativen Ego befreit wären, aber sie sind es nicht. Sie glauben, dass sie vollkommene Meister auf der spirituellen, psychologischen und materiellen Ebene seien, aber sie sind es nicht.

Dies ist kein Urteil, sondern nur eine Lektion in Demut und Bescheidenheit und in der Bereitschaft, die Augen für die wahre Natur der Dinge vollständig zu öffnen. Selbstvertrauen ist eine gute Sache und ebenso, zu erkennen, wann du wirklich ein „integrierter spiritueller Meister" bist. Sei dir gewiss, dass deine Interpretationen und Wahrnehmungen der Realität nach der Wahrheit und nicht nach dem negativen Ego ausgerichtet sind. Sei dir gewiss, dass du das Leben aus einer wirksamen und breit gefächerten Perspektive der Realität betrachtest und sich dein spiritueller Weg darauf konzentriert, dass du ein Meister auf der spirituellen, psychologischen und materiellen Ebene und in allen vier Antlitzen Gottes bist.

Um Gott vollkommen zu realisieren, muss man das Weibliche und Männliche, die Energien von Himmel und Erde und das Über- bewusstsein, das Bewusstsein und das Unterbewusstsein balancieren und integrieren. Man muss alle vier Körper balancieren, sich richtig um das innere Kind kümmern und alle niederen Begierden transzendieren. Man muss alle seine Gedanken und Gefühle meistern und alle negativen Gedanken und Gefühle loslassen. Man muss der Meister des Unterbewusstseins sein. Man muss in sich die Energie Gottes und der Göttin balancieren. Man muss alle sieben Strahlen integrieren und meistern, denn dies ist in Wahrheit die Persönlichkeit Gottes. Man muss alle zwölf Tierkreiszeichen meistern. Man muss alle zwölf Sephiroth des Baum des Lebens balancieren und integrieren. Man muss alle zwölf Hauptarchetypen meistern, integrieren und balancieren. Man muss spirituell vollkommen aktiviert werden und die eigenen höheren Lichtkörper verankern. Man muss alle höheren Chakren verankern und die zwölf Stränge der DNA vollkommen aktivieren.

Um ein Meister auf einer spirituellen Ebene zu werden, musst du mindestens deine zwölf Stufen der Einweihung abgeschlossen haben, auch wenn sieben Stufen der Einweihung das Minimum sind, um Befreiung zu erlangen. Du musst deinen Lichtkörper vollständig ausbilden. Du musst deinen integrierten Lichtkörper vollständig ausbilden. Du musst ein vollkommenes spirituelles Christus-/Buddhabewusstsein besitzen und nicht eines, das auf dem negativen, angstbegründeten, trennenden Ego des niederen Selbst beruht. Du musst mit dir selbst, mit Gott und mit allen deine Beziehungen im Reinen sein. Du musst eine Ursache für deine Realität sein und nicht die Wirkung. Ein Meister und nicht ein Opfer! Um Gott zu verwirklichen, musst du Gott auf Erden verkörpern und deine spirituelle Mission, das spirituelle Puzzleteil, die spirituelle Vereinbarung, die persönliche spirituelle Blaupause vollkommen erfüllen und ein spirituelles

Erbe auf Erden hinterlassen. Du musst die Erde und die Erdenergien meistern. Du musst deinen Beitrag in einem materiellen Sinn leisten, um der Welt zu helfen. Du musst im Herzen rein sein und die Reinheit Gottes jederzeit manifestieren. Natürlich musst du bedingungslos lieben und jederzeit deine dreifaltige Flamme der Liebe, Weisheit und Kraft balancieren.

Du musst in allen Reichen dienen – den Menschen, Pflanzen, Tieren und Mineralien. Du musst alle Menschen als Gott betrachten, denn wenn du Gott nur in dir selbst siehst, dann kannst du Gott nicht verwirklichen! Deshalb musst du eine unschuldige Wahrnehmung haben und in jedem Menschen Christus und Buddha sehen, auch wenn sie es selbst nicht in sich sehen und es nicht verwirklicht haben. Du musst alles im Leben als spirituellen Test und Lektion betrachten, um Gott, Christus und Buddha zu demonstrieren. Du musst glücklich, voller Freude und positiv sein. Du musst alles vollständig mit deinen Brüdern und Schwestern teilen und nichts zurückhalten, außer dem, wozu dir Gott und die Meister aus fortgeschrittenen spirituellen Gründen raten. Denn was du vor deinem Bruder und deiner Schwester zurückhältst, das hältst du in Wahrheit vor dir selbst zurück. Denn du bist dein Bruder und deine Schwester und dein Bruder und deine Schwester sind du. Du musst vollkommen verantwortlich sein für jeden Aspekt des Lebens. Du musst in der Lage sein, Fehler zuzulassen und dich dafür zu entschuldigen, falls dies notwendig sein sollte. Du musst jeden falschen Stolz, Minderwertigkeitskomplex und Überheblichkeit loslassen, denn Hochmut kommt vor dem Fall.

Du musst das Thema Geld und den Geschäftsbereich gemeistert haben und jegliches Armutsbewusstsein loslassen und Füllebewusstsein entwickeln. Du musst in einem spirituellen, psychologischen und physischen Sinn Weisheit entwickeln und ausdrücken. Du musst den physischen Körper und seine

Begierden meistern. Du musst lernen, das Leben auf der Erde zu lieben und zu genießen und auch das materielle Antlitz Gottes zu heiligen. Gott befindet sich ebenso im materiellen Antlitz, wie im mentalen, emotionalen und spirituellen. Du musst deine Spiritualität erden lernen. Du musst auf deinen physischen Körper achten und ihn lieben. Du musst lernen, ein heiliges und selbstloses Leben zu führen und zu geben, wo du kannst. Schließlich musst du realisieren, dass du alles bist und hast, denn du bist Gott! Du musst in dir selbst vollkommen ganz werden und statt Anhaftungen nur Vorzüge haben. Du musst eine wirksame Wahrnehmung der Realität entwickeln, die auf Gott, den Heiligen Geist, die mächtige ICH BIN - Gegenwart, dein Höheres Selbst und die Aufgestiegenen Meister der Inneren Ebenen ausgerichtet ist. Du musst jede begrenzte Sicht transzendieren. Du musst zu jeder Zeit im Tao bleiben. Du darfst dir selbst Fehler erlauben und diese als positiv anstatt als negativ betrachten. Du musst dir selbst und anderen stets vergeben. Du musst lernen, jederzeit gleichmütig zu bleiben und die negative Ego-Dualität zu transzendieren.

Du musst jegliches Beurteilen loslassen, jedoch spirituelles Unterscheidungsvermögen entwickeln. Du musst stets freudig wachsam sein und darfst dir nicht erlauben, im Autopiloten zu leben. Du musst deine Motive auf einer möglichst tiefen Ebene erforschen, um sicher zu sein, dass du nicht aus selbstsüchtigen Motiven heraus handelst. Du musst deine Sexualität meistern und in allen Dingen gemäßigt sein. Du musst alle deine Chakren meistern, balancieren und integrieren. Du musst deinen Licht-, Liebes- und Kraftquotienten aufbauen. Du musst deine Antakarana zu deiner Monade und bis zu Gott hin aufbauen. Du musst enorme persönliche Kraft und Selbstdisziplin entwickeln.

Du musst jegliches Karma läutern, die Programmierung durch jegliche Kernangst in den Energiefeldern klären, alle negativen Gedankenformen entfernen, alle Energiefelder von grauen und dunklen Energien klären, alle negativen Implantate und Elementale entfernen, alle Blütenblätter und Facetten aller Chakren öffnen, alle Feuerzeichen, Schlüsselcodes und geheiligten Geometrien verankern und den gesalbten Christus-Überselbst-Körper, den Zohar-Lichtkörper, den Überselbst-Körper, den höheren Adam-Kadmon-Körper, den Gematria-Körper, den elektromagnetischen Körper, den Eka-Körper und den Epi-kinetischen Körper aktivieren, die 22 Übersinne Gottes öffnen und aktivieren, die kristallinen Lichtfelder aktivieren und das Karma der vergangenen Leben klären. Du musst in der Lage sein, auf einer spirituellen, psychologischen und physischen Ebene zu meditieren, zu beten und alle notwendigen spirituellen Übungen zu tun, um dein Sein zu verfeinern und zu reinigen. Du musst Gott vollständig an die erste Stelle setzen und darfst keine falschen Götter oder Idole haben, einschließlich Macht, Geld, Ruhm und Sex. Du musst dich in allem, was du tust, sehr um göttliche Reinheit bemühen. Du musst lernen, äußerst ehrlich mit dir zu sein, um Selbsttäuschung, Illusion, Glanz und Maya zu vermeiden, was in dieser Welt überhand nimmt.

Du musst jede Begegnung mit einem anderen fühlenden Wesen als eine heilige Begegnung betrachten: Gott trifft Gott, Christus trifft Christus, Buddha trifft Buddha, das Ewige Selbst trifft das Ewige Selbst. Du musst in spirituelle Führerschaft und den planetaren Weltdienst eintreten. Wie die Meister gerne sagen: „Viel wird gegeben und viel wird erwartet!“ Du musst bei allem was du tust integriert und balanciert sein, indem du bei allem, was du tust versuchst, eine Synthese zu erlangen. Schließlich musst du dich darum bemühen, in allen Dingen und auf alle Arten ein „integrierter spiritueller Meister“ zu sein!

Meine geliebten Leser, ein „gottverwirklichter integrierter spiritueller Meister“ zu werden, ist nicht leicht, wie ihr klar erkennen könnt. Es gibt viele auf dem spirituellen Weg, die einen

Workshop besuchen oder ein spirituelles Buch lesen und meinen, dass sie ein Meister seien. In Wirklichkeit ist der spirituelle Weg auf dem Weg zur Gottesverwirklichung sehr komplex und schwierig. Es gibt hier eine große Anzahl von Fallen. Eine der schwierigsten Lektionen des spirituellen Weges besteht in der Meisterung und Kontrolle über das negative Ego und in der Erhöhung des eigenen Geistes und der Emotionen auf einer spirituellen Ebene. Nun muss man hierbei auch erwähnen, dass viele Menschen auf der Erde gelegentlich Projektionen und Interpretationen ihres negativen Egos bezüglich Gott haben, was negative Gefühle und Empfindungen auslöst. Dasselbe gilt auch hinsichtlich der Aufgestiegenen Meister der Inneren Ebenen. Menschen, die falsch denken, fühlen sich manchmal ärgerlich, vernachlässigt, zurückgewiesen, bestraft, verurteilt und so, wie es der ganze Rest der Skala der Gefühle und Empfindungen des negativen Egos hergibt. So wie all dies Illusion hinsichtlich Gott ist, so ist auch all dies Illusion hinsichtlich der Aufgestiegenen Meister der Inneren Ebenen.

Die Aufgestiegenen Meister der Inneren Ebenen sind nicht notwendigerweise frei von jeglichem negativen Ego, aber zum größten Teil davon. Die einzige Ausnahme, die ich hier machen möchte, ist eine Person, die astrale Wesen, mentale Wesen oder dunkle Wesen channelt. Diese Wesen sind zu Gedanken und Verhalten des negativen Egos fähig, jedoch wirken die Aufgestiegenen Meister der Inneren Ebenen, die Erzengel und Engel und Elohim-Meister definitiv aus der spirituellen Existenzebene heraus und nicht aus der astralen oder mentalen Ebene. Daher ist jede Projektion des negativen Egos auf die Aufgestiegenen Meister der Inneren Ebenen ebenso illusionär wie sie es auf Gott ist und daran zu erinnern ist wichtig.

Ich möchte damit jedoch sagen, und dies ist wichtig, dass es einen definitiven Unterschied gibt in der Beziehung zu Gott und zu den Aufgestiegenen Meistern der Inneren Ebenen und den kosmischen Meistern. Ehrfurcht ist ein Gedanke und Gefühl, das Gott gegenüber angemessen ist, aber nicht den Aufgestiegenen Meistern der Inneren Ebenen. Gott ist unser Schöpfer und der Schöpfer der Aufgestiegenen Meister der Inneren Ebenen. Wenn Ehrfurcht gegenüber Gott angemessen ist, so ist Respekt den Aufgestiegenen Meistern der Inneren Ebenen gegenüber angemessen, denn in Wahrheit sind sie unsere Brüder und Schwestern. Im entferntesten Sinne sind sie uns gleichgestellt, denn wir sind alle das Ewige Selbst oder die Inkarnationen Gottes. Die Wahrheit jedoch ist, dass nicht jeder in dem Sinne gleich ist, wie sehr er Gott auch verwirklicht haben mag; die planetaren und kosmischen Meister sind sozusagen etwas weiter auf dem Weg. Man könnte sie als unsere „älteren" Brüder und Schwestern bezeichnen.

Auch wenn es niemanden auf Erden gibt, der Gott vollkommen in der Totalität der 352 Stufen verwirklicht hat, so gibt es doch, wie ich schon sagte, eine gute Anzahl von Wesen, die den Status eines planetaren Aufgestiegenen Meisters erreicht haben. Wie ich bereits angemerkt habe, gibt es zehn Wesen auf der Erde, die als „vollkommen integrierte planetare spirituelle Meister" betrachtet werden können. Mit anderen Worten, sie haben auf einer planetaren Ebene die spirituelle, psychologische und physische Ebene vollkommen balanciert und integriert gemeistert. Das bedeutet nicht, dass sie niemals einen Fehler machen. Es bedeutet, dass, wenn sie einen Fehler begehen, sie diesen erkennen und schnell wieder gut machen. Auch wenn niemand auf der Erde die Vollkommenheit Gottes auf allen 352 Stufen verwirklicht hat und es nie tun wird, denn in dieser Dimension war dies nie vorgesehen, so ist die Stufe eines integrierten planetaren spirituellen Meisters und eines planetaren Aufgestiegenen Meisters nicht zu belächeln. Es ist eine extrem hohe Stufe der spirituellen Entwicklung. Es ist nicht die Totalität Gottes in der 352-Stufen-Perspektive, aber es ist immerhin ein sehr hoher spiritueller Status. Um das alles in der richtigen Perspektive zu betrachten, muss man verstehen, dass sogar die planetaren Aufgestiegenen Meister der Inneren Ebenen, die unsere Lehrer sind – wie Sananda, Meister Kuthumi, Lord Buddha, Lord Maitreya, El Morya, Saint Germain und alle anderen, höchstens zwei oder drei Inches weit auf einem Zehn-Inch-Lineal sind, wenn das Zehn-Inch-Lineal die Totalität von Gott auf allen 352 Stufen bedeutet. Dies wurde von Vywamus festgestellt, welcher der höhere Aspekt von Sanat Kumara ist. Also, sogar diese großen und edlen Meister, die schon die galaktische Ebene der Gottesverwirklichung erreicht haben, was extrem weit fortgeschritten ist, beschreiten noch Wege, um Gott in seiner ganzen Totalität auf den 352 Stufen zu verwirklichen. Ein „integrierter spiritueller Meister auf einer planetaren Ebene" zu werden, ist eine extrem hohe Stufe in der spirituellen Entwicklung, auch wenn dies nicht alle 352 Stufen beinhaltet. Dies wurde aufgeteilt, um in einer vollständigen Perspektive aufzuzeigen, was die Verwirklichung Gottes bedeutet.

Meine geliebten Leser, dies ist nur der anfängliche Schritt. Sobald diese Dinge abgeschlossen sind und wenn man wirkliche spirituelle Führerschaft und planetaren Dienst an der Welt übernimmt, dann beginnen die tatsächlichen spirituellen Prüfungen. Bis zu diesem Punkt sind alles wirklich nur kleine Schritte. Wenn man einmal wirkliche Macht hat, Ruhm, Geld, Kontrolle über Menschen, weltlichen Erfolg, dann ist dies die wahre Prüfung. Ich kann euch nicht sagen, wie viele spirituelle Führer, spirituelle Lehrer, spirituelle Channels, spirituelle Wissenschaftler, spirituelle Heiler und Freunde ich schon an dieser Prüfung habe scheitern sehen, ohne es absichtlich werten zu wollen. Es ist nicht zu fassen! Sehr wenige schaffen dies und scheitern schon am ersten Schritt und sind sich nicht bewusst, dass die tatsächliche spirituelle Führerschaft und der planetare

Weltdienst beginnt. Ich erinnere mich an ein Zitat aus der Bibel über den Menschen, der das Himmelreich nur durch ein Nadelöhr erreicht. Meine Freunde, der spirituelle Weg ist gerade und schmal. Meine geliebten Leser, viele werden die siebte Stufe der Einweihung in diesem Leben erreichen. Das ist leicht, denn das ist nur ein Teil des Lichtquotienten. Es ist eine ganz andere Geschichte, wirklich ein integrierter spiritueller Meister, ein vollkommen flügge gewordener Aufgestiegener Meister, ein integriertes Christuswesen, ein integriertes Aufgestiegenes Wesen zu werden und den integrierten Lichtkörper vollkommen zu realisieren.

Meine Freunde, seid so mutig, euch selbst und euer Leben durch diese erweiterte, umfangreiche Perspektive dieser Schlüsselpunkte, die der spirituelle Weg mit sich bringt, zu betrachten. Lasst dies euer Ziel sein. Gebt euch nicht mit weniger zufrieden als mit der vollständigen Gottesverwirklichung, dem vollständigen integrierten spirituellen Bewusstsein eines Meisters. Wenn ihr nächstes Mal von jemandem hört, er sei ein spiritueller Meister oder vollkommen gottverwirklicht, dann betrachtet dies aus eurem breit gefächerten Bewusstsein. Nicht aus der Sicht des Beurteilens, sondern aus echtem spirituellem Verständnis. Meine geliebten Leser, ihr könnt mehr als das erreichen! Gott, die Aufgestiegenen Meister der Inneren Ebenen, die Erzengel und Lichtengel Gottes und die Elohim-Meister bitten euch jetzt im stillen Heiligtum eures eigenen Herzens und eurer Seele darum, euch zu bemühen, Gott in diesem Leben mit eurem höchsten Potenzial an göttlicher Reinheit zu verwirklichen. Bei dem, wovon ich hier spreche, gibt es keine Grenze, wie weit das spirituelle Wachstum integriert und balanciert in diesem Leben fortschreiten kann. Dies hängt ganz von deinem persönlichen Grad an Hingabe, Verpflichtung und spiritueller Wachsamkeit ab, dich vom negativen Ego nicht sabotieren zu lassen, dich nicht in die Illusion führen zu lassen oder dich nicht von deinem wahren Dharma oder spirituellen Weg abbringen zu lassen. Gott wünscht, dass du Sein Bewusstsein vollkommen meisterhaft, bedingungslos liebend, balanciert und integriert auf Erden verkörperst. Er möchte, dass du dein Leben dem Dienst an Ihm und an deinen Brüdern und Schwestern auf Erden in allen Reichen widmest. Verschwende diese Lebenszeit nicht an Illusionen, Glanz und niedere Begierden des negativen Egos. Der spirituelle Weg ist etwas Wunderbares, denn, wenn er richtig verstanden wird, dann kannst du das Beste aus beiden Welten haben. Denn ein wahrer integrierter spiritueller Meister genießt sein Leben neben jeglicher Verantwortung und nimmt sich Zeit für Freude und Entspannung. Er nimmt zu 100% am Leben teil und versteckt sich nicht in einer Höhle. Er hat Freunde und Beziehungen. Viele sind verheiratet. Er ist in allen Dingen bescheiden, so dass er alle Aspekte des Lebens genießen kann, während er seinen spirituellen Verantwortungen nachgeht.

Ihr seid erschaffen von und für Gott und seid zu Größe fähig im höchsten spirituellen Sinn des Wortes. Gott bittet euch nun im stillen Heiligtum eures eigenen Herzens, im Heiligtum aller Heiligtümer, dieses spezielle persönliche spirituelle Gelöbnis euch selbst und Ihm gegenüber gemäß euren besten Fähigkeiten abzulegen, in dem Wissen, dass Fehler vollkommen in Ordnung sind, um euer höchstes spirituelles Potenzial zu erfüllen, das Gott für euch vorgesehen hat. Wie es in der Bibel heißt: „Trachtet zuerst nach dem Reiche Gottes und alles andere wird euch zufallen". Meine geliebten Leser, dies ist der Weg zu eurem größten Erfolg, in spiritueller, mentaler, emotionaler, physischer und in materieller und weltlicher Hinsicht. Es ist der Schlüssel, um spirituelle Beziehungen und Freunde anzuziehen. Es ist der Schlüssel, um Geld zu verdienen. Es ist der Schlüssel, um in einem spirituellen und weltlichen Sinn auf der höchsten Stufe erfolgreich zu sein. Dies ist die höchste spirituelle Vision Gottes für euch und Er bittet euch nun im Heiligtum aller Heiligtümer eures eigenen Herzens und eurer Seele, dies nun auf eure bestmögliche Weise anzunehmen und umzusetzen. Wenn ihr immer wieder Fehler macht, dann ist dies vollkommen in Ordnung und Teil des Lernprozesses. Dies ist die breit gefächerte spirituelle Vision, die Gott für euch bereit hält.

Alle negativen Gefühle und Empfindungen, die ihr jemals gegenüber Gott hattet und habt, sind nur Projektionen und Illusionen des negativen Egos und sind natürlich vollkommen vergeben, denn sie existieren ja nicht einmal, weil das negative Ego nicht wirklich existiert. Es ist wie eine negative Hypnose, die wirklich erscheint, wenn du drin bist; wenn du jedoch draußen bist, dann ist es einfach, als ob ein Glas Wasser halb leer oder halb voll ist. Gott weiß, dass du voll bist, aber wenn du dem negativen Ego zuhörst, dann sieht alles halb leer aus. In Wahrheit stimmt dies nicht, wenn du jedoch diese Gedanken ergreifst, so lebst du in der Negativität deiner eigenen Gedankenschöpfung. Vergib dir selbst in diesem Moment jegliches falsche Denken hinsichtlich Gott in diesem und in vergangenen Leben, denn Gott hat dir bereits vergeben; Er hat es nur als schlechten Traum angesehen, den du im Schlaf hattest, aber nun bist du vom Schlaf erwacht.

Der Zweck dieses Kapitels liegt unter anderem darin, dir dabei zu helfen, solche Wahrnehmungen und Interpretationen des negativen Egos und falsches Denken deines Geistes zu klären. Meine Freunde, es ist wirklich so einfach, man braucht keine zehn Jahre Therapie. Du kannst es in diesem „heiligen Moment" tun! Dies ist Psychotherapie aus der Perspektive des Heiligen Geistes und der Aufgestiegenen Meister, die augenblicklich Wirkung zeigt. Das Erstaunliche an diesem ganzen Prozess ist, dass es so einfach erscheint, wenn du es einmal verstanden hast, jedoch ist es fast unmöglich, den Wald vor lauter Bäumen zu sehen, solange es die Geistige Welt und die Meister nicht erklärt haben. Wenn du deinen Lichtkörper und integrierten Lichtkörper wirklich zu deinem höchsten Potenzial ausbilden möchtest, dann musst du diesem Weg der Reinheit Gottes, der Hingabe, der Widmung und integrierten spirituellen Meisterschaft folgen. Meine Freunde, dies ist keine Arbeit, sondern Freude! In Wahrheit sind wir alle eine Inkarnation Gottes und wir alle sind fähig zu Größe im höchsten spirituellen Sinn. Dieses Kapitel wurde gechannelt und geschrieben, damit du inspiriert wirst, dich der „Herrschaft von Liebe, Weisheit und Kraft" zu bemächtigen und spirituelle Größe im Dienste Gottes, der Meister und deiner Brüder und Schwestern auf der Erde zu erlangen, um demütig und in absoluter Bescheidenheit ein Licht und ein Leuchtfeuer der „integrierten spirituellen Meisterschaft, der bedingungslosen Liebe und des Dienstes" für alle fühlenden Wesen, für die Erde und die Menschen auf der Erde zu sein!

So steht es geschrieben! So soll es geschehen!

7

Deine Merkabah und ihre Funktion bei der Integration deiner Lichtkörper

Die Geschichte der Merkabah ist sehr interessant. Die Merkabah ist in sich selbst ein Geheimnis; vieles wurde darüber geschrieben und es wurden Geschichten über die vielen Geheimnisse der Merkabah erzählt. Diese Geschichten würden wir gerne ruhen lassen. Die Wahrheit soll über die Merkabah und ihre Funktion bei der Integration deiner Lichtkörper geschrieben werden. Diese Wahrheit und Weisheit kommt nur aus einer Quelle und das ist Gott.

Die Merkabah ist ein reiner und einfacher Körper und Träger des Lichtes. Ihre Reinheit kommt von Gott. Ihre Funktionen sind multidimensional. In ihrer Schöpfung und Verwendung im göttlichen Plan besitzt sie Reinheit und Komplexität. Dies ist ihr Ursprung. Die Merkabah war ursprünglich ein Träger des Lichtes, der direkt von Gott und seine Schöpfern – den Elohim-Meistern – benutzt wurde. Sie wird und wurde von Gott und den Elohim-Meistern eingesetzt, um die Energie Gottes in alle Universen Seiner Schöpfung zu übertragen. Wir sagen Universen, denn es gibt viele davon in Gottes Schöpfung, die der Menschheit zu dieser Zeit noch unbekannt sind. Diese Merkabah wird als Lichtträger eingesetzt, um die Energie und Weisheit Gottes zu schützen, bis sie von den Planeten und Spezies, auf die sie ausgerichtet ist, verwendet wird. Mit anderen Worten, die Merkabah Gottes wird eingesetzt, um Seine direkte Energie in allen Universen Seiner Schöpfung umzuwandeln, zu balancieren und zu integrieren. Die Energie Gottes richtet sich auf Seine

Schöpfungen. Du erkennst nun, dass die Merkabah ein Lichtträger und ein Schutz ist, der von Gott erschaffen wurde. Wenn du das weißt, dann verstehst du auch, dass jeder in Gottes Schöpfung seine eigene Merkabah als Lichtträger erhalten hat. Du wurdest auf dieser Erde mit einer Merkabah geboren, die deinen kleinen kindlichen Körper mit Licht und Liebe umhüllte. Nun möchte ich dir die Weisheit und Wahrheit Gottes und der Aufgestiegenen Meister über die Unterschiede und Feinheiten der Merkabah erklären. Wie funktioniert die Merkabah bei der Integration und Balancierung aller deiner Lichtkörper? Dies ist ein sehr interessantes Thema und wir geben dir dazu grundlegende Informationen in diesem Kapitel, denn die Informationen über die Merkabah wurden nach göttlichem Ermessen gegeben. Wie bereits erwähnt, wird jeder Mensch mit einer Merkabah geboren. Ihre Gestalt und Größe und ihre individuelle spirituelle Entwicklung und Verwirklichung sind von Gott zurzeit ihrer Inkarnation vorbestimmt.

Die Merkabah wird von Gott aus einem, für jedes Individuum speziell angepasstem, Licht und Wissen gebildet und energetisiert. Die Merkabah ist der Träger des Lichtes, des Wissens und des Schutzes, das dir von Gott übertragen wurde. Erstaunlich! Nun, was tut die Merkabah für dich als Individuum, wenn sie dir dabei hilft, alle deine Lichtkörper, die du in diesem Leben erlangst, zu integrieren und zu balancieren? Mit jedem neuen Lichtkörper, den du durch Aufstiegseinweihungen erwirbst, wird die Merkabah darin bestärkt, den neuen Lichtkörper zu erhalten. Ihre Energie und ihr Wissen ist so programmiert, dass sie mit den neuen Energien eines jeden neuen Lichtkörpers zusammenwirkt. Sie weiß automatisch, welchen Impuls dein neuer Lichtkörper benötigt und wie sie dir dabei helfen kann, deinen neuen Lichtkörper zu verankern und zu aktivieren. Deine Merkabah setzt ihre Energie und ihr Wissen ein, um deinen neuen Lichtkörper zu schützen. Natürlich hat Gott alle

Lichtenergien programmiert und erschaffen, so dass deine Merkabah eine perfekte Schöpfung ist, genau so wie du eine perfekte Schöpfung Gottes bist. Kann deine Merkabah auch schwächer werden oder zersplittern? Kann sie mehr Realitätsdimensionen umfassen als deine Lichtkörper? Kann deine Merkabah Energie aus deinen Lichtkörpern in die Atmosphäre um dich freisetzen? Ist sie immer in Balance, auch wenn es deine Lichtkörper nicht sind? Dies sind alles wichtige Fragen, die wir gerne ansprechen möchten.

Kann deine Merkabah schwächer werden oder zersplittern? Absolut nein! Die Merkabah ist ein Träger des Lichtes, den du von Gott erhalten hast. Sie wurde von Gott erschaffen, um die Kraft und die Geschmeidigkeit zur Anpassung aller Phasen des Lichtkörpers zu haben. Sie ist eine halb-durchlässige Substanz aus Energie. Wenn dies so ist, magst du jedoch fragen, warum deine Aura manchmal zersplittert ist oder schwache Stellen hat? Deine Aura oder Lichtkörper funktionieren individuell aus deiner Merkabah heraus.

Die Merkabah benutzt ihre eigene Intelligenz, um dein ganzes System zu beschützen. Jedoch schützt dich dies nicht vor dir selbst. Meistens sind die Zersplitterungen und die schwachen Stellen eine Schöpfung deiner negativen, auf Angst basierenden Gedanken, deiner eigenen Handlungen und deiner eigenen selbst erschaffenen Realität. Manche von euch werden mit dieser Wahrheit überhaupt nicht einverstanden sein, aber wenn ihr wirklich die Gründe für die Unausgeglichenheit und Schwäche eurer Lichtkörper auswerten würdet, würde sich dann nicht herausstellen, dass eure Realität selbst auferlegt ist? Wir denken, dass ihr damit einverstanden wärt, wenn ihr vollkommen ehrlich mit euch selbst wärt. Hierin liegt keine absichtliche Wertung, doch diese Fehler können von euch korrigiert werden. Dies beantwortet die andere Frage, ob deine Merkabah ausgeglichen bleibt, auch wenn es deine Lichtkörper nicht sind? Sie bleibt absolut ausgeglichen, denn sie ist von Gott gelenkte Energie und wird durch deine individuelle spirituelle Entwicklung geformt.

Dies führt uns zu unserer nächsten Frage. Erlaubt es die Merkabah, dass Energie aus deinen Lichtkörpern in die Atmosphäre um dich herum frei gesetzt wird? Die Merkabah hat eine halb-durchlässige Struktur, wie wir erfahren haben. Sie schützt alle deine Lichtkörper, erlaubt jedoch der Energie deiner Lichtkörper, sich auszudehnen. Mit zunehmender Ausdehnung wächst auch deine Merkabah. Dasselbe gilt auch, wenn deine Lichtkörper abnehmen, so wie es der Fall ist, wenn jemand die spirituelle Leiter herabfällt. Die Merkabah erlaubt deinen Energien, auf alle Dinge entsprechend ihrem Entwicklungsstand einzuwirken. Deine Merkabah gestattet dir, deine Energie und Weisheit Gottes mit allem auf ihrem Entwicklungsstand zu teilen. Ist dies nicht aufregend? Wirklich aufregend ist auch die Tatsache, dass du noch nicht einmal wissen musst, was eine Merkabah ist, um die Geschenke zu erhalten und zu genießen, die Gott dir durch deine eigene Merkabah zukommen lässt.

Kann deine Merkabah mehr Realitätsdimensionen als deine Lichtkörper umfassen? Natürlich kann sie dies, besagt die Weisheit Gottes. Wir verstehen alle, dass es 352 Stufen der spirituellen Verwirklichung und Meisterung in Gottes Plan gibt. Während ich dies schreibe, hat Mahatma angezeigt, dass diese Zahl durch die Gnade Gott tatsächlich erweitert wurde. Diese Information wird in einer anderen Veröffentlichung erläutert werden. Du kannst stufenweise die Ebenen der Aufstiegseinweihung erlangen. Es geht dabei nicht um die Stufe oder Nummer, das einzig wichtige für Gott ist der Grad der spirituellen Meisterung, Integration und Balance, der bei jeder Stufe der Einweihung erreicht wird. Durch diese spirituelle Meisterung der Einweihung, Integration und Balance erlaubt Gott deiner Merkabah, sich jenseits deiner Entwicklungsstufe auszudehnen. Durch deine Integration und deinen göttlichen Dienst erlaubt Er dir, die Energie und Weisheit deiner Merkabah mit allen Lebens- und Existenzformen zu teilen.

In diesem Kapitel haben wir die Geheimnisse der Merkabah enthüllt und die Irrtümer über sie korrigiert. Wir haben dir eine breit gefächerte Vision deiner individuellen Merkabah gegeben und wie ihre Gaben zu den deinen werden, um sie mit allen um dich herum zu teilen. Dies ist dein Geschenk von Gott. Nutze deine Gaben!

8

Enthüllungen des Geheimnisses der zwölf Stränge der DNA, der Biostratus, die supergenetische Superhelix und die Elektronen von Erzengel Metatron

Meine geliebten Leser, ich glaube, dass dies eines der Geheimnisse aller Zeitalter ist, woran alle Lichtarbeiter interessiert sind. Es gibt viele falsche Informationen und Missverständnisse zu diesem Thema, so habe ich mich schließlich hingesetzt und die Meister dazu befragt. Erstens, besitzen wir normalerweise zwei DNA-Stränge. Es ist eine Illusion zu glauben, dass wir einst zwölf DNA-Stränge hatten und Außerirdische in der alten Zeit kamen und sie wegnahmen. Dies ist niemals geschehen und ist ein Mythos, den viele Lichtarbeiter als Tatsache akzeptiert haben. Dies ist jedoch niemals geschehen. Ja, sie haben die DNA gefälscht und damit gearbeitet, aber sie haben sie niemals von zwölf auf zwei Stränge reduziert. Zweitens, versuchen viele Lichtarbeiter, mehr als zwei DNA-Stränge zu errichten. Ich habe gehört, bis zu zwölf und mehr. Die Aufgestiegenen Meister der Inneren Ebenen haben mir gesagt, dass es möglich wäre, zwölf DNA-Stränge zu errichten, dies jedoch zuerst auf der ätherischen Ebene geschehen müsse. Bei einer körperlichen Untersuchung würde dies nicht erkennbar sein.

Ich habe gefragt, ob es jemals möglich war, diese zwölf Stränge in einem dreidimensionalen Sinn wirklich im physischen Körper zu erzeugen und es war interessant, was sie mir daraufhin gesagt haben. Sie antworteten mir, dass dies nur bis zum siebten Strang möglich sei. Dies ist die Grenze, welche die irdische Existenz derzeit erlaubt. Also, wenn es Menschen gibt, die erzählen, dass sie dies tun würden oder dabei helfen könnten, alle Stränge im physischen Körper zu erzeugen, so besitzen sie ein falsches Verständnis darüber, ohne dies bewusst zu verurteilen. Nun bezieht sich Metatron in dem Buch *Die Schlüssel des Enoch* auf die Verankerung und Aktivierung der supergenetischen Superhelix als die Verankerung und Aktivierung des „Biostratus". Dies wird Metatron für dich tun, wenn du darum bittest. Jedoch sagte mir Metatron, dass dieser Vorgang in sehr enger Verbindung zu dem eigenen integrierten Aufstiegsprozess steht. Die Lichtarbeiter müssen verstehen, dass man nicht automatisch empfängt, nur weil man darum gebeten hat.

Auch andere Faktoren spielen hierbei eine Rolle – wie die eigene psychologische Meisterung, die physische Meisterung und das Transzendieren des negativen Egos, wie auch die Erfüllung der spirituellen Mission, der spirituellen Vereinbarung und seines persönlichen Puzzleteiles der eigenen Blaupause. Im Wesentlichen bedeutet dies die Annahme der spirituellen Führerschaft und des planetaren Weltdienstes des Lichtarbeiters. Metatron sagte mir auch, dass die Verankerung und Aktivierung des Biostratus eng mit dem eigenen Einweihungs- und Aufstiegsprozess verbunden ist und daher in Verbindung mit dem Erlangen einer jeden Einweihung und der Verkörperung eines jeden höheren Lichtkörpers steht. Erzengel Metatron betonte im Wesentlichen, dass der Mensch, um die sieben DNA-Stränge und den Biostratus im physischen Körper zu verankern und dies vollständig zu verkörpern, ein „integrierter spiritueller Meister" werden muss. Wenn er darum bittet, wird er diesen Prozess Schritt für Schritt durchlaufen, wenn dieser Eingeweihte der hohen Stufe und Meister auf der Erde für würdig erachtet wird, dies zu empfangen, indem er spirituelle Meisterschaft, spirituelle Führerschaft und die Umsetzung seines spirituellen Dienstes auf der Erde demonstriert.

Erzengel Metatron hat mich damit auf einen anderen erstaunlichen Prozess hingewiesen. Erzengel Metatron ist tatsächlich der Schöpfer des Elektrons und des äußeren Lichtes in unserem Universum, was ziemlich erstaunlich ist, wobei ihr mir sicher zustimmen werdet. Einer der Schlüssel zur Beschleunigung der Entwicklung, den ich durch die Gnade von Metatron entdeckt habe, ist, dass dies mit einer schrittweisen aber stetigen Geschwindigkeit für diejenigen, die Gott auf Erden und ein Leben als „integrierter und balancierter spiritueller Meister im Dienst an der Erde" demonstrieren und verkörpern, tatsächlich möglich ist. Wenn darum gebeten wird, dann wird Metatron „neue Elektronen" in deinem Energiefeld verankern!

Dies ist ein sehr erstaunlicher Prozess, den ich durch die Gnade von Metatron seit einigen Jahren erlebe und es ist ein weiterer sehr erstaunlicher Schlüssel, den ich erfahren habe. Meine Freunde, nun teile ich zum ersten Mal dieses große Geheimnis der Zeitalter mit euch allen. Ich tue dies, denn alles ist Gott! Gott teilt mit Gott im Dienst an Gott. Wenn man Gott nicht gibt, dann gibt man sich selbst nicht, denn in Wahrheit teilen wir dieselbe Identität mit Gott. Alles im Leben sind nur Inkarnationen Gottes in unendlichen Formen. Wenn du deine Brüder und Schwestern nicht als Gott betrachtest und sie nicht so behandelst, dann findest du Gott nicht in dir selbst, denn was du siehst, das bist du. Viele Lichtarbeiter meinen, dass sie ein Ausdruck Gottes seien und andere nicht. Auch wetteifern sie oft und teilen nicht. Vergiss niemals, dass das, was du vor einem Bruder oder einer Schwester zurückhältst, du in Wahrheit vor dir selbst zurückhältst, denn du bist dein Bruder und deine Schwester. Die große Illusion des Lebens ist der Glaube, dass der physische Körper alles enthält, was du bist. Dein wahres Selbst ist so unendlich wie Gott, denn du bist Gott. Gott hat nur einen Sohn oder eine Tochter oder ein Ewiges Selbst erschaffen und wir alle teilen dieselbe Identität mit dem Ewigen Selbst oder mit Gott. Obwohl dies der Fall ist, hat nicht jeder Mensch diese Wahrheit realisiert. Das ist der Zweck der 352 Stufen der Einweihung. Jede Stufe von Gott muss in einer ausgeglichenen Weise demonstriert und integriert werden. Jeder Lichtarbeiter muss auf jeder Stufe dienen, um zu zeigen, dass diese Stufe vollständig integriert und auf allen Stufen balanciert ist, denn man kann sich nicht entfalten, ohne anderen Aspekten von Gott dabei zu helfen, dasselbe zu erreichen. So wie sich andere durch ihren Dienst entwickeln, entwickelst du dich! Wir können uns selbst nicht von unseren Brüdern und Schwestern trennen, denn in Wahrheit sind wir unsere Brüder und Schwestern.

Daher gibt der geliebte Erzengel Metatron diese Dispensation der zwölf DNA-Stränge, des Erlangens der sieben DNA-Stränge, des Biostratus, des Super-Elektrons und/oder der Elektronen Gottes denjenigen, die spirituelle Führerschaft und planetaren Weltdienst demonstrieren und in ihrem Alltag im Dienst an ihren Brüdern und Schwestern und in allen Reichen Gottes integrierte spirituelle Meister sind, in einer systematischen Weise bekannt. Das Verständnis über diesen Prozess ist ein weiteres der großen Geheimnisse der Zeitalter, welches mir Metatron enthüllt hat. Meine geliebten Brüder und Schwestern, ihr stimmt mir sicher zu, dass dies viel Sinn macht. Ich bin sehr glücklich, heute mit euch diese sehr wichtige Information über ein faszinierendes Thema zu teilen. Ich möchte Metatron für die Gnade danken, mir diese Information jetzt zu enthüllen, um ein Thema klarzustellen, das die Lichtarbeiter gelegentlich in der New Age Bewegung verwirrt hat. Das Studium und die Anwendung dieser gesamten spirituellen Enzyklopädie, die nun geschrieben wird, ermöglicht es dir, diesen hier erwähnten Prozess zu durchlaufen, wenn er so umgesetzt und demonstriert wird, wie er in der gesamten leicht zu lesenden Enzyklopädie des spirituellen Pfades gelehrt wird. Wir reichen euch hier eine kleine Karotte für die Zukunft, wenn ihr so wollt und zwar denjenigen, die genügend Selbstmeisterung, bedingungslose Liebe, Selbstdisziplin, Weisheit und Mut besitzen, um in die spirituelle Führerschaft, den Dienst und die bedingungslose Liebe hineinzugehen, um wirklich integrierte spirituelle Meister auf Erden in einer ausgeglichenen Weise und auf einer spirituellen, psychologischen und physischen Stufe zu werden, so wie Gott es sich wünscht.

9

Die spirituellen, psychologischen und physischen Schlüssel zur Beschleunigung der Entwicklung

Dies ist ein weiteres sehr interessantes Kapitel. Es enthält eine spirituelle, psychologische und physische Liste bereit sowie ein spirituelles Inventar von all dem, was du erlangen, lernen und in dieser spirituellen Enzyklopädie studieren kannst, wenn du magst. Ich habe in meinen Gesprächen mit Erzengel Metatron und den Aufgestiegenen Meistern etwas entdeckt, was ich die „spirituellen, psychologischen und physischen Schlüssel für das Beschleunigen der Entwicklung" nennen möchte. Diese Schlüssel umfassen eine wertvolle Information für dich, denn sie enthalten die Geheimnisse zur Beschleunigung deines Einweihungs- und Aufstiegsweges um buchstäblich das zehntausendfache!

In der Folge findest du die höchsten Schlüssel zur Beschleunigung deiner Entwicklung und zur Meisterung dessen, was du in dieser integrierten spirituellen Enzyklopädie studieren, lernen, integrieren und vervollständigen kannst.

Die psychologischen Schlüssel zur Beschleunigung der Entwicklung:

Bedingungslose Liebe.
Die Überwindung des negativen Egos mit seinem angstbegründeten, trennenden Denken und Fühlen und es durch das Denken und Fühlen aus dem spirituellen Christus-/Buddhabewusstsein zu ersetzen.

Deine dreifaltige Flamme der Liebe, Weisheit und Kraft balancieren zu lernen.
Deine sieben Strahlen balancieren und integrieren zu lernen.
Deine vier Verstandesebenen, dein Bewusstsein, Unterbewusstsein, Höheres Selbst und Monade, oder mächtige ICH BIN - Gegenwart, integrieren zu lernen.
Deine vier Körper balancieren zu lernen.
Die zwölf Tierkreiszeichen und das Horoskop meistern und integrieren zu lernen.
Dich um dein inneres Kind zu kümmern.
Gott / Göttin in dir balancieren und integrieren zu lernen.
Die vier Antlitze Gottes – spirituell, mental, emotional und materiell – meistern, integrieren und heiligen zu lernen.
Die Begierden des niederen Selbst transzendieren zu lernen und sie in die Wünsche des Höheren Selbst umzuwandeln.
Positives Denken.
Das Leben als spirituelle Tests und Lektionen zu betrachten.
Nur Vorzüge anstatt Anhaftungen zu haben.
Selbstliebe und Selbstwert zu entwickeln.
Spirituell wachsam zu sein gegenüber deinem Denken und Fühlen.
Die Ursache deiner Realität durch die Art deines Denkens und nicht das Opfer oder die Wirkung, zu sein.
Die sieben Strahlen zu meistern und zu balancieren.
Jede Programmierung deiner Kernangst aus deinen Energiefeldern zu entfernen.
Zu lernen, in jedem Aspekt des Lebens integriert und balanciert zu sein.
Bescheidenheit in allen Dingen zu bewahren.
Die Reinheit Gottes in allen Aspekten zu erlangen.
Alle deine Gedanken, Worte und Handlungen zu überwachen.
Die Kraft des gesprochenen Wortes.
Im Tao leben zu lernen.
Die Bedeutung des Mitschöpfertums mit Gott und den Meistern.

Die Bedeutung der rechten Beziehung zu sich selbst und zu Gott vor allen anderen Beziehungen.
Die Bedeutung der Gestaltung rechter Beziehungen.
Die Bedeutung der Vergebung in allen Dingen.
Deine Fehler zu entschuldigen und zuzulassen.
Demut und Bescheidenheit.
Deine Kraft auf der Stufe Gottes und der Meister, der Stufe der persönlichen Kraft, der Stufe des Unterbewusstseins und der physischen Stufe zu beanspruchen.
Gott in allen Dingen zu sehen.
Alle Angriffsgedanken aufzugeben.
Integrität in allen Dingen zu bewahren.
Spirituelle Führerschaft und planetarer Weltdienst.
Die Bedeutung, sich um die fünf Reiche Gottes zu kümmern – um Mineralien, Pflanzen, Tiere, Menschen und um den spirituellen Bereich.
Die komplette Neuprogrammierung des Unterbewusstseins.
„Gott = Mensch minus Ego".
Positiv zu affirmieren und zu visualisieren.
Deine zwölf Hauptarchetypen zu integrieren und zu balancieren.
Den niederen Aspekt der sieben Hauptstrahlen, der zwölf Hauptarchetypen, der zwölf Tierkreiszeichen und der zwölf Sephiroth des kosmischen Baum des Lebens zu klären.
Das Leben in der richtigen Perspektive zu betrachten.
Eine Synthese im Leben zu erlangen.
Die spirituelle, psychologische und materielle Ebene im Leben meistern und integrieren zu lernen.
In allen Dingen Vortrefflichkeit anzustreben.
Die Ethik Gottes zu meistern und zu integrieren.
Dich selbst schützen zu lernen.
Zu lernen, deine Schwingung zu meistern und aufrechtzuerhalten.
Zu lernen, stets im inneren Frieden zu sein.

Zu lernen, stets in Freude, Glück und spiritueller Ekstase zu leben.
Die komplette Reinigung des mentalen, emotionalen, ätherischen und physischen Körpers.
Die Bedeutung der inneren und äußeren Organisation und Ordnung.
Spirituelles und psychologisches Tagebuch führen.
Die Wissenschaft der richtigen Einstellungen und Heilungen zu meistern.
Zu lernen, ein Heiler im spirituellen, mentalen, emotionalen, energetischen, physischen und materiellen Sinn zu werden.
Den Kleinigkeiten Achtung zu zollen.
Untadelig rein zu sein in allem, was du tust.
Spirituelle und psychologische Aufzeichnungen zu machen.
Spirituelle Lektüre und Studium dieser integrierten spirituellen Meisterenzyklopädie.
"Warum sich sorgen, wenn man beten kann?"
Das Erlernen von Selbsthypnose-Techniken.
Bedeutung des positiven Selbstgespräches.
Die Bedeutung, deine Träume aufzuzeichnen und diese interpretieren zu lernen.
Deine Aufmerksamkeit nur auf Gott und deinen spirituellen Weg auszurichten.
Jedem Gedanken, der nicht von Gott kommt, den Zutritt in deinen Geist zu verweigern.
Die Bedeutung, jederzeit eine vollkommene positive spirituelle, mentale, emotionale, energetische, physische, materielle und soziale Diät einzuhalten.
Stets ein starkes spirituelles, psychologisches und physisches Immunsystem aufrechtzuerhalten.
Zitronen stets in Limonade umzuwandeln.
Die Bedeutung des Erstellens von spirituellen und psychologischen Schlachtplänen für Problembereiche in deinem Leben.

Die Bedeutung der Ausbalancierung der weiblichen und männlichen und der himmlischen und materiellen Aspekte des Lebens.
Die Bedeutung, das Leben aus einer breit gefächerten Perspektive zu betrachten und nicht in einer begrenzten Sichtweise stecken zu bleiben.
Unantastbar für Angriffe und Kritik von anderen zu werden.
Deine Gefühle und Empfindungen stets zu wählen und nicht ein Opfer von ihnen zu sein.
Immer die spirituelle Vision der Vollkommenheit durch Beten, Affirmationen und Visualisierungen des Positiven aufrechtzuerhalten, wenn sich Dinge nicht nach dem spirituellen Ideal manifestieren.
Deine Feinde zu lieben.
Die andere Wange hinzuhalten.
Für diejenigen zu beten, die dich verletzen wollen.
Stets zentriert und ruhig zu bleiben.
Alle negativen Emotionen loszulassen.
Eine effiziente Wahrnehmung der Realität zu entwickeln.
Die Bedeutung, sich auf seine eigenen Lektionen zu konzentrieren, anstatt zu versuchen, anderen Menschen ihre Lektionen beizubringen.
Gott auf allen Ebenen deinen Zins zu zahlen.
Das Leiden der anderen Menschen als dein eigenes zu erkennen, ohne es auf dich zu nehmen.
Die Bedeutung, stets Glanz, Maya und Illusion zu transzendieren.
Für Gott und sein Königreich spirituell, psychologisch und physisch wachsam zu sein.
Die Dualität des negativen Egos transzendieren zu lernen.
Die unglaubliche Kraft der Gedanken zu erkennen und dass Gedanken Dinge sind.
Lernen, taktvoll und diplomatisch zu sein.

Die physisch-irdischen Schlüssel zur Beschleunigung der Entwicklung:

Gott auf Erden zu sein.
Die mächtige ICH BIN - Gegenwart auf der Erde vollkommen zu verkörpern.
Gott auf Erden zu demonstrieren.
Die Präsenz Gottes auf der Erde zu praktizieren.
Bereit sein, zu dienen.
Deine physisch-spirituelle Mission auf der Erde zu erfüllen.
Deine spirituelle Vereinbarung und persönliche Blaupause des göttlichen Planes auf der Erde zu vervollständigen.
Dein Puzzlestück auf der Erde zu erkennen und zu erfüllen.
Ein physisches spirituelles Erbe auf der Erde zu hinterlassen.
Deinen physischen Körper zu lieben und für ihn zu sorgen.
Wertvolle physische Nahrung zu dir zu nehmen.
Dich physisch genügend zu bewegen.
Bewusstes Atmen.
Mäßigung in deiner Sexualität.
Deine spirituelle Aufgabe auf der Erde, die Gott und die Meister dir geben, korrekt zu erfüllen.
Das genetische Karma zu klären.
Geerdet zu bleiben.
Die Gesetze der Manifestation meistern zu lernen.
Deine Erdungsschnur beizubehalten.
Reinlichkeit ist nahe der Frömmigkeit.
Das Wesak-Fest, das Christus-Fest und das Fest der Menschheit zu feiern.
Sich politisch und sozial im Leben auf der Erde zu engagieren.
Dabei zu helfen, dass sich unsere Zivilisation und Gesellschaft verändert.
Die Bedeutung der Ökologie und des ökologischen Gespräches.
Die Bedeutung, einen Christus-/Buddha-Lebensraum zu entwickeln.

Feng Shui beim Einrichten und der Organisation deines Heimes anzuwenden.
Mitschöpfer der Natur, der Devas und der Naturgeister zu sein.
Die Energien der Göttlichen Mutter, Mutter Erde und der Göttin in deinem Leben zu integrieren.
Die Bedeutung, dein Leben zu genießen.
Die Bedeutung des Entfernens von Erdkristallen.
Das Geld zu meistern und ein Bewusstsein der Fülle zu entwickeln.
Zu lernen, die Erde und Erdenergien zu meistern und zu integrieren.
Verantwortung für das Wohlergehen der Erde zu übernehmen.
Sich Zeit zu nehmen für physische Erholung.
Die Bedeutung des Ehrens und Heiligens des materiellen Antlitzes Gottes.
Die Praxis der tantrischen Sexualität.
"Hände, die helfen, sind heiliger als Lippen, die beten".
Heilige Plätze auf der Erde zu besuchen.
Zu lernen, das Geschäftsleben und die Ökonomie zu meistern.
Sich auf den physischen Aufstieg und die physische Unsterblichkeit zu konzentrieren.
Ein spiritueller /politischer Aktivist der Inneren Ebenen zu werden.

Die spirituellen Schlüssel der Beschleunigung deiner spirituellen Entwicklung auf der Erde:

Deinen Lichtquotienten auszubilden.
Deinen Liebesquotienten auszubilden.
Deinen Kraftquotienten auszubilden.
Deine Antakarana hin zu deiner Monade und zu Gott aufzubauen.
Deine Seelenausdehnungen zu integrieren und zu reinigen.

Deine zwölf DNA-Stränge aufzubauen und den Biostratus und die supergenetische Helix zu verankern.
Die vollständige Verankerung und Aktivierung deiner 352 Lichtkörper auf der Erde.
Die vollständige Verankerung und Aktivierung des höheren Adam Kadmon Körpers.
Alle außerirdischen Implantate und negativen Elementale zu entfernen.
Alles zu segnen, was in deinem Leben geschieht.
Niemals aufzugeben.
Ein spiritueller Kämpfer im Leben zu sein.
Die Bedeutung, spirituelle Gelöbnisse abzulegen.
Die vollständige Verankerung und Aktivierung deines gesalbten Christus-Überselbst-Körpers, des Zohar-Lichtkörpers und des Überselbst-Körpers.
Das Karma in allen deinen Energiefeldern und Chakren zu reinigen.
Die 22 Strahlen Gottes zu integrieren.
Die Aufstiegsplätze Gottes zu besuchen.
Die 330 Chakren Gottes zu verankern und zu aktivieren.
Die 352 Stufen Gottes zu verankern und zu aktivieren.
Die geheimen Zepter Gottes zu verankern und zu aktivieren.
Zu lernen, die unglaubliche Kraft des Heiligen Geistes anzuwenden.
Meditation
Gebet
Die Namen Gottes zu chanten.
Die Mantren Gottes zu chanten.
Alle negativen Gedanken, Verzerrungen, Kristallisationen und metaphysischen Miasmen in deinen Energiefeldern zu reinigen.
Alle Löcher, Lecks, Risse und dunklen Flecken in deiner Aura zu reparieren.
Alle mentalen, emotionalen und ätherischen Schlacken aus deinen Energiefeldern zu entfernen.

Alle ätherischen Nadeln, Pfeile und Kugeln aus deinen Energiefeldern zu entfernen.
Alle Chakren, Blütenblätter der Chakren und Facetten aller Chakren zu öffnen.
Den Gematria-Körper, den Epi-kinetischen Körper, den Eka-Körper, den elektromagnetischen Körper, den mystischen Körper des Herrn, den elohistischen Körper des Herrn und den Körper des paradiesischen Sohnes zu verankern und zu aktivieren.
Die 72 Namen Gottes, die 72 Geistesbereiche Gottes und die 72 Attribute Gottes zu verankern und zu aktivieren.
Alle geometrischen Feuerzeichen, Schlüsselcodes und geheiligten Geometrien zu verankern, um alle höheren Lichtkörper, höheren Chakren, zwölf DNA-Stränge und so weiter zu verankern und zu aktivieren.
Alle Seelenfragmente zurückzuholen und alle Bänder zu durchtrennen.
Die kristallinen Lichtfelder zu aktivieren.
Alle Chakren auszubalancieren und zu vereinigen.
Alle vergangenen Leben zu klären.
Die 76 Namen von Metatron zu verankern und zu aktivieren.
Die Merkabah zu verstehen und mit ihr zu arbeiten.
Die Gaben des Heiligen Geistes zu entwickeln.
Erleuchtung des Gehirns.
Die Elektronen von Metatron zu verankern.
Die Anwendung von Huna Gebeten.
Die Aufstiegsaktivierungen Gottes und der Meister anzurufen.
Den kosmischen Baum des Lebens zu verankern und zu aktivieren und die zwölf Sephiroth des Baum des Lebens zu öffnen.
Die sieben Siegel zu öffnen.
Die drei Siegel von Gott, Christus und dem Heiligen Geist zu öffnen.

Die Lichtpakete des Lichtschatzes Gottes zu verankern und zu aktivieren.
Die 22 Übersinne Gottes zu entwickeln.
Zu lernen, wie du deinen integrierten Lichtkörper bilden kannst.
Deine zwölf Stufen der Einweihung zu erlangen.
Lernen, zu channeln.
Die Monade zu klären.
Den Originalvertrag mit Gott gegenzuzeichnen.
Die Sprache des Lichtes.
Die zwölf Strahlen im Alltag anzuwenden.
Um Licht- und Liebes-Duschen zu bitten.
Gott, Christus, den Heiligen Geist, die Aufgestiegenen Meister der Inneren Ebenen, Engel und christusbewusste Außerirdische konstant um Hilfe zu bitten.
Die Fähigkeit des Seelenreisens und der Bilokation zu entwickeln.
Zu lernen, mit Farbe und Klang zu heilen.
"Lieber Gott"- Briefe zu schreiben.
Zu lernen, ein integrierter Christ, ein integrierter Aufgestiegener und ein integrierter spiritueller Meister zu sein.
Deine zwölf Stufen der Einweihung in deine vier niederen Körper zu integrieren.
Zu lernen, mit „Gott zu speisen".
Die Bedeutung des Arbeitens mit dem Matrix-Entfernungsprogramm der Kernangst.
Die Bedeutung des Arbeitens mit dem Prana-Wind- Reinigungsgerät.
Die Bedeutung des Anrufens von Platin-Netzen.
Einen Aufstiegskumpel zu haben.
Die axiatonale Ausrichtung zu erbitten.
Die unglaubliche Bedeutung des Erstellens spiritueller Listen.
In der Nacht, während du schläfst, Unterricht in den Ashrams Gottes zu erhalten.
Den heiligen Klängen Gottes zu lauschen.
Mit dem Christus-Gitternetz zu arbeiten.
Mit den Stargates zu arbeiten.

10

Die Enthüllung zweier großer spiritueller Geheimnisse der Zeitalter: „Es geschieht dir nach deinem Glauben“ und „Bitte, so wird dir gegeben“

Diese beiden Zitate und Aussagen sind zwei der größten Geheimnisse des Lebens. Zwei große Schlüssel des Erfolges in einem spirituellen und weltlichen Sinn sind darin enthalten. Ohne diese beiden Aussagen zu verstehen und umzusetzen, kann kein vollkommener Erfolg auf beiden Ebenen erreicht werden.

Lasst uns mit der ersten Aussage beginnen: „Es geschieht dir nach deinem Glauben“. Dieses erste große Geheimnis des Lebens besteht in dem Verständnis, dass unsere Gedanken und Vorstellungen in unserem Geist unsere Realität erschaffen. Unsere Gedanken erschaffen unsere Gefühle, Empfindungen, Energie, Gesundheit, unser Verhalten und alles, was wir magnetisch anziehen oder zurückweisen in unserem Leben. Es muss verstanden werden, dass jeder Gedanke, jedes Bild, jede Visualisierung, jedes Gefühl, Wort und Verhalten, das sich bei uns abspielt, eine Affirmation und kreative Visualisierung ist, die ihr Abbild in unserer äußeren Welt erzeugt. Wenn die meisten Menschen eine Ahnung davon hätten, wie kraftvoll ihre Gedanken und Vorstellungen in ihrem Geist tatsächlich sind, wären sie erstaunt darüber. Es muss verstanden werden, dass Gott das unendliche Universum mit der Kraft seines Geistes und seiner Vorstellung erschaffen hat. Wir sind alle Inkarnationen Gottes auf der Erde und jeder von uns kreiert in derselben Weise, wie Gott kreiert, nur in einem etwas kleineren Bereich.

Wir haben alle vom Hermetischen Gesetz gehört: „Wie innen – so außen. Wie oben – so unten". Jeder Gedanke und jedes Bild in uns, wird sich von Innen nach Außen manifestieren, wenn wir dies oft genug denken. Deshalb sollten sich die Menschen nicht sorgen, denn dies sind negative Affirmationen und Visualisierungen auf einer unterbewussten Ebene. Sie sollten daher eine größere spirituelle Achtsamkeit gegenüber den Gedanken und Bildern haben, die sie durch ihr eigenes Unterbewusstsein, andere Menschen und die äußere Welt in ihrem Geist zulassen. Sie sollten spirituell besser abwägen, was sie lesen, was sie sich im Fernsehen anschauen, welche Filme sie sich im Kino ansehen und mit welchen Menschen sie sich treffen. Sie sollten auf ihre Tagträume achten und sich nicht gestatten, im Autopiloten zu leben. Es ist sogar wichtig, darauf zu achten, was man in der Nacht während des Schlafes denkt und was in den Träumen vorkommt. Es ist gut, die Fähigkeit des luziden Träumens zu entwickeln, damit man das Ergebnis des Traumes verändern kann. Wenn ich am Morgen aufwache, dann deute und interpretiere ich nicht nur meine Träume, sondern korrigiere sie auch mit meiner Haltung und ändere sie bewusst, um sicher zu gehen, dass alle meine Träume immer einen positiven Ausgang haben. So wie der Universelle Geist durch Edgar Cayce gesagt hat: „Gedanken sind Dinge"! Deshalb sollte jedes Wort, das du sprichst, genau überwacht werden, denn jedes Wort ist „die Kraft des gesprochenen Wortes", die manifestiert wird.

Wenn du deinen Geist mit Horrorfilmen und Schundliteratur oder mit negativen Gedanken von Menschen, die nicht auf einer spirituellen Ebene handeln, füllst, so wird dein Geist mit niedrigeren Gedankenformen angefüllt und dies verringert deine Energiefrequenz. Das Ideal ist, immer positiv zu sein, im Geist nur Licht und bedingungslose Liebe zu tragen und niemals einen negativen Gedanken zu denken oder ein negatives Gefühl zu haben. Wenn es doch geschieht, dann verurteile dich nicht selbst, vergib dir und ändere es schnell. Wenn du lernst, alle negativen, auf Angst basierenden, trennenden, unausgeglichenen Gedanken und Gefühle des niederen Selbst und des Egos loszulassen und diese durch spirituelle Christus-/Buddha-Gedanken und Gefühle in balancierter und integrierter Weise zu ersetzen, dann wird alles im Leben spiritualisiert und positiv. Dann bekommst du nur gutes Karma. Das ist der Schlüssel zum Glück, das ist der Schlüssel zum inneren Frieden und das ist der Schlüssel zum Erfolg, in einem spirituellen und weltlichen Sinn! Dies befähigt dich, zu jeder Zeit enthusiastisch, bedingungslos liebend und voller Freude zu sein. Damit wirst du zur Ursache der Realität und nicht zur Wirkung; zu einem Meister und nicht zu einem Opfer. Dies erlaubt dir, ein Mitschöpfer Gottes zu sein. Einer der Hauptgründe, weshalb du in diesen Körper und in diese Schule auf Erden inkarniert bist liegt darin, zu lernen, dies zu jeder Zeit zu tun.

Dann werden wir uns die 352 Stufen zu Gott hinauf bewegen und schließlich mit der Kraft unseres Geistes Universen erschaffen. Dies tun die großen Elohim-Meister und die Erzengel. Erzengel Metatron hat all das äußere Licht in unserem Universum mit der Kraft seines Geistes erschaffen. Die Elohim oder Schöpfergötter halfen Gott, das unendliche Universum mit der Kraft ihres Geistes zu erschaffen. Wenn wir uns selbst als verantwortlich erachten, während wir die 352 Einweihungsstufen durchlaufen und uns verantwortungsbewusst, befreit vom Ego und auf jeder Ebene völlig positiv erweisen, dann werden wir schließlich lernen, wie diese Dinge durchzuführen sind. Die Erde ist ein Laufstall, um dies zu üben. Es wird uns nicht erlaubt sein, dass wir uns auf die solare, galaktische, universelle, multiuniverselle oder göttlich-kosmische Ebene der Schöpfung bewegen, wenn wir nicht jede Stufe gemeistert haben.

Meine Freunde, dies hat mit der Entwicklung des Bewusstseins zu tun. Es gibt viele Lichtarbeiter, die channeln, psychische Talente besitzen, studieren, heilende Fähigkeiten haben oder spirituelle Wissenschaftler sind; und dies ist alles wunderbar. Jedoch kommt es häufig vor, dass sie ihr „Bewusstsein" nicht entwickeln. Es wird sehr oft nicht verstanden, dass diese Fähigkeiten durch das Bewusstsein dieses Menschen gefiltert werden. Wenn also das Bewusstsein nicht entwickelt, unklar oder vom negativem Ego mit negativen Gedanken, Gefühlen und Empfindungen, niederen Begierden, ungeeigneter Psychologie, Philosophien und Glaubenssystemen angefüllt ist, dann sind die Channelings, die psychischen Fähigkeiten, die Hellsichtigkeit und die heilenden Fähigkeiten befleckt. Ich gebe ein treffendes Beispiel. Sagen wir, dass ein Mensch channelt. Wenn das Bewusstsein nicht entwickelt ist, dann wird das Channeling mit einer niedrigeren Ebene in Verbindung gebracht. Zum Beispiel channelt der Mensch von einer B- oder C-Ebene, wohingegen ein anderer Mensch, der channelt, sein Bewusstsein entwickelt hat und von der A-Ebene channelt und sein Leben auf der A-Ebene führt. Es ist zudem eine Tatsache, dass jedes Channeling durch den Grad, oder das Fehlen des Grades, von spiritueller und psychologischer Klarheit beeinflusst wird.

Es ist von höchster Bedeutung, dass jeder Mensch sein Bewusstsein auf einer bewussten, unterbewussten und überbewussten Ebene entwickelt, denn dadurch verursacht, manifestiert, erschafft und filtert man stets alles im Leben. Diese spirituelle Enzyklopädie wurde geschrieben, um dir dabei zu helfen, dein Bewusstsein und alle Talente und Fähigkeiten von Gott bis zur höchstmöglichen Stufe der Selbstmeisterung, bedingungslosen Reinheit Gottes, Egolosigkeit, Integration und Balance zu entwickeln. Von erster Bedeutung ist, das eigene Bewusstsein zu entwickeln, jedoch ist es genauso wichtig, dass man auf allen Stufen Gottes integriert und balanciert ist.

Vergiss niemals, dass du, und jeder andere Mensch, eine Inkarnation Gottes bist. Wir alle erschaffen unsere Realität mit unserem Geist. Meine Freunde, dies ist das große Geheimnis des Lebens, der Schlüssel zum Glück und zum Erfolg auf jeder Stufe! Da du eine Inkarnation Gottes bist, sind die Gedanken und Vorstellungen in deinem Geist unglaublich kraftvoll und jeder Gedanke und jede Vorstellung in dir, kehrt zu dir zurück. Sei daher stets freudig wachsam über dein Bewusstsein, deinen Geist, deine inneren Bilder, Gefühle, Empfindungen, dein Verhalten und deine Energie. So lebt ein „integrierter spiritueller Meister" sein Leben und dies ist eines der großen Geheimnisse des Lebens, um vollkommenen spirituellen Erfolg und ebenso weltlichen Erfolg zu erlangen.

Das zweite große Geheimnis des Lebens besagt: „Bitte, so wird dir gegeben. Klopfe an und die Tür wird aufgetan." Es genügt nicht im Leben dein Bewusstsein zu meistern und zu kontrollieren, positiv zu denken und konstant Affirmationen zu sprechen und kreativ die Realität, die du wünschst, zu visualisieren. Es ist ebenso wesentlich, Gott und die Aufgestiegenen Meister der Inneren Ebenen, die Erzengel und Engel, die Elohim-Meister und die christusbewussten Außerirdischen um Hilfe zu bitten, denn sonst würde das Leben keine gemeinsame Schöpfung sein. Das wahre Geheimnis für den höchsten Erfolg besteht darin, Gott, Christus, den Heiligen Geist, die mächtige ICH BIN - Gegenwart, das Höhere Selbst und die oben erwähnten Meister der Inneren Ebenen um Hilfe anzurufen! Ein jedes Bewusstsein ist unglaublich kraftvoll; doch wenn wir es mit der Kraft des Gebets, mit der wir die Hilfe Gottes und all dieser Meister anrufen, verbinden, dann können wir erkennen, um wie viel kraftvoller unsere Schöpferkraft ist. Das kosmische Gesetz besagt, dass es Gott und den himmlischen Meistern der Inneren Ebenen nicht erlaubt ist, zu helfen, wenn sie nicht darum gebeten wurden. Hierin liegt das zweite große Geheimnis des

Lebens. Die meisten Menschen bitten nicht genug. Ich bemühe mich, mein Bewusstsein zu jeder Zeit in vollkommener Selbstmeisterung im Dienst an Gott und den Meistern und in bedingungsloser Liebe zu halten und ich bitte auch konstant Gott und die Meister um alles, was ich brauche. Indem ich erkenne, dass ich eine Inkarnation Gottes bin, so wie es jeder andere auch ist, realisiere ich, dass alles aus der Schöpfung für mich durch das Denken, das Sprechen von Affirmationen, das Visualisieren, Bitten und Beten verfügbar wird.

Da jeder von uns buchstäblich ein Aspekt Gottes ist, werden wir natürlich all das bekommen, was wir denken, visualisieren und worum wir bitten. Das Problem ist, dass die meisten Menschen nicht wissen, worum sie bitten sollen. In dieser spirituellen Enzyklopädie, die ich mit der Geistigen Welt und den Meistern erstellt habe, lehre ich Menschen, wie sie ihr Bewusstsein so entwickeln können, dass sie nur noch die Vollkommenheit Gottes in allen Dingen manifestieren und ich lehre auch, worum du bitten und beten kannst, um dir damit den wirksamsten und schnellsten Weg zu zeigen, um Gott zu realisieren, weltlichen Erfolg im Dienste Gottes, ein spirituelles Christus-Buddha-Bewusstsein, Balance, Integration und den Dienst an allen fühlenden Wesen in allen Reichen Gottes zu erlangen.

Ich lehre dich, wie du denken, visualisieren und beten kannst, um Gottesverwirklichung, weltlichen Erfolg auf einer spirituellen, psychologischen und physischen Ebene zu erlangen. Ja, Gott wünscht, dass du auch weltlichen Erfolg hast, denn wenn du wirklich Gott realisiert hast und egolos bist, so wie ich es hier aufzeige, dann wirst du deinen weltlichen Erfolg einsetzen, um dich daran zu erfreuen und anderen zu helfen. Denn du wirst erkennen, dass alle Wesen auf der Erde Inkarnationen Gottes sind und dass das Leben in Wahrheit darin besteht, Gott im Dienst an Gott zu begegnen. Wenn du die wahre Natur der Realität siehst und erkennst, dann wirst du jeden Beigeschmack der negativen Ichbezogenheit entfernen wollen. Du wirst erkennen, dass die wahre Definition Gottes lautet: „Gott = Mensch minus Ego"! Du wirst erkennen, dass jede Negativität, Unausgeglichenheit oder jedes Problem in deinem Leben aus dem negativen Ego stammt, das ich euch zu transzendieren und durch das spirituelle Christus-/Buddhabewusstsein zu ersetzen zeige. Deshalb sagt die Bibel: „Lass den Geist von Jesus Christus in dir sein"! Es kommt nicht darauf an, wie du die Religion oder den spirituellen Weg bezeichnest, denn wenn du dies Buddhabewusstsein, Krishnabewusstsein, Mosesbewusstsein, Mohammedbewusstsein oder Gottesbewusstsein nennst, dann ist es ebenso gut. Meine geliebten Leser, es ist alles dasselbe!

Bekommt ihr eine Ahnung davon, wie kraftvoll ihr seid, meine Freunde? Bekommt ihr langsam ein Gefühl für das Potenzial, das euch zur Verfügung steht? Meine Freunde, in Wahrheit habt und seid ihr bereits alles, jedoch realisiert ihr dies noch nicht vollkommen. Wenn du gemäß dem höchsten Ideal der Schöpfung von Gott geschaffen wurdest und Gott bist, dann ist auch alles in dir enthalten. Doch auch wenn dies wahr ist, so haben wir alle dies noch nicht realisiert. Wir werden dies nicht vollkommen realisieren, bevor wir nicht alle 352 Stufen der Einweihung genommen haben und sie in allen unseren Körpern vollständig integriert haben. Jedoch ist dies im äußersten idealen Sinne bereits wahr. Du bist und hast bereits jetzt schon alles! Wir bewegen uns gerade in die volle Realisierung dessen hinein. Meine geliebten Leser, wie könnte es anders sein, wenn du Gott bist? Steht nicht schon in der Bibel geschrieben: „Ihr seid Götter und wisset es nicht"! Wir befinden uns daher im Prozess der Realisierung dieser großen Wahrheit. Jede Schöpfung ist ein Teil von uns und wir sind ein Teil einer jeden Schöpfung. Meine Freunde, seht ihr nicht, dass alles eins ist? Es ist alles Gottes Schauspiel, das gespielt wird. Es gibt keine Trennung. Alles, was im Leben geschieht, ist zu 100% positiv, denn jegliches Geschehen ist für uns ein spiritueller Test und eine Lektion, um uns darin zu üben, im spirituellen Christus-/Buddhabewusstsein zu verbleiben. Da alles Gott ist, nur in Form unterschiedlicher Inkarnationen Gottes, die auf verschiedenen Stufen verwirklicht sind, kannst du da jetzt nicht erkennen, dass alles, worum du bittest, bewilligt wird? Denn, wenn du betest, so erbittet Gott von Gott, oder von anderen Göttern auf einer höheren Stufe der Verwirklichung als der Bittende selbst, um Hilfe. Meine geliebten Leser, erkennt ihr nun, wie tief dieser ganze Prozess des Lebens geht, den Gott erschaffen hat? Alles, was du denkst oder dir vorstellst wird buchstäblich auf den Punkt genau von dir angezogen und zwar genau das, woran du gedacht hast oder was du dir vorgestellt hast. Wenn du also mit deinem ganzen Bewusstsein, deiner Vorstellungskraft und all deinen Sinnen denkst und dir vorstellst, dass du auf der Bank eine Million Dollar hast, dann kann dies von deinem Bewusstsein erschaffen werden, wenn jeder Gedanke und jedes Bild an dieser geistigen Haltung festhält.

Dieses Gesetz gilt absolut und manifestiert sich Tag und Nacht und hört damit niemals auf. So gibt dir Gott, was auch immer du in deinem Leben durch die Kraft deines eigenen Geistes und deines Vorstellungsvermögens wünschst. Darüber hinaus werden Gott und die höheren spirituellen himmlischen Wesen der Inneren Ebenen dir jede Frage und jedes Gebet beantworten, wenn du reinen Herzens bittest und Gott darum ersuchst und die Bitte oder das Gebet nicht durch negative Selbstbezogenheit, die einen anderen Teil Gottes verletzen würde, gefärbt ist. Du bist daher in Wahrheit nicht nur eine Inkarnation Gottes, du bist im weitesten idealen Sinne alles und nun dabei, dies zu realisieren. Denn Gott hat dir auch alles durch den Gebrauch deines eigenen Geistes und deiner Vorstellungskraft und buchstäblich alles gegeben, indem er jede deiner Bitten um Informationen und jedes

Gebet beantwortet. Nun möchte ich einige Beispiele davon geben, was Gott und die Meister für dich bereit halten, wenn du betest und um ihre Hilfe bittest. Wenn du die höheren Lichtkörper verankert und aktiviert haben möchtest, so werden sie dir helfen, dies zu tun. Wenn du zwölf DNA-Stränge ätherisch aufbauen möchtest, so wird Gott dir helfen, dies zu tun.

Wenn du jegliches Karma in deinen Energiefeldern bereinigt haben möchtest, so werden Gott und die Meister dies für dich tun. Wenn du die Programmierung all der Kernangst aus deinen Energiefeldern und deinem Unterbewusstsein entfernt haben möchtest, so werden Gott und die Meister dies herausjäten wie Unkraut aus dem Garten. Wenn du dein genetisches Karma bereinigt und entfernt haben möchtest, so werden Gott und die Meister dies für dich tun. Wenn du alle negativen Gedankenformen entfernt haben möchtest, so werden Gott und die Meister dies für dich tun. Wenn du Hilfe zur Heilung oder für eine Beziehung benötigst, dann werden Gott und die Meister dir helfen. Wenn du Hilfe in deinem Geschäftsleben und beim Geld verdienen benötigst, so werden Gott und die Meister dir dabei helfen.

Meine geliebten Leser, diese Liste ist endlos! Gott hat dir alles gegeben, indem er dich als Gott erschaffen hat. Du bist und hast alles im höchsten idealen Sinn und bist nun im Prozess, dies zu erkennen. Gott hat dir alles gegeben, indem er dir erlaubt, alles zu erschaffen, was immer du denkst oder dir vorstellst. Gott hat dir auch alles dadurch gegeben, indem er all deine Gebete mit Hilfe der Aufgestiegenen Meister der Inneren Ebenen und allen himmlischen Wesen, die tatsächlich alle, wie auch du, Inkarnationen Gottes sind, beantwortet. Meine Freunde, erkennt ihr nun, dass Gott buchstäblich jedem einzelnen Menschen auf der Erde alles gegeben hat? Weshalb leiden also so viele Menschen und leben in Armut? Weil sie nicht realisieren, was

Gott, die Meister und ich euch in diesem Kapitel erzählen. Und weil sie keine spirituelle Schulung haben. Es ist so einfach, wenn du es verstehst, aber fast unmöglich, es sich selbst auszudenken. Deshalb sendet Gott seine spirituellen Lehrer und den alten Orden des Melchizedek in die Welt hinaus, um die Welt in dieser großen spirituellen, psychologischen und physischen Wahrheit zu unterrichten.

Nun möchte ich dem noch etwas zufügen, um sicher zu stellen, dass man nur Vollkommenheit manifestiert. Verändere jedes Mal, wenn sich ein negativer Gedanke in deinem Bewusstsein manifestiert, diesen Gedanken ins Gegenteil. Verleugne jeden Gedanken oder jedes Bild, das nicht von Gott in dein Bewusstsein kommt. Wenn etwas Negatives in deinem Leben geschieht, dann segne es und danke Gott für den spirituellen Test und für die Gelegenheit, dich im spirituellen Melchizedek-/Christus-/ Buddhabewusstsein zu üben. Wenn irgend- etwas Negatives im Leben geschieht, dann führe sofort eine positive Affirmation und Visualisierung durch und bete, um dies zu korrigieren. Auf diese Art bleibt dein Bewusstsein immer im perfekten Zustand! Du wirst dann zu einer segnenden, positiv denkenden, positiv affirmierenden, kreativ visualisierenden Gebetsmaschine, die nur bedingungslose Liebe, Positives und Segnungen für alle aussendet. Weshalb solltest du nicht so leben, wenn alles im Leben eine Inkarnation Gottes ist? Wir leben und bewegen uns und haben unser Sein in Gott. Es gibt nur Gott! Wir sind alle Gott! Wir sind alle eins und eins mit Gott!

Meine Freunde, wenn ihr nun wirklich euren integrierten Lichtkörper ausbilden möchtet, dann müsst ihr es auf diese Weise tun. Wenn ihr euren Lichtkörper und /oder integrierten Lichtkörper zu verankern versucht, ohne euer Bewusstsein zu entwickeln, so wird dies nicht funktionieren. Es kann nur geschehen, wenn im Leben ein vollkommen 100%iges positives

Mitschöpfertum mit Gott und den Meistern vorhanden ist! Viele spirituell Suchende manifestieren all diese Stufen nicht vollständig, denn sie realisieren nicht die Tiefe dessen, was Gott ihnen gegeben hat. Manche bevorzugen es, Gott und die Meister anzurufen, andere wiederum, an ihrem Bewusstsein zu arbeiten. Ich glaube, mit diesem Kapitel beginnt ihr, vollständig zu erkennen, wie tief greifend dies alles ist, was Gott uns gegeben hat. Dies ist ein Teil der großen Geheimnisse der Zeitalter, die Gott und die Meister allen Menschen auf der Erde zu dieser Zeit offenbaren möchten. Es gibt keinen Grund für Menschen zu leiden, da es der Geist ist, der Fesseln erzeugt und es der Geist ist, der Freiheit schafft. Durch die Übung darin kannst du mit Gott alles, was du dir wünschst, erschaffen. Die einzige Bedingung, die ich hier erwähnen möchte ist, dass alles, was du denkst, visualisierst, erbittest, anrufst und wofür du betest, im Dienst an Gott, im spirituellen Christus-/Buddhabewusstsein, in bedingungsloser Liebe, in Egolosigkeit und im Dienst an allen sein muss.

Ich möchte dieses Kapitel mit einem letzten großen Geheimnis beenden, mit dem du alles, was du dir in einem spirituellen und weltlichen Sinn wünschst, bekommst. Es lautet: "Trachte zuerst nach dem Reich Gottes und alles andere wird dir zufallen"! Dies mag das größte Geheimnis von allen sein. Denn wenn alle deine Gedanken, Vorstellungen, Gefühle, Worte, Handlungen, dein gesamter Atem, all deine Bitten, Anrufungen und Gebete nur auf Gott, deinen spirituellen Pfad, dein spirituelles Christus-/Buddhabewusstsein, auf die Integration, Balance, bedingungslose Liebe und den Dienst an allen fühlenden Wesen in allen Reichen Gottes ausgerichtet sind und es keinen Aspekt in deinem Bewusstsein gibt, der auf etwas anderes ausgerichtet ist und du dein Leben wie in diesem Kapitel beschrieben lebst, dann ist es nicht möglich, dass du keinen Erfolg hast! Wenn du dein Leben nur auf Gott ausrichtest und deinen spirituellen Weg wie in diesem Kapitel beschrieben gehst, dann wirst du buchstäblich „alle spirituellen und weltlichen Dinge, die du für deine spirituelle Mission benötigst, erhalten"!

So steht es geschrieben! So soll es geschehen!

Kodoish, Kodoish, Kodoish Adonai Tsabayoth!
Heilig, heilig, heilig ist Gott, der Herr der Heerscharen!

11

Wie man ein integrierter spiritueller Meister der Meditation mit einem umfassenden Verständnis wird

Auf dieses Kapitel habe ich mich besonders gefreut! Ich sage euch ehrlich, dass manche Kapitel leichter zu channeln und zu schreiben sind als andere. Das Channeln macht es einfacher, doch manche Kapitel sind sehr komplex und umfassend. In Wahrheit könnten sie ein ganzes Buch oder sogar mehrere Bücher füllen. Das große Geheimnis der Zeitalter besteht darin, wie man die Quintessenz von allem, was es zu lernen und verstehen gilt, in einem Kapitel darlegen kann. Was ich auch immer im Leben tue, ich versuche es "vorzüglich" zu tun. Dies bedeutet für mich auch eine umfassende Darstellung. Selbst wenn dies von meiner Seite aus viel mehr Zeit, Energie und auch mitschöpferisches Erforschen erfordert. In diesem Kapitel werde ich nun also ein komplettes 400-seitiges Buch über die Wissenschaft und das Studium der Meditation in ein umfassendes mitschöpferisch gechanneltes Kapitel komprimieren, mit Hilfe des Heiligen Geistes, von Melchizedek, Metatron, Mahatma und der Kerngruppe der Meister, mit denen ich zusammenarbeite. Es ist eine Zusammenarbeit, da das Thema so umfassend ist.

In diesem Kapitel möchten die Geistige Welt, die Meister und ich euch ein revolutionäres und bahnbrechendes neues Verständnis über die Meditation bringen. Es wird „integrierte Meditation“ genannt. Jede Meditation ist gut, und viele Menschen praktizieren eine Form der Meditation, die exzellent ist, jedoch werden sie dadurch nicht zu einem „integrierten spirituellen Meister der Meditation“. Sie praktizieren eine spezielle

"Filter-Art" der Meditation, ohne jedoch zu realisieren, dass sie dadurch kein „breit gefächertes Verständnis der Meditation" erlangen. Dieses revolutionäre neue Verständnis der Meditation wurde euch von Seiner Heiligkeit, Lord Melchizedek, überbracht, dem Universellen Logos unseres gesamten Universums. Die Geistige Welt, Melchizedek und die Meister möchten, dass ihr versteht, dass es hunderte von Meditationsarten gibt; jede mit einem anderen Zweck und einer anderen Methode. Um ein „integrierter spiritueller Meister" zu werden und um Gott in einer breit gefächerten Weise zu realisieren, was bedeutet, Gott durch viele Filter statt nur durch einen zu sehen und zu erfahren, ist es gut, viele verschiedene Meditationsarten zu praktizieren.

Die Meditation ist eine der bedeutendsten spirituellen Praktiken überhaupt. Viele Menschen langweilen sich bei der Meditation, denn sie haben eine bestimmte Form gelernt, die bei ihnen nicht funktioniert und nicht viele Resultate zeigt. Dies ist das Ergebnis einfacher Meditationslehrer und nicht der Meditation selbst. Ich versichere euch, dass ihr nach der Lektüre dieses Kapitels so begeistert von der Meditation und all den Möglichkeiten, die euch zur Verfügung stehen, sein werdet, wie ihr es noch nie in eurem Leben wart. Dies ist ein weiteres Kapitel, bei dem ihr euch anschnallen müsst. Lasst uns nun mit der tiefgründigen Diskussion darüber beginnen, was „integrierte Meditation" ist und wie man sie praktiziert.

Das erste Prinzip, das man verstehen muss, besteht darin, dass es keine richtige oder falsche Art zu meditieren gibt. Viele negative egobezogene spirituelle Lehrer oder Gurus erzählen euch, dass dies so wäre, doch dies entstammt nur dem "negativen Ego", wie ich es nenne. Zweitens, empfehle ich persönlich, dass man ein Meister aller Meditationsarten wird. Dies könnte auch eine Synthese-Praxis der Meditation sein, wie mir Mahatma sagt. Wenn ihr Meditation in dieser Weise praktiziert, dann wird die

Meditation so spannend und erfüllend werden, dass ihr es nicht glauben könnt. Drittens, gibt es keine Regeln, wie etwa, dass du täglich zweimal für 30 Minuten meditieren musst oder so ähnlich. Manche der besten Meditationen sind sehr kurz oder sehr lang. Auch bist du nicht darauf beschränkt, nur eine Art zu praktizieren. Ich sagte: "Meister aller Arten". Dieses Kapitel gibt dir das Training, das du benötigst, um gut zu sein auf deinem Weg, um dies zu erreichen. Es ist sozusagen das Handbuch und die Landkarte und alles, was du zu tun hast, ist die Durchführung der sehr einfachen Meditationen, die ich dir gebe. Ich garantiere dir persönlich, dass sich deine Gotteserfahrung enorm verbessern wird.

Das nächste Missverständnis, von dem man sich lösen sollte, ist, dass man zur Meditation enorme Selbstdisziplin und Anstrengung benötigt. Meditation ist in Wahrheit leicht und mühelos. Ich sage nicht, dass man nicht zeitweise ein wenig Selbstmeisterung und Selbstdisziplin für einige der längeren Meditationen benötigt, doch in der Art, wie die Geistige Welt, die Meister und ich dich darin unterrichten, wird es zur einfachsten, spannendsten und freudvollsten Sache der Welt. Statt Widerstand gegen die Meditation zu haben, wird sie zu einem deiner liebsten Dinge auf der Welt werden. Der einzige Grund, weshalb es vorher für dich nicht so war, besteht nur darin, dies aus der richtigen „Perspektive" zu betrachten, wobei die Geistige Welt und die Meister uns in diesem Kapitel helfen werden.

Der nächste wichtige Punkt ist, dass die Meditation ein Schlüssel in der spirituellen Praxis ist, um den integrierten Lichtkörper zu bilden. Die Geistige Welt und die Meister sagen mir nun, dass die freudvolle Praxis der verschiedenen Meditationsarten, die wir in diesem Kapitel mit dir teilen möchten, deinen integrierten Lichtkörper buchstäblich zehntausendfach ausbilden wird. Du wirst erstaunt sein, wenn du merkst, wie integriert, spannend, leicht, praktisch und freudvoll diese Meditationen sind.

Die letzte sehr wichtige Sache, die es zu verstehen gilt, bevor wir nun tatsächlich das Training mit all den verschiedenen Formen und Möglichkeiten der Meditation beginnen, ist, dass es sehr wichtig ist, zu erkennen, dass das "Leben Meditation ist"! Die Menschen meinen, dass Meditation bedeutet, für 20 Minuten ein Mantra zu rezitieren. Dies ist eine Art der Meditation, und eine gute dazu, doch wäre dies wie eine Zelle im unendlichen Körper Gottes, gegenüber dem, was wirkliche „integrierte Meditation" in Wahrheit ist. Gott wünscht nun, dass du dein Verständnis und deine Vision dieses Prozesses enorm erweiterst. Gott /Göttin / Alles-Was-Ist wünscht, dass du nun in diesem Kapitel deine Augen vollständig für all die Möglichkeiten der Meditation öffnest. Die Meister und ich geben dir nun ungefähr 75 verschiedene sehr rasche und kurze Meditationen zur Anwendung während deines Tages. Die Praxis dieser Meditationen wird nicht nur deinen „integrierten Lichtkörper" aufbauen, sondern auch dein Verständnis, deine Weisheit, Freude, Liebe und direkte Erfahrung Gottes ungemein erweitern. Weiterhin möchte ich erwähnen, dass du ein absoluter Meister der integrierten Meditation sein kannst und trotzdem nicht hellhörig oder hellsichtig zu sein brauchst. Dieses Kapitel lehrt dich, wie du dies erreichen kannst.

Die folgenden Meditationen kannst du 30 Sekunden lang, eine Minute, fünf Minuten, zwanzig Minuten oder wenn du es möchtest länger durchführen. Sie können zu jeder Tageszeit im Sitzen, Liegen oder Stehen ausgeübt werden. Sie können im Auto praktiziert werden, während deiner Besorgungen, während du in der Warteschlange in der Bank stehst, draußen, beim Entspannen, allein oder mit Freunden. Alle Regeln über Meditation können nun über Bord geworfen werden. Ihr bekommt hier von der Geistigen Welt und den Meistern ein ganz neues Verständnis darüber, was viel angenehmer ist, vergnüglicher, freudvoller, spannender, seliger, spirituell ekstatischer, balancierter, integrierter, vereinigender, effektiver und umfassender im Horizont und im Verständnis. Nach dieser Anmerkung werden wir nun mit der Liste beginnen.

Ich beginne den Prozess, indem ich euch eine Liste aller Meditationen zusammen mit einer kurzen Erklärung darüber gebe. Es gibt keinen speziellen Plan, denn jede Meditation sollte an dem Platz, zu der Zeit und im Tao, welches für euch perfekt ist, durchgeführt werden. Findet die Formen heraus, die am besten für euch sind. Ihr könnt sie nicht alle gleichzeitig durchführen. Wählt nach der Lektüre und dem Studium dieses Kapitels diejenigen heraus, zu denen ihr euch intuitiv am meisten hingezogen fühlt und beginnt mit ihrer Durchführung. Arbeitet eine Zeit lang damit und praktiziert dann andere Formen, so wie ihr geführt werdet. Ich empfehle, einen Neunmonats- oder Jahresplan aufzustellen, um systematisch alle Meditationen zu praktizieren. Der größte Nutzen kommt durch die Praxis und die Erfahrung. Ich bin sicher, dass ihr bereits viele Meditationen probiert habt und andere noch nicht. Ihr habt etliches ausprobiert, jedoch nicht in der Art, wie die Geistige Welt, die Meister und ich es vorschlagen. Dies sind sehr einfache Meditationen und wegen der Absicht dieses Kapitels gebe ich nur eine kurze Beschreibung von jeder. Die Wahrheit ist jedoch, dass dies alles ist, was ihr benötigt und viele Bücher in der Welt sind voller „Flusen". Viele Worte, die nett klingen, aber keinen wirklichen Zweck und Wert haben. Die meisten Bücher können in einem Kapitel zusammengefasst werden, in dem Sinne, was wirklich wichtig ist. Die Geistige Welt, die Meister und ich zerstreuen nun die Flusen. Dabei fällt mir das berühmte Geschäft mit der alten Dame ein, die sagt: „Wo ist das Rindfleisch?" Nun in diesem Fall sagen wir: „Wo ist der Brokkoli?" für alle Vegetarier hier. Wir interessieren uns hier für die Quintessenz an Weisheit, die benötigt wird, um ein spiritueller Meister der integrierten Meditation zu werden. Nach dieser Anmerkung werden wir nun damit beginnen, euch die eigentlichen Meditationen aufzulisten, die die Geistige Welt, die Meister und ich euch empfehlen, um euren „integrierten Lichtkörper" zu bilden.

Meditation der axiatonalen Ausrichtung – Setze dich zweimal am Tag eine Minute lang zur Stille und rufe die Geistige Welt und die Aufgestiegenen Meister der Inneren Ebenen deiner Wahl an und bitte um die axiatonale Ausrichtung.

Aum oder Om - Meditation – Chante 5 bis 20 Minuten lang das Mantra „Aum" oder „Om". Setze dich dann zur Stille und lausche.

Lichtduschen - Meditation – Setze dich zweimal am Tag eine Minute lang zur Stille und rufe die Geistige Welt und die Aufgestiegenen Meister der Inneren Ebenen deiner Wahl an und bitte um eine Lichtdusche.

Liebesstrom - Meditation – Setze dich zweimal am Tag eine Minute lang zur Stille und rufe die Geistige Welt und die Aufgestiegenen Meister der Inneren Ebenen deiner Wahl an und bitte um einen Liebesstrom.

Lichtsäulen-, Aufstiegssäulen- und goldene Schutzblasen-Meditation – Setze dich eine Minute lang zur Stille und rufe die Geistige Welt und die Aufgestiegenen Meister der Inneren Ebenen deiner Wahl an und bitte sie um eine Lichtsäule, eine Aufstiegssäule und eine goldene Schutzblase, um jeden Tag zu beginnen.

Meditation des Matrix-Entfernungsprogramms der Kernangst – Setze dich einmal täglich 20 Minuten lang zur Stille und rufe die Geistige Welt und die Aufgestiegenen Meister der Inneren Ebenen deiner Wahl an und lass die Geistige Welt und die Meister alle Kernangst-Programmierungen aus deinem Vierkörper-System und deinen Chakren entfernen.

So Ham oder Ham Sa - Meditation – Chante „So Ham“ oder „Ham Sa“ im Rhythmus deines Atems. Lasse statt deines Geistes deinen Atem die Sequenz deines Chantens führen. Lausche auf den Ruhepunkt zwischen jedem Atemzug.

Elohim - Meditation – Geh in der Meditation an die ruhigste und spirituell höchste Stelle in dir und chante 15 Minuten lang das Mantra „Elohim“ und sitze dann in Stille.

Wie du deinen spirituellen, mentalen, emotionalen und ätherischen Schutz und die Liebe zu Beginn des Tages aufbaust - Meditation – Lies Kapitel 3 mit dem entsprechenden Titel in diesem Buch und führe diese Meditation jeden Morgen fünf Minuten lang durch und dein Bewusstsein wird sich komplett und auf revolutionäre Weise innerhalb von 21 Tagen verändern.

Aufstiegs - Aktivierungs - Meditationen - Verwende dazu meine 15 Audiokassetten, die größtenteils bei den Wesak-Festivals zum Wesak-Vollmond in Mt. Shasta aufgenommen wurden, die von einer Million Aufgestiegenen Meistern der Inneren Ebenen und Engel überstrahlt wurden und an denen 1500 bis 2000 Menschen teilnahmen. Ich sage dir sehr demütig, dass diese bei der Akademie erhältlichen Kassetten mit den Aufstiegs-Aktivierungs-Meditationen, die kraftvollsten und effektivsten Meditationen enthalten, die du auf diesem Planeten finden kannst und dass sie deinen Aufstiegsprozess garantiert um das 1000-fache beschleunigen werden. Höre täglich oder jeden zweiten Tag eine Kassette an und integriere es am siebten Tag, an dem du dich ausruhst.

Kassette 1:
Seite A: Ultimative Aufstiegs-Aktivierungs-Meditation
Seite B: Meditation der Urliebe

Kassette 2: Die 18 Punkte umfassende kosmische Reinigungs-Meditation
Kassette 3: Meditation - Aufstiegsplatz Gottes
Kassette 4
Seite A: Meditation der kosmischen Strahlen
Seite B: Die aktualisierte Meditation - Aufstiegsplatz Gottes
Kassette 5: Meditation mit Gott und der eigentlichen Wesak Zeremonie
Kassette 6: Aufstiegs-Aktivierungs-Meditation - Göttliche Mutter und die Meisterinnen
Kassette 7: Aufstiegs-Aktivierungs-Meditation - Isis und die große Pyramide
Kassette 8: Aufstiegs-Aktivierungs-Meditation - Gott und Mahatma
Kassette 9: Aufstiegs-Aktivierungs-Meditation - Der Tempel Gottes
Kassette 10: Aufstiegs-Aktivierungs-Meditation des kompletten Aufstiegshandbuchs
Kassette 11: Aufstiegs-Aktivierungs-Meditation - Gott und Metatron mit dem kosmischen Baum des Lebens
Kassette 12: Aufstiegs-Aktivierungs-Meditation - Meditation in der Goldenen Kammer von Melchizedek
Kassette 13: Aufstiegs-Aktivierungs-Meditation - Gott und die Enthüllung Gottes
Kassette 14: Aufstiegs-Aktivierungs-Meditation - Die geheimen Zepter Gottes und die höheren Lichtkörper
Kassette 15: Aufstiegs-Aktivierungs-Meditation - Die göttlichen Namen und Eigenschaften Gottes

Zu Bestellen bei:
email: drstone@best.com, <u>*http://www.drjoshuadavidstone.com*</u>
(Die Kassetten sind nur in Englisch und direkt bei Dr. Stone / USA erhältlich - Anm. d. Herausgebers.)

Meditation des kreativen Visualisierens – Visualisiere mit allen fünf Sinnen so, als hättest du bereits genau das erhalten, was du in deinem Leben manifestieren möchtest. Wenn du dies 21 Tage lang, fünf bis zehn Minuten täglich wiederholst, dann erkennst du, wie sich dies tatsächlich in deinem Leben manifestiert. „Wie innen, so außen. Wie oben, so unten." Die Gedanken und Bilder in deinem Geist erschaffen deine Wirklichkeit.

Geh - Meditation mit Affirmationen – Gehe spazieren und lies deine Affirmationsliste mit allem, was du in deinem Leben programmieren und manifestieren möchtest, durch. Konzentriere dich dabei auf einen Rhythmus des Gehens, Atmens und Affirmierens und führe dies 30 Minuten lang durch.

Sonnen - Meditation – Setze dich täglich fünf Minuten lang in die Sonne und visualisiere dabei, wie du Prana aufnimmst und es wie eine Batterie in deinem ätherischen Körper speicherst.

Meditation zum Ausgleich der Chakren und des Körpers – Rufe die Geistige Welt und die Aufgestiegenen Meister der Inneren Ebenen deiner Wahl an und bitte darum, dass sie dir helfen, deine sieben Hauptchakren auszubalancieren. Diese Hilfe kannst du zusammen mit Farbe und Klang visualisieren.

Die Meditation mit der arcturianischen Freuden-Maschine – Jedes Mal wenn du eine Extraportion an Freude benötigst, weil du dich etwas niedergeschlagen fühlst, rufe Lord Arcturus und die Arcturianer an und bitte sie um die Verankerung und Aktivierung der arcturianischen Freuden-Maschine und des neunten Strahls. Ich habe niemals jemanden auf der Erde getroffen, der ihrer magischen Kraft widerstehen konnte!

Die Meditation des Prana-Wind-Reinigungsgerätes – Rufe die Geistige Welt und die Aufgestiegenen Meister der Inneren Ebenen deiner Wahl an und bitte sie um die Verankerung und

Aktivierung des Prana-Wind-Reinigungsgerätes. Dies ist eine ätherische Maschine wie ein großer Ventilator, der in deiner Herzgegend oder im Solarplexus sitzt. Sie bläst buchstäblich Luft und Prana durch alle deine Meridiane, Nadis, Venen und Arterien und reinigt diese! Führe dies zehn Minuten lang durch, wann immer du fühlst, dass du es benötigst.

Meditation mit dem goldenen Netz und / oder dem Platin-Netz – Rufe die Geistige Welt und die Aufgestiegenen Meister der Inneren Ebenen deiner Wahl dreimal täglich eine Minute lang an und bitte um die Verankerung des Platin-Netzes.

Meditation - Channeln und / oder automatisches Schreiben – Rufe dein Höheres Selbst, die Monade, den Heiligen Geist oder die Aufgestiegenen Meister oder Engel deiner Wahl an und bitte darum, sie zu channeln. Führe dies nun laut, auf Papier oder am Computer durch. Es mag hilfreich sein, zuerst eine Frage zu stellen und dann mit dem Sprechen, Tippen oder Schreiben zu beginnen. Lass es fließen – gleich einem Bewusstseinsstrom. Kritisiere es nicht, bevor du es beendet hast. Du magst erstaunt sein, was dabei heraus kommt! Führe einen Dialog, wechsle zwischen diesen Aspekten ab, dann antwortest du und kehrst zurück in einen meditativen Zustand des Channelns.

Gechannelte Tanz - Meditation – Tanze zu deiner Lieblingsmusik und lass die Geistige Welt den physischen Tanz führen in der Art, wie du deinen physischen Körper bewegst.

Physische Körper - Meditation – Praktiziere Tai Chi, oder eine Kampfkunst wie Aikido, als eine Form der physischen Körper-Meditation.

Hatha Yoga - Meditation – Übe Hatha Yoga-Haltungen in einer meditativen Art und koordiniere dies mit deinem Atem und der Beruhigung des Geistes.

Die Meditation des Aufstiegsplatzes in der Goldenen Kammer von Melchizedek – Bitte darum, dass dein spiritueller Körper von der Geistigen Welt und Melchizedek, dem Universellen Logos oder dem Präsidenten unseres Universums, in seine Goldene Kammer gebracht wird, um für fünf bis zwanzig Minuten auf seinen Aufstiegsplatz zu sitzen. Fühle den spirituellen Strom fließen.

Meditation mit spiritueller Lektüre – Viele Menschen erkennen nicht, dass spirituelle Lektüre eine sehr kraftvolle Form der Meditation sein kann. Du kannst beispielsweise, wenn du dieses Buch liest, viele dieser Techniken praktizieren. Ein Buch wie dieses liefert tatsächlich all die Energien in der Sekunde, in der du dies aufnimmst! Unterschätze nicht den meditativen Katalysatoreffekt eines guten, gechannelten Buches.

Berg - Meditation – Visualisiere, wie du einen Berg mit sieben Stufen besteigst, von denen jede eine andere Farbe des Regenbogens besitzt (Rot, Orange, Gelb, Grün, Hellblau, Indigo, Violett und auf der Spitze des Berges – weißes Licht). Errichte in deiner Vorstellung einen Tempel, indem du alle deine fünf Sinne benutzt, so als wärest du wirklich dort. Geh in das Innere des Tempels und chante fünf Minuten lang den Namen Gottes und setze dich dann zur Stille.

Meditation vor dem Schlafengehen – Bitte die Geistige Welt und die Aufgestiegenen Meister der Inneren Ebenen und die Engel darum, dass sie dich zu den Lichtstätten der Inneren Ebenen der Chohans der sieben Strahlen und der Erzengel und Engel mitnehmen.

Heilungs - Meditation vor dem Schlafengehen – Bitte die Geistige Welt, die Aufgestiegenen Meister der Inneren Ebenen und die Erzengel und Engel darum, dass sie in der ganzen Nacht, während du schläfst, an dir arbeiten, um deinen physischen Körper zu heilen und wieder herzustellen, was auch immer du benötigst für deine Kondition oder Genesung.

Heilungs - Meditation – Bitte die Geistige Welt und die Meister für fünf Minuten am Tag oder länger darum, dass sie deine Energie ausgleichen und deinen physischen Körper nach deinen Bedürfnissen heilen. Dies ist eine wundervolle Meditation. Unterschätze ihre Heilungsfähigkeiten nicht.

Fernseh - Meditation – Um ehrlich zu sein, liebe ich diese Art der Meditation und die Meister haben mir ihre Effektivität bestätigt. Nach einem langen Arbeitstag setze ich mich hin und schaue mir eine spezielle Sendung im Fernsehen an und bitte die Meister darum, an mir spirituelle und heilende Arbeit zu verrichten. Ich kann sozusagen zwei Fliegen mit einer Klappe schlagen. Darüber hinaus sagten mir die Meister, dass dies meinen physischen Körper ruhig und den Geist unvoreingenommen hält und ihn beschäftigt, was ihnen erlaubt, ihre Arbeit zu tun. Meine Freunde, sagte ich euch nicht, dass Meditation viel mehr Vergnügen bereitet und leichter ist, als ihr dachtet?

Meditation des Aufstiegs und der Bilokation – Bitte die Geistige Welt und die Meister darum, dass sie dein Bewusstsein an zwei Orte und deinen spirituellen Körper an einen Aufstiegsplatz deiner Wahl bringen, während dein Bewusstsein auf der Erde bleibt. Du bist dann gleichzeitig hier und dort. Auf diese Art kannst du meditieren, den spirituellen Strom fließen lassen, Körperübungen machen, Prana durch den Atem aufbauen, frische Luft atmen, Sonnenschein auftanken und meditieren und das alles gleichzeitig!

Meditation beim Besorgungen machen – Hier gilt das gleiche wie bei der vorherigen Meditation mit der Ausnahme, dass du sie praktizierst, während du in der Bank, im Lebensmittelgeschäft, bei der Post und so weiter anstehst. Führe sie jedoch nicht während des Autofahrens durch.

Zen Meditation – Bei dieser Form der Meditation schließt man seine Augen und geht in die Stille und lässt alle Gedanken los und betritt einen Zustand des Seins oder des Nichts, was in Wirklichkeit „alles" ist, nämlich Gott! Ich bin mir nicht sicher, ob es Zen Buddhisten in dieser Weise beschreiben würden, jedoch ist dies die Beschreibung der New Age - Zen Buddhisten.

Telefon - Meditation – Telefoniere mit einem Freund und rufe die Aufstiegsaktivierungen aus meinen Büchern an und lass den spirituellen Strom fließen, während du telefonierst. Viel Vergnügen! Erkenne dabei, dass wir multidimensional sind und viele Dinge gleichzeitig tun können.

E-Mail - Meditation – Meine Freunde, dies ist das Zeitalter der Computer. Meditation kann im Internet durchgeführt oder über das Internet erlangt werden. Die Melchizedek Synthesis Light Academy hat nun sogar eine globale Internet Universität begonnen, in der die Klassen und Meditationen online durchgeführt werden. Besuche unsere Homepage und/oder rufe an, um das kostenlose Informationspaket aller Dienste der Akademie anzufordern.

Transzendentale Form der Meditation – Eine besondere Form der Meditation, bei der ein unbeschreibliches Mantra zum Zweck des Abbaus von Stress und zur Beruhigung des Geistes eingesetzt wird.

Meditation der Rückkehr in vergangene Leben – Dies bedeutet, mittels Hypnose oder Selbsthypnose in die tieferen Bereiche des Unterbewusst- seins vorzudringen, um Erfahrungen aus vergangenen Leben zu erkennen und damit alte Muster zu klären und um zu sehen, wie diese mit Mustern im gegenwärtigen Leben zusammenhängen. Man muss dies nicht unbedingt tun, jedoch für diejenigen, die daran Interesse haben, ist es eine weitere Form der Meditation.

Meditation des Denkens, der Innenschau oder der Verarbeitung – Spirituell Suchende sehen den Verstand im allgemeinen in einem negativen Licht. Dies wird durch das falsche Denken von vielen östlichen Gurus verursacht. Lasst uns klar verstehen, dass die Unfreiheit oder Freiheit, die der Geist erzeugt, davon abhängt, wie du ihn benutzt. Man muss lernen, korrekt zu denken. Manchmal ist es notwendig, einfach bei sich selbst zu sein und über etwas nachzudenken, um es in die richtige Perspektive zu rücken. So wie es bedeutsam ist, nicht zu denken, ist es auch zu Zeiten bedeutsam zu denken! Jeder muss diese Form der Meditation der Innenschau und der Verarbeitung manchmal praktizieren, um das Leben in der richtigen Perspektive zu behalten; ansonsten wirst du immer nachdenken und verarbeiten, statt dies bewusst in einer konzentrierten Weise zu tun und dann wieder zu beenden, so dass der Geist dann zu einem ruhigeren Zustand zurückkehren kann.

Meditation der erfreulichen Erinnerung – Dies ist eine sehr erfreuliche Form der Meditation, in der man von Zeit zu Zeit einfach nur die vergangenen Erinnerungen genießt. Daran ist nichts falsch, solange man nicht in der Vergangenheit lebt.

Meditation des Planens – Auch die Zukunft zu planen ist nicht verkehrt, solange dies in einer kreativen, positiven und überschaubaren Weise getan wird und man nicht die ganze Zeit in der Zukunft lebt.

Meditation des Brainstormings – Erstelle zu einem vorgegebenen Thema eine Liste aller möglichen Ideen, die aus dem Bewusstseinsstrom fließen, ohne zu denken. Dies ist von höchster Bedeutung im Leben.

Meditation der Suche nach höherer Führung und Information – Stelle der Geistigen Welt und den Meistern eine Frage mit der Bitte um Führung und sei dann vollkommen ruhig und lausche der Antwort mit deiner rechten Gehirnhälfte und dem empfangenden Geist.

Meditation des luziden Träumens – Bei dieser Form der Meditation bist du tatsächlich bewusst in deinen Träumen und kannst sie deshalb so verändern, wie es dir gefällt. Um diese Methode sollte sich möglichst jeder bemühen.

Meditation des Seelenreisens – Dies ist eine etwas schwierigere Meditationsform und nimmt einiges an Übung und Entwicklung der inneren psychischen Sinne in Anspruch. Sie beschreibt die Fähigkeit, den eigenen Körper zu verlassen und zu inneren Welten zu reisen und zwar nicht im Sinne der Bilokation, sondern vollkommen bewusst im eigenen spirituellen Körper. Es ist nicht notwendig, diese Fähigkeit zu entwickeln, ich dachte jedoch, dass ich es der Vollständigkeit halber erwähnen sollte, um einen umfassenden Überblick über alle verschiedenen Meditationen zu geben.

Umkehr - Meditation durch den Heiligen Geist – Dies ist eine wundervolle Meditation, bei der der Heilige Geist direkt angerufen wird, sobald man einen Fehler gemacht hat oder irgendetwas im Leben falsch läuft oder nicht zum eigenen Besten. Rufe die direkte Kraft des Heiligen Geistes an, um den Fehler rückgängig zu machen und ihn zu heilen. Alles, was ich dazu sagen kann, ist, dass Gott in einer mysteriösen Weise daran arbeiten wird, um genau das zu tun. Setze dich zur Stille und fühle, wie der Heilige Geist seine spirituelle Magie ausführt, nachdem du die Anrufung durchgeführt hast.

Chakrameditation in der Liebesbeziehung – Setze dich gemeinsam mit deinem Partner mit gekreuzten Beinen nieder, so dass ihr euch von Angesicht zu Angesicht anschauen könnt. Verbindet nun ein jedes eurer Chakren mit einem Lichtstrahl. Dies ist eine wundervolle Meditation zur Erlangung einer größeren emotionalen Intimität.

Tantrische Sexualmeditation – Ein Prozess zur Verstärkung der Sexualität, während du mit deinem Partner schläfst. Dabei wird die Energie vom ersten zum zweiten und weiter in die höheren Chakren angehoben, statt diese Energie im unmittelbaren Orgasmus zu entladen. Jedes Liebespaar sollte diese Form der Meditation erforschen.

Meditation des Lauschens auf die „stille, kleine Stimme in dir" – Dies ist eine Meditation für jeden Tag, denn der Heilige Geist, das Höhere Selbst und die mächtige ICH BIN - Gegenwart ringen nicht um deine Aufmerksamkeit, so wie es das negative, angstbegründete, trennende Ego des niederen Selbst tut. Kehre während des Tages immer wieder in dich und lausche auf die „stille, kleine Stimme in dir". Die Stimme der Taube!

Meditation des Auflegens der Hände – Nur Energiearbeit führt sowohl den Geber als auch den Empfänger der Energie in sehr tiefe Bereiche der Meditation.

Meditation des Lauschens auf die inneren Klänge der verschiedenen Dimensionen – Jede Dimension Gottes besitzt einen anderen Klang. Wenn du dich der Meditation widmest und ganz still und ruhig wirst, können diese inneren Dimensionen gehört werden.

Manche klingen wie das Rauschen des Ozeans in einer Muschel. Andere klingen wie das Summen von Bienen. Wieder andere klingen wie ein Geigenspiel und so weiter. Lausche den Klängen Gottes. Wenn du wirklich genau hinhörst, dann magst du sogar in der Lage sein, den Klang von Aum oder Om zu hören.

Meditation über das Licht Gottes - Genauso wie du den Klang Gottes hören kannst, kannst du auch das Licht Gottes sehen. Schließe deine Augen und versenke dich geistig so tief als möglich und richte dein Bewusstsein auf das Chakra des Dritten Auges. Mit etwas Übung wird sich dir das Licht Gottes offenbaren.

Soma - Meditation Gottes – Genauso wie es das Licht und den Klang Gottes gibt, gibt es auch das Soma oder den Nektar Gottes. Durch spezielle spirituelle Praktiken, die zu kompliziert sind, um sie in diesem Kapitel hier zu erklären, kann man zu diesem Soma oder Nektar Gottes Zugang finden und seinen Fluss in den physischen Körper leiten.

Meditation des Duftes – Viele spirituell Suchende wissen nicht, dass sie über den Geruch auch in eine tiefe Meditation gelangen können. Deshalb wird oft Räucherwerk oder Aromatherapie angewandt. Oder man setzt sich in die Natur und atmet den Duft einer Rose oder einer Blume ein und nimmt die Wirkung wahr. Häufig erscheinen spirituelle Meister in der Meditation mit einem wunderbaren Duft, wie zum Beispiel dem von Rosen.

Massage - 'Meditation – Dies kann eine wunderbare Form der Meditation, sowohl für den Geber als auch für den Empfänger sein. Wenn du eine Massage gibst oder eine Massage erhältst, dann bitte darum, dass du ein Kanal der Heilung Gottes und der Aufgestiegenen Meister der Inneren Ebenen bist. Dann wirst du das Beste aus beiden Welten erfahren.

Fußbad-, Mutter Erde- und Erdungsmeditation – Dies ist eine besondere Art der Meditation, die ich sehr genieße. Bei der vielen spirituellen und meditativen Arbeit, die ich tue, nehme ich manchmal ein heißes Fußbad und nutze es dazu, meine eigenen Energien zu erden und sie mehr an Mutter Erde anzugleichen. Gleichzeitig kann eine Fußmassage, die man gibt oder erhält, während man Mutter Erde, Pan und Erzengel Sandalphon channelt, sehr angenehm sein.

Erdungsmeditation – Führe täglich eine Minute lang eine Erdungsmeditation durch und achte dabei darauf, dass deine Erdungsschnur fest mit dem Zentrum der Erde verankert und verbunden ist. Achte auch darauf, dass deine Fußchakren geöffnet sind und deine Fußwurzeln tief in die Erde hinein reichen. Balanciere dabei auch deine Energie in allen Teilen deines physischen Körpers gut aus, so dass sie sich nicht nur in den spirituellen und himmlischen Bereichen der höheren Chakren befindet.

Meditation der Gegenwart Gottes – Dies ist eine der wichtigsten Meditationen, die jeder den ganzen Tag und die ganze Nacht über, sein Leben lang durchführen sollte. Jeder Mensch ist eine Inkarnation Gottes, doch dies bedeutet nicht, dass wir diese Wahrheit verwirklicht haben. Das Leben ist eine Schule und eine Gelegenheit, diese Wahrheit zu praktizieren. Alles im Leben ist ein spiritueller Test, um das spirituelle Christus-/Buddha-/Gottesbewusstsein zu praktizieren, es zu integrieren und auszubalancieren. Es ist sehr leicht im Leben auf den Autopiloten umzuschalten und dies zu vergessen. Führe in deinem Leben unter all den anderen spirituellen Praktiken die stetige Meditation der "Gegenwart Gottes", wie ich es hier nennen möchte, durch.

Vergiss niemals, dass das Gebet ein „Gespräch" zu Gott und die Meditation ein „Lauschen" auf Gott ist. Viele sprechen und beten zu Gott, hören jedoch nicht zu. Nimm dir die Zeit, um beides zu tun! Du magst über die vielen Wege überrascht sein, in denen Gott, Christus, der Heilige Geist, die mächtige ICH BIN - Gegenwart und dein Höheres Selbst zu dir sprechen. Einige davon sind: Gedanken, Bilder, Inspiration, Offenbarung, Intuition, Telepathie, Channeln, Träume, Prophezeiung, durch die Sinne, Licht, Klang, synchrone Ereignisse, durch die Natur, durch andere Menschen, durch spirituelle Tests, durch den physischen Körper, Gefühl, Energie, Verwirklichung, Glückseligkeit, aktiver Dienst, Weisheit, Einsicht, Allwissenheit, Heilung, göttliche Vision, Verständnis, spirituelle Urteilskraft, psychische Wahrnehmungen und durch innere Sinne, um nur wenige zu nennen. Also höre zu und sei achtsam, denn Gott spricht jederzeit zu uns und vieles von seiner Kommunikation wird versäumt.

Meditation in der Natur – Setze dich in die Natur und verbinde dich mit Mutter Erde, Pan und den Naturgeistern und Devas. Öffne deine fünf Sinne und die inneren Sinne der Sicht, dem Geruch, dem Gefühl, der Berührung und den Klängen der Natur. Lausche der Weisheit und Liebe der Natur. Berühre einen Baum und verschmelze mit seiner Energie. Fühle einen Grashalm. Kommuniziere mit einer Blume. Fühle die Naturgeister und Devas, die die Natur verkörpern.

Atmungs - Meditation – Gehe dazu am besten nach draußen und atme tief, denn Atmen ist eine der besten Arten, um Prana, Vitalkraft und Mana aufzubauen. Die meisten Menschen atmen nicht tief genug und dies schwächt den physischen Körper und den vollen Aufbau der Energie. Deshalb ist auch Aerobic wichtig. Führe daher gelegentlich eine Atmungs-Meditation durch. Ich tue dies oft. Mein Bewusstsein beobachtet meinen Atem anstatt meinen Geist oder irgendeinen anderen Inhalt des Bewusstseins. Beeinflusse den Atem nicht, sondern beobachte dich nur beim Atmen. Dies empfehle ich auch als Meditation vorm Schlafengehen, denn dies beruhigt den Geist und bringt dich zum Schlafen, wenn dein Geist zu aktiv ist und zu viel denkt.

Meditationen im Dienste der Welt – Auf diese Meditationen sollten sich Lichtarbeiter vermehrt konzentrieren. Es genügt nicht, nur für das eigene persönliche spirituelle Wachstum zu meditieren, es ist auch bedeutsam, für das Wohlergehen anderer Menschen und der Welt zu meditieren. Dies kann auf viele Arten getan werden. Eine Art besteht darin, dass du, während du deine Aufstiegsaktivierungen durchführst, darum bittest, dass beispielsweise Mutter Erde gleichzeitig alle Aktivierungen erhält. Bitte auch darum, dass alle deine 144 Seelenausdehnungen in deiner Monade und Überseele diese ebenso erhalten. Bitte darum, dass alle Menschen auf der Erde diese empfangen, wenn sie es wünschen. Es gibt unendlich viele Möglichkeiten, in der Meditation der Welt zu dienen. Sende Licht, Liebe und heilende Energie in Krisengebiete und zu den Menschen in der Welt. Rufe die Meister um Hilfe an, so dass es eine mitschöpferische Meditation ist. Dies sind nur ein paar Möglichkeiten, erfinde deine eigenen! Ich kann Meditationen im Dienste der Welt von der Akademie zur Verfügung stellen, falls Interesse besteht. *(Diese Meditationen sind im Buch "Integrierter Aufstieg" enthalten - Anm. d. Herausgebers).*

Meditation eines Farbbades – Stelle dir während der Meditation einen wunderschönen Pool mit tiefen und wundervollen flüssigen Farben vor. Stelle dir vor, wie du in diesen Pool springst und ganz darin eintauchst. Der heilende Effekt ist wunderbar.

Meditation der Selbsthypnose – Besorge dir ein Buch über Selbsthypnose und übe die Techniken. Selbsthypnose und Meditation sind sich sehr ähnlich. Nur die Absicht ist unterschiedlich. Mit Selbsthypnose programmiert man das Unterbewusstsein und Meditation ist die Einstimmung auf die Geistige Welt. In Wahrheit kann beides gleichzeitig praktiziert werden. Die Selbsthypnose ist eine wunderbare Vorbereitung für die Meditation. Sie ist sehr nützlich. Ich empfehle die Selbst-Meisterung in dieser Praxis ganz besonders.

Mandala - Meditation – Eine intensive spirituelle Einstimmung kann durch die Konzentration auf ein spirituelles Mandala erreicht werden. Es gibt sogar einen ganzen Bereich im Yoga, der dieser Praxis gewidmet ist.

Meditation der Autosuggestion während des Schlafes – Wenn du am Morgen aufwachst und/oder du abends einschläfst, dann durchläufst du einen meditativen Zustand. Diesen nennt man auch den „hypnagogischen Zustand". Er kann dazu genutzt werden, um in die Meditation zu gelangen und/oder das Unterbewusstsein durch Autosuggestion zu programmieren. Autosuggestion bedeutet, ein Schlüsselwort festzulegen, welches für eine Sequenz an Programmierung steht. Du magst das Wort „Wohlstand" sagen, welches alle deine Affirmationen und kreativen Visualisierungen zu diesem Thema beinhaltet. Experimentiere mit diesen beiden Möglichkeiten, um ein rasches Eintauchen in die tiefe Meditation zu erlangen oder um dich zu programmieren.

Samadhi – Ein Begriff aus dem Osten für verschiedene Zustände fortgeschrittener Meditation. Dieser Zustand wird durch kontinuierliche Praxis der Meditation erreicht.

Meditation des spirituellen Joggings – Stelle dir, während du läufst, die Hand Gottes oder eines Meisters vor, wie sie dich von hinten sanft nach vorne bewegt, fast so als würdest du in der Luft laufen. Oder stelle dir vor, wie einer der Meister mit seinem

Lichtkörper in dich herabsteigt und mit dir läuft. Dies kann in Wahrheit mit allen Formen der körperlichen Übung getan werden.

Meditation zur Verankerung der höheren Lichtkörper – Rufe die höheren Lichtkörper an und begebe dich in Meditation und genieße den Fluss der spirituellen Energie.

Meditation zur Verankerung der höheren Chakren – Richte deine Konzentration auf die Verankerung der höheren Chakren statt auf die höheren Lichtkörper, so wie bei der vorherigen Meditation.

Meditation der Vereinigung mit den Lichtkörpern der Meister und Engel – Rufe die Geistige Welt und die Meister deiner Wahl an und bitte darum, dass sich die Lichtkörper mit ihren Lichtkörpern auf der Erde vereinen.

Reinigungsmeditation – Es gibt eine Kassette mit dem Titel „Die 18 Punkte umfassende kosmische Reinigungs-Meditation“, die sich besonders gut für diese Meditation eignet und die bei der Akademie erhältlich ist. Ich empfehle, damit täglich 21 Tage lang zu arbeiten. Die vollkommene Reinigung deiner inneren Felder ist garantiert!

Meditation zur Entfernung von Implantaten und negativen Elementalen – Ich empfehle zu Beginn dieses Vorgangs, die Akademie anzurufen und es später, für den Rest deines Lebens, selbst durchzuführen. Dies ist eine besondere Form der Meditation, welche dir die Meister in einer gechannelten Sitzung übermitteln und die alle negativen Implantate und Elementale aller deiner vergangenen Leben und deines gegenwärtigen Lebens aus deinem spirituellen, mentalen, emotionalen und ätherischen Körper entfernen.

Klangmeditation – Dies ist das Chanten von spontanen Klängen zur spirituellen Einstimmung.

Meditation der Selbsterforschung – Sai Baba nennt diesen Vorgang 75% des spirituellen Weges. Es handelt sich dabei um die spirituelle Praxis der richtigen Erforschung des kontinuierlichen Flusses, der von deinem Unterbewusstsein, deinem Höheren Selbst, der Monade, den Meistern, den Engeln, dem physischen Körper, den körperlichen Energiefeldern, den Chakren, den anderen Menschen und der äußeren Welt in dein Bewusstsein hineinkommt. Der stetige Umgang mit diesen Einflüssen ist wirklich der Schlüssel, um ein integrierter spiritueller Meister zu werden.

Meditation mit den christusbewussten Außerirdischen – Rufe die Arcturianer oder den Kommandeur Ashtar oder das Ashtar-Kommando an, um die Energiefrequenz der christusbewussten Außerirdischen zu erreichen.

Musikmeditation – Spiele deine Lieblingsstücke der spirituellen Musik, denn sie können dich in sehr tiefe spirituelle Einstimmung und Ekstase bringen.

Meditation der gechannelten Kunst – Rufe die Geistige Welt, die Meister und die Engel an, damit deine künstlerischen Bemühungen und Kunst aller Art zu einer Meditation und einem Mitschöpfertum wird.

Meditation des spirituellen Energiestromes – Eine meiner bevorzugten Meditationen besteht darin, zu Tagesbeginn die Geistige Welt, die Meister und die Engel meiner Wahl anzurufen, um den spirituellen und heilenden Energiestrom zu erbitten. Diese Energie ist den ganzen Tag während meiner Arbeit vorhanden. Dies ist viel besser als Kaffee, da es keine Höhen und

Tiefen gibt. Es ermöglicht mir, 12 Stunden am Tag zu arbeiten, wenn ich das möchte, ohne müde zu werden, und den ganzen Tag über von Gott und dem Licht und der Liebe der Meister angefüllt zu sein. Darüber hinaus ist es wunderbar für den physischen Körper.

Meditation der Vitamine und Mineralstoffe – Bitte die Geistige Welt und die Meister darum, alle nötigen Vitamine und Mineralstoffe in deinen physischen Körper einzubringen. Sie tun dies ätherisch und es funktioniert.

Akupunktur - Meditation – Ich helfe dir dabei, 100 Dollar in der Woche zu sparen. Rufe die Akupunkteure der Inneren Ebenen an und bitte sie darum, dir eine Behandlung in spiritueller Akupunktur – für welche Schmerzen auch immer – zu geben. Von all dem Geld, das ihr für Heilsitzungen spart, könnt ihr den Zehnten an die Akademie geben. Ich mache nur Spaß!

Meditation der heilenden Engel – Einige der besten Heiler sind Engel. Rufe Mutter Maria, Raphael und die goldenen Engel an, um – was auch immer dein Bedürfnis ist – zu heilen. Sprich über Glückseligkeit!

Neuprogrammieren der Träume in einer Dusch - Meditation - Dies tue ich oft am Morgen. Wenn ich früh aufstehe, nehme ich eine heiße Dusche, um mich selbst zu reinigen und ein wenig aufzuwecken und ich nutze diese Zeit oft, um meine Träume in einer Art Meditation neu zu programmieren, um sie in der Art ausgehen zu lassen, wie ich es möchte, wenn es einen Verlauf darin gibt, von dem ich nicht möchte, dass er geschieht.

Meditation der freudvollen spirituellen Achtsamkeit – Diese Praxis sollten alle Lichtarbeiter die ganze Zeit über während des Tages und sogar während des Schlafes ausüben. Hierbei bist du dir eines jeden Gedankens, eines jeden Gefühls, eines jeden Wortes und einer jeden Handlung in allen Momenten deines Lebens bewusst, um sicher zu gehen, dass du stets das spirituelle Christus-/Buddha-/Gottesbewusstsein in einer integrierten und balancierten Weise praktizierst. Diese Praxis sollte stets angewandt werden, um sicher zu gehen, dass du alle spirituellen Tests und Lektionen, die Gott und die Meister dir geben, bestehst.

Meditation des Abwaschens – Alles ist Gott und alles, was du im Leben tust, ist eine spirituelle Praxis und ein spiritueller Dienst. Die Materie ist genauso Gott wie etwas Spirituelles, Mentales oder Emotionales. Dies gilt für das Abwaschen, für Gelegenheitsjobs, für das Kochen, Einkaufen etc. Tue all dies in vollkommener Liebe, Heiligung und der Zentriertheit aus dem Zen. Wenn du zum Beispiel Geschirr abwäschst, dann tue dies so, als wenn du das Geschirr von Gott für Ihn persönlich abwäschst, was du in Wahrheit in jedem Moment deines Lebens getan hast, aber du hast es nicht immer realisiert. Denke darüber nach!

Meditation des Essens – Wenn du isst, dann segne deine Speise. Bete vor dem Essen. Essen ist eine heilige und gesegnete Handlung. Heilige das Essen und genieße vollkommen den Geschmack und Geruch des Essens. Kaue das Essen gut. Dieser Fokus des Zen wird dir auch bei der Verdauung und der Assimilation der Vitamine und Mineralstoffe helfen.

Meditation der heiligen Begegnung – Erfahre jede Begegnung mit einem anderen Menschen, Tier, Pflanze und sogar einem Felsen als eine „Meditation der heiligen Begegnung", so wie Christus auf Christus trifft, eine Inkarnation Gottes auf eine Inkarnation Gottes trifft, ein spiritueller Bruder und eine Schwester auf einen spirituellen Bruder und eine Schwester trifft, Gott auf Gott im Dienst an Gott trifft. Dies mag eine der wichtigsten Meditationspraktiken sein, die du den ganzen Tag über praktizieren solltest. So lernt man es, die innere und äußere Meditation zu integrieren und zu sehen, dass sie ein und dasselbe sind.

Strahlenmeditation – Rufe während des Tages einen der zwölf Strahlen an, so wie du es gerade benötigst. Sie können durch die Zahl, die Farbe oder die Qualität gerufen werden.

Die zwölf planetaren Strahlen und ihre Farben

Erster Strahl: Rot, Wille, dynamische Kraft, einzelne Aufgaben, Unabhängigkeit, klare Visionen

Zweiter Strahl: Blau, Liebe, Weisheit, Ausstrahlung, Anziehungskraft, Ausdehnung, Gesamtheit, Kraft zur Rettung

Dritter Strahl: Gelb, aktive Intelligenz, Kraft zur Manifestation, Kraft zur Entfaltung, mentale Erleuchtung, Ausdauer, Philosophie, Organisationstalent, klarer Verstand, Perfektionismus

Vierter Strahl: Smaragdgrün, Harmonie durch Konflikt, Reinheit, Schönheit, künstlerische Entwicklung

Fünfter Strahl: Orange, konkrete Wissenschaft, Forschung, scharfer Intellekt, Liebe zu Details, Ehrlichkeit

Sechster Strahl: Indigo, Demut, Hingabe, Idealismus, Religion

Siebter Strahl: Violett, zeremonielle Ordnung, Rituale, Magie, Diplomatie, Taktgefühl, Körperlichkeit und Erdengeist, Ordnung, Disziplin

Achter Strahl: Seeschaumgrün und Violett, der höhere Reinigungsstrahl

Neunter Strahl: Blau-grün: Freude, Anziehungskraft des Lichtkörpers

Zehnter Strahl: Opalisierend, Verankerung des Lichtkörpers, Einladung zur Seelenverschmelzung

Elfter Strahl: Orange-rosarot, Brücke zum Neuen Zeitalter

Zwölfter Strahl: Gold, Verankerung des Bewusstseins des Neuen Zeitalters und des Christusbewusstseins

Kosmische Strahlenmeditation – Dasselbe wie oben – jedoch mit den kosmischen Strahlen.

Die Kosmologie der kosmischen Strahlen

Die Stufe der göttlichen Natur
(klares Licht)
durchscheinend und unsichtbar

Die zwölf kosmischen Strahlen
(alle zwölf klares Licht)
durchscheinend und unsichtbar
multi-universelle Stufe
(platinfarbener Strahl)

Die zehn verlorenen kosmischen Strahlen des Yod Spektrums
(alle Schattierungen von Platin)

Die universelle Stufe der Goldenen Kammer von Melchizedek

(reinstes und feinstes Gold)
Die große weiße Loge auf Sirius
(gold)
zweite Stufe der Reinheit

Melchior – das galaktische Zentrum
(silber-gold)

Helios – der Sonnenkern
(kupfer-gold)

Shamballa – Lord Buddha und Sanat Kumara
(weißes Licht)

Meditation Aufstiegsplatz Gottes – Bitte darum, dass du mit deinem spirituellen Körper zu einem Aufstiegsplatz deiner Wahl mitgenommen wirst und verweile dort für fünf bis zwanzig Minuten und tauche in den spirituellen Strom ein.

Kosmische Leiter der Aufstiegsplätze

Kosmische Stufe
Der Aufstiegsplatz der göttlichen Natur unter der Führung von Melchizedek (dies ist erst erlaubt, nachdem man die sieben Stufen der Einweihung vervollständigt hat und mit dem multi-universellen Aufstiegsplatz seit zwei Jahren gearbeitet hat).

Aufstiegsplatz der Göttlichen Mutter und des Göttlichen Vaters

Multi-universelle Stufe
(43 Universen von der Quelle unseres kosmischen Tages)
Viele Aufstiegsplätze des Universums in der großen Zentralsonne, unter der Führung von Melchizedek (dies ist erst erlaubt nach Vervollständigung der sieben Stufen der Einweihung).

Universelle Stufe
Die Goldene Kammer von Melchizedek unter der Schirmherrschaft von Melchizedek

Galaktische Stufe
Der Aufstiegsplatz der großen weißen Loge unter der Führung des Lord Sirius

Der arcturianische Aufstiegsplatz unter der Führung von Lord Arcturus

Der Aufstiegsplatz von Lenduce unter der Führung von Lenduce

Der Aufstiegsplatz von Melchior im Galaktischen Zentrum unter der Führung von Melchior

Der Aufstiegsplatz des Lord der Plejaden auf den Plejaden

Die Sonnenaufstiegsplätze

Der Aufstiegsplatz der Goldenen Kammer von Helios im Sonnenkern

Der Aufstiegsplatz von Shamballa unter der Führung von Sanat Kumara und Lord Buddha

Planetare Aufstiegsplätze

Der Aufstiegsplatz von Serapis Bey in Luxor auf den Inneren Ebenen

Der Aufstiegsplatz von Kommandeur Ashtar und dem Ashtar-Kommando auf ihrem Mutterschiff

Der Aufstiegsplatz der Inneren Ebenen des atomaren Beschleunigers im Plateaugebirge

Der Aufstiegsplatz in Telos, eine Meile unterhalb von Mt. Shasta auf der inneren Ebene

Der Aufstiegsplatz von Mt. Shasta innerhalb des Berges auf der Oberfläche des Planeten!

Der Aufstiegsplatz von Shamballa im Zentrum der Erde

Der Aufstiegsplatz in der Königskammer in der Großen Pyramide von Gizeh

Der Aufstiegsplatz von Sananda auf seinem eigenen Raumschiff

Der Aufstiegsplatz von Venus unter der Führung des Planetaren Logos der Venus

Das Leben ist Meditation

Meine geliebten Leser, beginnt ihr nun zu verstehen, dass Leben Meditation ist? Es gibt nichts im Leben, was nicht Meditation, eine spirituelle Praxis, ein spiritueller Test, eine spirituelle Lektion, eine Heiligung von Gott ist! Jeder Moment ist Meditation. Jeder Moment des Lebens geht zur Kirche. In jedem Moment bist du auf deinem spirituellen Pfad und entweder du verursachst und manifestierst Göttlichkeit oder du tust es nicht. Nutze alles im Leben, um Meditation und Göttlichkeit zu praktizieren. Es liegt alles in deiner Hand. Der Geist erzeugt Fesseln oder Befreiung. Du kannst durch dein Höheres Selbst oder dein niederes Selbst leben. Du kannst bewusst oder unbewusst leben. Du kannst das Leben als eine wunderbare

Meditation gestalten oder zu einer automatischen Steuerungsmaschine machen, zu Hedonismus, Begierde des niederen Selbst, Wut und Unordnung. Dieses Kapitel wurde für die glorreichen spirituellen Möglichkeiten geschrieben und gechannelt, die dir zur Verfügung stehen, wenn du bewusst wählst, eine eher meditative Art des Lebens zu führen, das angefüllt ist mit bedingungsloser Liebe, Freude und der Wechselwirkung mit Menschen und dem Leben.

Meine geliebten Leser, seht ihr nun auch, was die Meditation eines breit gefächerten Bewusstseins bedeutet? Die Praxis all der zuvor erwähnten Meditationen wird es dir ermöglichen, Gott durch den Filter Gottes zu erfahren und nicht nur begrenzt. Ich bin sicher, dass sehr viele von euch bereits in manchen Formen der Meditation Meister sind und das ist ganz wunderbar. Nun ist es an der Zeit, zu einem höheren und fortgeschritteneren Verständnis der Meditation voranzuschreiten, was bedeutet, ein „integrierter spiritueller Meister der Meditation“ zu werden. Werde ein Meister all dieser Formen, was leicht ist, denn Gott hat bereits all dies in dir angelegt. Ein kleines Trainingshandbuch und eine spirituelle Landkarte waren erforderlich, um dir zu zeigen, was möglich ist und wie einfach und freudvoll es wirklich ist. Der nächste Schritt auf deinem spirituellen Weg besteht darin, ein integrierter spiritueller Meister der Meditation zu werden und mit diesem vollen Spektrum an Methoden meditieren zu lernen. Denn dies wird dir enorm helfen, deine Realisierung Gottes und das Bilden deines „integrierten Lichtkörpers“ voranzubringen.

12

Das Verstehen des Bewusstseins der Natur Gottes, der Wiedererlangung der Seele und der Seelenfragmente

In einer meiner Unterhaltungen mit Mahatma habe ich nach der Wiedererlangung der Seele und den Seelenfragmenten gefragt. An diesem Thema war ich immer interessiert, denn ein spiritueller Psychologe zu sein, ist ein Teil meiner Mission. In meinem Buch *Das komplette Aufstiegshandbuch* habe ich ausführlich darüber geschrieben, dass jeder eine Überseele, oder das Höhere Selbst, besitzt, das für zwölf Seelen verantwortlich ist, die in verschiedenen Welten inkarnieren, um Liebe, Weisheit, Kraft und Tugend für die Entwicklung der Überseele zu erlangen. Jeder Mensch hat auch zwölf Überseelen, welche die Monade, oder die mächtige ICH BIN - Gegenwart, ausmachen. Das bedeutet, dass jeder Mensch 144 Seelen in der Monadengruppe, oder der mächtigen ICH BIN - Gegenwart, als Seelenfamilie hat.

Auch habe ich in meinem Buch *Kosmischer Aufstieg* ausführlich über die Bedeutung der Integration und Reinigung der Seelenausdehnungen, oder Seelen, geschrieben, nicht nur für die eigene Überseele, oder Monade, sondern auch für die Verbindungen der eigenen Monadengruppe. Mit anderen Worten, so wie man sich jenseits der Monade entwickelt, bildet man Gruppenbewusstseins-Netzwerke, oder Module, aus. Auch ist es möglich, die Seelenausdehnungen von diesen monadischen Modulen aus zu integrieren und zu reinigen; hypothetisch, den ganzen Weg zurück zur Quelle. Dies ist einer der vielen Schlüssel zur Beschleunigung der Evolution.

Es muss verstanden werden, dass die Natur Gottes Bewusstsein ist. Gott ist in gewissem Sinn die omniverselle Seele. Wenn du darüber nachdenkst, was Schöpfung ist, so ist es Gott, der nur sein omniverselles Bewusstsein in Formen aufspaltet. Gott atmet sie aus, in einem mächtigen bewussten Atemzug und das in einem Tag oder hundert Millionen Jahres-Zyklus von Brahma und atmet sie ein, in einem kosmischen Tag und einer kosmischen Nacht. Gott nimmt kleinere Atemzüge für jedes Universum und einen größeren für alle Universen. Gott erschafft die kosmischen Monaden, die auch die „Zellen Gottes" genannt werden können. Jede dieser zwölf Zellen Gottes, oder kosmischen Monaden, enthält eine unendliche Anzahl an Monaden, oder mächtigen ICH BIN - Gegenwarten, wie wir sie kennen. Dann kreieren diese Monaden und/oder mächtigen ICH BIN - Gegenwarten, zwölf Überseelen oder Höheren Selbste. Jede dieser Überseelen und/oder Höheren Selbste erschafft dann zwölf Seelen, die wir dann sind. Jeder von uns ist eine Seele, die aus einer Überseele inkarniert wurde.

Meine Freunde, ihr seht nun, dass Gott sein Bewusstsein aufspaltet, um die Zelle Gottes, oder die kosmische Monade, zu erschaffen, die ihr Bewusstsein wiederum aufspaltet, um die unendliche Anzahl der individualisierten Monaden zu erschaffen, die ihr Bewusstsein wiederum aufspalten, damit jede zwölf Überseelen erschaffen kann, die ihr Bewusstsein wiederum aufspalten, um zwölf Seelen zu erschaffen, die auf verschiedenen Planeten und in verschiedenen Dimensionen inkarnieren, um die Überseele zu entfalten, welche die Monade, oder mächtige ICH BIN - Gegenwart, entfaltet, welche die Gruppenmodule der Monaden entfalten, welche die kosmische Monade, oder die Zellen Gottes, entfalten, die den Aufstieg zu Gott entfaltet. Nun konzentriert sich jeder auf seinen individuellen Aufstieg, was gut und angemessen ist, jedoch gibt es aus der Sicht des Gruppenbewusstseins, was als simultan betrachtet werden kann, nur einen Aufstieg und das ist der Aufstieg Gottes. Wir alle sind das Ewige Selbst oder Inkarnationen Gottes oder Aspekte des Bewusstseins Gottes, die zu Gott zurück geatmet werden. Es ist alles ein Spiel Gottes. Es gibt keine separaten Individuen. Wir sind alle nur verschiedene Arten der Blumen im Garten Gottes. Es gibt drei Abstammungsmöglichkeiten dieser "Blumen": Aufgestiegene Meister, Engel und Elohim, doch am Ende sind sie alle eins. Es gibt verschiedene Rassen von außerirdischen Wesen, zum Beispiel mit einer Adam Kadmon - Form, die Grauen, die Insektenartigen, die reptilische Rasse, die Katzenrasse; die Liste wäre unendlich, doch dies sind alles nur verschiedene Inkarnationen Gottes und/oder verschiedene "Blumen" Gottes in Seinem Garten. Meine geliebten Leser, seht ihr, es gibt nur das Bewusstsein Gottes, der es in unendlich viele Formen aufteilt.

Wir alle sind Gott, die anderen Göttern dienen und zu Gott, dem Schöpfer, zurückkehren. Erkennt ihr, wie dumm Krieg, Wettbewerb, Eifersucht und Ichbezogenheit ist? Denn es gibt außer Gott keine Wesen. Die Menschen lassen sich durch die Dinge gefangen nehmen und sie sehen nicht die Essenz hinter allen Formen. Blumen stehen nicht im Wettstreit. Gänseblümchen kämpfen nicht mit Rosen oder Lilien! Es ist alles nur Gottes Spiel und Drama. Der göttliche Plan und die Einzigartigkeit über unsere Rückkehr nach Hause besteht darin, dass Gott möchte, dass Seine Inkarnationen des Selbst „bewusst" nach Hause zurückkehren. Mit anderen Worten, dass wir aus freien Stücken und nicht, weil Er uns dazu zwingt, zu unserer wahren Identität zu Gott nach Hause zurückkehren. Meine Freunde, seht ihr nun, dass die ganze Schöpfung nur das Aufspalten des Bewusstseins Gottes entlang der evolutionären Leiter ist? Dies ist nur die hierarchische Struktur der Dinge, so dass in gewissem Sinn jede Stufe einen persönlichen Lehrer hat, um bei der Rückkehr durch die 352 Stufen zu Gott zu helfen.

Deshalb ist bedingungslose Liebe so wichtig, denn alles ist Gott. Deshalb ist Teilen so wichtig, denn alles ist Gott. Deshalb ist es so wichtig, hinter die Erscheinungen und Formen zu schauen, während man noch in der Lage ist, in der Form zu leben und die Form zu meistern. Deshalb ist es so wichtig, Integration und Balance auf jeder Stufe zu lernen, so wie wir die evolutionäre dimensionale Leiter des Bewusstseins emporsteigen. Meine geliebten Leser, ihr habt hier eine spirituelle Vision der Schöpfung aus der breit gefächerten Sicht Gottes erhalten. Wenn wir uns auf unsere Entwicklung konzentrieren, konzentriert sich Gott auf die Entfaltung von Universen. Wenn wir an uns selbst, unseren Schülern und unserem Planeten arbeiten, um integrierte spirituelle Meister zu werden, ist Gott der höchste integrierte spirituelle Meister, mit dem Auftrag, die ganze Schöpfung in die Balance und Integration innerhalb Seines höchsten kosmischen Körpers zu bringen. Die Elohim, die kosmischen und planetaren Aufgestiegenen Meister, die Erzengel und Engel und die christusbewussten Außerirdischen sind Seine Agenten durch Seine Allmacht, um bei der Schöpfung dieser Veränderung zu helfen. Wir sind Seine Agenten zu dieser Zeit auf der Erde, um diese Veränderung zu manifestieren.

Sobald wir die Christusverwirklichung auf einer planetaren Stufe erlangt haben, arbeiten wir an der solaren Christusverwirklichung. Dann an der galaktischen Christusverwirklichung. Dann an der universellen Christusverwirklichung. Dann an der multi-universellen Christusverwirklichung. Dann an der kosmischen Christusverwirklichung. Wir können keine Stufe auslassen. Man muss auf jeder Stufe der Einweihung dienen und diese Stufe meistern und integrieren, bevor es einem erlaubt ist, zur nächsten Stufe weiter zu gehen. Es gibt 352 Stufen der Einweihung und deshalb 352 Stufen, um den Lichtkörper zu verankern und zu integrieren. Es gibt 352 Stufen des Bewusstseins zu meistern. Jede dieser 352 Stufen ist auch mit einem Chakrensystem verbunden, das verankert, aktiviert und verwirklicht werden muss. Die Persönlichkeit Gottes besteht aus den zwölf großen kosmischen Strahlen. Deshalb müssen wir auf der Erde lernen, unsere sieben Strahlen zu balancieren und schließlich unsere kosmischen Strahlen auch, so gut, wie alles andere auch. Einheit und Integration können nicht getrennt werden, denn schließlich sind sie ein und dasselbe. Meisterung, Integration und Balance müssen auf jeder Stufe erlangt werden, bevor es einem durch die Gnade Gottes und der Meister erlaubt wird, zur nächsten Stufe zu gehen. Man muss jede Stufe vollkommen verkörpern, jede Stufe demonstrieren und auf jeder Stufe dienen, bevor es einem erlaubt wird, zur nächsten Stufe weiterzugehen. Jede Stufe, die man erreicht, bedeutet eine Einweihung oder einen Aufstieg zur nächsten Stufe. Der Schlüssel besteht darin, dass du dies nicht nur mit deinem spirituellen Körper tust, sondern auch in dein mentales, emotionales, ätherisches und physisches Selbst und Vehikel integrierst, solange du mit und durch einen physisch-irdischen Aspekt arbeiten musst.

Mahatma ist ein Wesen des Gruppenbewusstseins, das alle 352 Stufen verkörpert. Deshalb habe ich ihn nach der Wiedererlangung der Seele und den Seelenfragmenten gefragt. Was die Wiedererlangung der Seele und die Seelenfragmente anbelangt, so hat mir Mahatma gesagt, dass wir, während wir uns im Leben mit anderen Menschen verbinden, Schnüre und Fäden erschaffen und Aspekte unserer Energie bei ihnen lassen. In gewissem Sinn ist dies gut und ein Geschenk von einem Gott an einen anderen Gott. Manchmal gibt es jedoch gewisse Energieteile, für die es spirituell angemessen ist, dass sie zurück zur eigenen Seele finden. Diese nennt man Seelenfragmente. Dies musst du nicht bewusst verstehen, du kannst Gott, Mahatma, Melchizedek, Metatron und die Erzengel darum bitten, die Rückholung für dich vorzunehmen. Die grundlegende Bitte sollte darin bestehen, dass alle Seelenfragmente, für die es angemessen ist zurückzukehren, wieder zurückkommen und diejenigen als spirituelles Geschenk zurückzulassen, die Energieteile sind und bei all den Menschen sind, die du geliebt hast und mit denen du in irgendeiner Weise in Verbindung warst. Dies zu tun ist sehr einfach, aber es ist entscheidend, damit zu beginnen und darum zu bitten!

Auf ähnliche Weise würde ich auch empfehlen, Erzengel Michael und Faith anzurufen und darum zu bitten, dass alle Energieschnüre und Energielinien aus diesem Leben, allen vergangenen Leben und alle Verbindungen auf der Inneren Ebene zwischen den Leben seit deiner Erschaffung durchtrennt werden, wenn es spirituell angemessen ist. Dies brauchst du auch nicht bewusst zu verstehen, es genügt, darum zu bitten und es kann durch die Gnade von Erzengel Michael und Faith in einem Moment geschehen! Einfach, aber tief gehend! Ist dies nicht die Natur von Gott?

Es ist meine bescheidene Hoffnung und mein Gebet, dass dir dieses Kapitel eine spirituelle Vision und einen Einblick in das Verständnis aus der Perspektive Gottes für die Natur des Bewusstseins, der Seelen, der Wiedererlangung der Seele und Seelenfragmente gegeben hat. Es war mir auch eine große Freude, dieses Kapitel zu channeln und zu schreiben!

Kodoish, Kodoish, Kodoish, Adonai Tsabayoth!
Heilig, heilig, heilig ist Gott, der Herr der Heerscharen!

13

Das Balancieren und Integrieren eines jeden neuen Lichtkörpers

Dies ist ein sehr faszinierendes Thema! Viele Lichtarbeiter haben sich mit diesem Thema der Lichtkörperbildung bereits befasst, jedoch nicht ganz verstanden, wie sie dies in einer balancierten und integrierten Weise tun können. Sie sind zu sehr davon gefangen genommen, ihren Lichtquotienten als ein Mittel auszubilden, um ihren Aufstieg zu beschleunigen, so dass sie den anderen wirklich wichtigen Aspekten – Balance und Integration – keine Achtung zollen. In der Vergangenheit war das Bilden des Lichtquotienten bedeutend und hat bei der Erlangung vieler spirituellen Gaben geholfen; einschließlich dem Channeln, Hellsehen, Hellhören und so weiter. Aber ich weiß von einer sehr guten Autorität, dass Gott das Programm für die Erde geändert hat.

In der Zeit, als Jesus auf der Erde wandelte, waren die Stufen des Aufstiegs nicht so hoch, wie sie es heute sind. Zu Jesus' Zeiten war die Aufstiegsstufe Sieben das höchste, was man auf der Erde erlangen konnte. Heute können viele Lichtarbeiter höhere Stufen des Aufstiegs erreichen und bleiben immer noch auf der Erde. Das Programm wurde geändert, so dass die Menschheit höhere Stufen des Aufstiegs oder des Lichtquotienten für eine weitreichendere Entwicklung erlangen kann. Unglücklicherweise haben viele in der New Age Bewegung dies dazu genutzt, ihren Lichtquotienten und die spirituellen Gaben aufzubauen, haben jedoch nicht gelernt, alle Aspekte des Aufstiegs in ihrem täglichen Leben zu integrieren.

Wenn ich sage, dass Gott das Programm auf der Erde geändert hat, so will ich die ganze Bedeutung dessen erklären. Es genügt nicht, an einem Aspekt des Aufstiegs und der Lichtkörperbildung zu arbeiten. Du musst lernen, jeden Lichtkörper und jede Aufstiegsstufe in einer balancierten und integrierten Weise zu erlangen. Was meinen wir damit? Ich gebe euch ein Beispiel. Sagen wir, du arbeitest an der sechsten Stufe des Aufstiegs oder des Lichtquotienten. Dies ist für die meisten Lichtarbeiter auf der Erde eine sehr hohe Stufe. Mit jeder Stufe des Lichtkörpers sind sehr spezifische Lektionen im Leben verbunden. Du musst diese Lektionen lernen und sie in dein Leben integrieren, bevor es dir erlaubt wird, die spirituelle Leiter weiter emporzusteigen.

Es genügt nicht, einfach von den Meistern die Beschleunigung deines Lichtquotienten zu erbitten und dann zu erwarten, dies bedingungslos zu erhalten. Obwohl die Aufgestiegenen Meister bereit und willig sind, euch dies gemäß eurer Bitte zu geben, sind sie jetzt doch mehr daran interessiert, euren integrierten Lichtkörper zu entwickeln, anstatt nur euren Lichtkörper. Integrierter Lichtkörper bedeutet, dass du in allen Bereichen des Christus-/Buddha-/Gottesbewusstseins integriert bist. Du hast den spirituellen, mentalen, emotionalen und physischen Aspekt des Lebens auf der Erde ausbalanciert. Für manche ist dies unglaublich schwer, doch es ist für jedermann absolut erreichbar, wenn man den willensstarken Entschluss und die Ausdauer hat, seine Ziele zu erreichen.

Gott hat die Regeln für den Aufstiegsprozess geändert und die Integration und Balance dem ganzen Prozess hinzugefügt. Es ist nun ein längerer Prozess, die höheren Stufen des Aufstiegs zu erlangen, als es in der Vergangenheit war. Die Aufgestiegenen Meister haben euch diese Information gegeben, um euch dabei zu helfen, eure Ziele beim Bilden eures Lichtquotienten und integrierten Lichtkörpers zu erreichen.

Wenn du dich nun darum bemühst, eine neue Stufe des Lichtkörpers zu erreichen, dann musst du dich klar auf die Erlangung der Integration und Balance in diesem neuen Lichtkörper ausrichten. Du musst lernen, dich darauf zu konzentrieren, dass der neue Lichtkörper in dein Wesen integriert wird und der neue Lichtkörper in deiner existierenden Struktur ausbalanciert wird. Was bedeutet das wirklich für dich? So wie deine spirituellen Lektionen mit jedem neuen Lichtkörper kommen, musst du lernen, diese Lektionen in Aufrichtigkeit und Hingabe anzugehen. Du musst diese Lektionen in dein Wesen integrieren und sie müssen zu einem Teil deines Bewusstseins werden. Es genügt nicht, spirituell zu sein, wenn du dabei keine Kontrolle über deine Emotionen, dein negatives Ego mit seinem angstbegründeten Denken oder ein missbräuchliches Verhalten innerhalb deiner physischen Existenz hast. Wie erreicht man diese Balance? Durch den rechten Gebrauch deines „Willens" und den rechten Gebrauch deiner „Kraft". Du hast vollkommene Kontrolle über deine „Willenskraft". Du bist der Meister dieser Gaben. Dies sind die gottgegebenen Gaben des freien Willens. Durch deinen freien Willen wählst du, deine Lektionen zu lernen und deine Lektionen mit Hingabe und Aufrichtigkeit zu leben. Für diesen Prozess gibt es keine Abkürzungen. Du hältst sicherlich nur dich selbst zum Narren, wenn du denkst, dass es auf diesem Weg zum Aufstieg und zum Bilden der integrierten Lichtkörper Abkürzungen gäbe. Du musst einen Schritt vorangehen und deinen Lichtkörper in einer vollkommen integrierten und balancierten Weise ausbilden.

Glaube mir, wenn ich sage, dass die Belohnung für das Erreichen deiner Aufstiegsstufe in dieser Weise jenseits von Worten liegt. Dein Leben, so wie du es kennst, wird sich jenseits deiner wildesten Träume verändern. Du wirst einen inneren Frieden erfahren, so wie du dies niemals für möglich gehalten hast. Ja, ich kann ohne jeden Zweifel sagen, dass es sich so anfühlt, wenn man dieses Ziel des integrieren Lichtkörpers und Aufstiegs erreicht. Du wirst den Glanz deines neu gefundenen Lichtes in einer Weise fühlen, wie du es niemals zuvor gefühlt hast. Der Grund dafür besteht darin, dass du deinen neuen Lichtkörper mit Integration und Balance erlangt hast!

Erinnere dich daran, dass der Schlüssel für die Erlangung der Integration und Balance auf allen Stufen des Lichtkörpers darin besteht, dass man im Christus-/Buddha-/Gottesbewusstsein verbleibt. Mache dir stets bewusst, dass es auf dem Weg spirituelle Tests und Lektionen gibt. Du kannst diese Lektionen und Tests meistern, indem du bei ihnen bewusst in deinem Sein balanciert und integriert bleibst, denn jede Lektion wird Teil deines Seins und macht dich stärker! Wenn du durch eine extrem emotionale Lektion gehst, dann erinnere dich daran, gleichmütig zu bleiben und zu wissen, dass der Test bald vorüber sein wird. Es gibt keine Lektionen oder Tests im Leben, die man nicht mit eisernem Willen und Entschlusskraft und durch das Verbleiben im Christus-/Buddha-/Gottesbewusstsein besteht!

Durch die Gnade Gottes sind wir in der Lage, euch diese Weisheit und dieses Wissen zu geben, um euren Aufstiegsprozess viel sanfter zu machen. Erinnert euch daran, Gott und die Aufgestiegenen Meister um Hilfe zu bitten, wenn ihr sie benötigt. Sie sind bereit und gewillt, zu helfen und zu dienen. Es gibt keine Bitte, die zu gering wäre. Ich erinnere euch daran, dass wir alle Söhne und Töchter Gottes sind. Wenn wir also um Hilfe bitten, so bitten wir Gott, Gott zu helfen. Dieses Wissen wird euch helfen, euer Ziel, euren integrierten und balancierten Lichtkörper aufzubauen, zu erreichen!

14

Wie du Liebe und Licht in allen deinen Lichtkörpern mit göttlicher Wahrheit integrierst und ausbalancierst

Welch faszinierendes Thema! Die Weisheit, die in diesem Kapitel enthüllt wird, kommt nur aus einer Quelle – von Gott! Diese Weisheit schreibe und empfange ich durch die direkte Energie Gottes. Meine geliebten Leser, so fühlt ihr die Resonanz der Wahrheit Gottes in eurem ganzen Wesen! Nach dieser Anmerkung möchte ich nun beginnen.

Integration und Balance, Liebe und Licht! Dies sind nicht nur Schlüsselworte, über die in der New Age Bewegung gesprochen werden sollte. Diese Worte muss man in die Tat umsetzen. Ich möchte euch mitteilen, was möglich ist, wenn ihr Integration und Balance in eurem Leben lebt und lernt. Diese Worte enthalten viel Kraft, aber ihr könnt keine Kraft erlangen, wenn ihr euch nicht darum bemüht, diese Ziele durch tägliche Übung in eurem Leben zu erlangen. Gott wünscht sich, dass die Menschheit das tut. Wir müssen lernen, Seine Weisheit in unserem Bewusstsein balanciert und integriert zu leben. Es muss Teil unseres Seins werden, ohne sich bewusst darum zu bemühen. Es muss zu einer automatischen unbewussten Handlung werden.

Wie erreicht man Integration und Balance? Lasst uns zuerst über Balance sprechen. Während eures geschäftigen Lebens wacht ihr jeden Morgen auf und einige von euch gehen dann geradezu in den Autopiloten. Ihr stellt die Automatik ein und lenkt euch selbst dahin, was euch auch immer an diesem Tag passiert. Wir sagen nicht, dass dies alle tun, aber die Mehrheit von euch tut dies. Hierin liegt keine absichtliche Wertung, sondern nur eine faktische Information. Während des Tages begegnest du vielen Lektionen des Lebens, ob es jemand im Lebensmittelgeschäft ist, der unhöflich zu dir ist oder eine Situation in der Familie, die dir große Sorgen bereitet oder du die Arbeit an deinem Arbeitsplatz nicht bewältigst, die Liste ist endlos. Ihr könnt euch all die Situationen vorstellen, die in eurem Leben geschehen und die nicht Teil des Autopiloten für diesen Tag sind.

Wie bleibst du also in der Balance, wenn alles um dich herum nicht mehr in der Balance zu sein scheint? Dies ist die Zeit, dich auf deine Göttlichkeit zu konzentrieren! Du nimmst dir die Zeit, dich auf Gott zu konzentrieren und einzustimmen. Du sagst zu Gott: „Danke für die Lektionen!" Für Gott ist es vollkommen in Ordnung, wenn du Ihn um Hilfe und Führung in irgendeiner Weise bittest. Es gibt für dich keine zu geringe Situation, in der du nicht um Hilfe bitten kannst. Erinnere dich daran, Gott ist Liebe! Wir sind alle nach dem Ebenbild Gottes geschaffen und deshalb sind wir Gott. Die ganze Menschheit ist Gott. In diesem heiligen Moment musst du dich an deine gottgegebene Göttlichkeit erinnern und in deinem Wesen wissen, dass Gott sich um alles in Seinem göttlichen Plan kümmert. Du musst dich auch daran erinnern, dass „Gott denjenigen hilft, die sich selbst helfen!" Nun denke aber nicht, dass du dich nur zurückzulehnen brauchst und Gott alles übergeben kannst und nichts aus dir selbst heraus zu tun brauchst. Du bist ein Mitschöpfer Gottes. Du musst lernen, mit dem was du kannst, umzugehen und es einzusetzen, indem du im Christus-/Buddha-/Gottesbewusstsein verbleibst. Auf diese Weise erlangst du Balance in deinem Leben. Du musst dich immer darum bemühen, das Christus-/Buddha-/Gottesbewusstsein zu erlangen und in allen Situationen deines Lebens darin zu verweilen und dies, meine geliebten Freunde, bringt euch die Balance, die ihr euch ersehnt.

Auf diese Weise solltest du Liebe und Licht in allen deinen Lichtkörpern integrieren. Wenn du immer mit deinem Christus-/Buddha-/Gottesbewusstsein in Verbindung bleibst, dann bleibst du immer auf das Licht und auf die Liebe Gottes ausgerichtet. Du wirst fühlen, wie Seine Liebe und Sein Licht deinen physischen Körper durchströmen. Du wirst fühlen, wie deine eigene persönliche Kraft deine Lichtkörper bis zu einer Stufe erweitert, die du niemals zuvor erreicht hast. Und durch all dies wirst du der Menschheit durch den Dienst an Gott helfen, indem du das Christus-/Buddha-/Gottesbewusstsein in deinem Leben erreichst und lebst. Gott hat mir Seine persönliche Vision und Weisheit für die Menschheit gegeben. Gott bemüht sich, Seine Originalvision vom Himmel auf Erden zu erlangen.

Die einzige Art, dies zu erreichen, besteht darin, dass du deine Gedanken und deine Realität änderst, indem du dein Leben im Christus-/Buddha-/Gottesbewusstsein lebst. Manche von euch mögen denken 'das ist alles gut und schön, aber wie kann ich das lernen?' Ich sage euch, wie ihr beginnen könnt. Du beginnst mit dir selbst. Du setzt dich hin und bewertest total ehrlich dein Leben. Schreibe die Dinge aus deinem Leben auf, die du gerne ändern möchtest. Scheibe die Dinge deiner Persönlichkeit auf, die du gerne ändern möchtest. Sei schonungslos ehrlich mit deiner Selbst-Bewertung, sonst funktioniert die Übung nicht. Du musst in deiner Hingabe, deine Realität zu ändern, ernsthaft sein. Nachdem du dies getan hast, nimm dir ein Thema heraus und beginne noch heute damit! Nimm dir nur ein Thema vor und überfordere dich nicht mit der ganzen Liste. Vergib dir selbst, wie dir Gott für irgendwelche Ängste vergibt, die du über dich oder dein Leben gehabt hast. Erinnere dich daran, dass jeder Fehler macht und Fehler korrigiert werden können. Beginne an einem Thema zu einer Zeit zu arbeiten und ich sage dir, dass du einen Unterschied feststellen wirst in der Art, wie du gelernt hast, deine Gedanken zu ändern. So wie du jedes Ziel vollendest, wirst du die Belohnungen sehen, die du erlangst, indem du deine Realität veränderst. Du musst dich immer daran erinnern: deine Gedanken erschaffen deine Realität. Sobald du einen Fehler im Denken machst, korrigiere sofort diesen Gedanken und vergib dir selbst, so wie Gott dir vergibt.

Diese Weisheit Gottes wird dir helfen, dein Ziel, Balance, Liebe und Licht in deinem Wesen zu integrieren, zu erreichen. Diese Weisheit Gottes lehrt dich, deine Ziele im Leben zu erreichen und deine Realität zu ändern. Diese Weisheit hilft nicht nur dir, sondern auch allen um dich herum, denn du wirst ein lebendes Beispiel dafür, wie Gott es sich wünscht, dass wir Seine Vision des Himmels auf Erden erfahren. Du vervollständigst den Plan Gottes für dich durch Dienst an der Menschheit, denn wie kann man der Menschheit besser dienen und deinen Brüdern und Schwestern besser helfen, als dein Leben im Christus-/Buddha-/Gottesbewusstsein zu leben und deine Weisheit von Gott mit ihnen durch dein Vorbild zu teilen? Ich kann diesen Punkt nicht genug hervorheben! Du musst durch Vorbild führen! Wie kannst du erwarten, dass jemand mitfühlend mit dir ist, wenn du anderen gegenüber kein Mitgefühl zeigst? Wie kannst du erwarten, dass dir jemand bedingungslose Liebe schenkt, wenn du nicht gewillt bist, anderen deine Liebe bedingungslos zu geben? Wie kannst du erwarten, dass jemand deine Fehler versteht, wenn du die ihren nicht verstehst? Wie kannst du erwarten, dass dich jemand nicht verurteilt, wenn du andere immer verurteilst? Deine Gedanken sind wirklich lebende Dinge und so wie du denkst, bist du!

Jesus hat immer und immer wieder diese Worte zu mir gesprochen: „Deine Gedanken sind Dinge und wie du denkst, so bist du!“ Du musst in deiner Selbst-Bewertung erkennen und verstehen, dass deine Gedanken das erste Thema der Liste darstellen, das du bearbeiten musst. Die Gedanken zu verändern, sollte die erste Priorität in deinem Leben haben, um deine Realität zu verändern! Gott weiß, dass du dieses Ziel erreichen kannst und wirst! Er hat dir das Geschenk des freien Willens gegeben und mit diesem gottgegebenen Geschenk solltest du deine Realität wählen. Wer unter euch würde nicht die Vision Gottes für den Himmel auf Erden wählen? Die Antwort auf diese Frage ist einfach, niemand würde etwas anderes wählen, denn um dies zu erlangen, sind wir alle auf der Erde!

Gott hat dir Seine Weisheit und Wahrheit direkt gegeben. Er hat dir göttliche Prinzipien für das Leben im Christus-/Buddha-/Gottesbewusstsein gegeben. Er hat dir einen freien Willen gegeben, so dass du wählen kannst, im Christus-/Buddha-/Gottesbewusstsein zu leben und deine Realität zu ändern. Durch die Weisheit und Wahrheit Gottes solltest du Integration, Balance, Liebe und Licht in deinem physischen Leben und im Kern deines Wesens erlangen. Durch deine persönliche Hingabe und deine Verpflichtung, deine Realität zu verändern, kannst du den Funken von Gottes Licht in dir wieder entfachen, der immer in dir war, seit Anbeginn von Gottes Schöpfung für den Himmel auf Erden.

15

Der tägliche Planer für den planetaren Aufstieg und die Integration

Meine geliebten Leser, dieses Kapitel möchte ich mit einer Diskussion über den planetaren Aufstieg beginnen. Was bedeutet er für dich? Der planetare Aufstieg ist ein Prozess, bei dem du deinen Lichtkörper in einer integrierten und balancierten Weise ausbildest, jedoch noch wichtiger dabei ist, dass du in allen Bereichen deines Lebens auf der Erde balanciert bleibst. Du musst ein Meister in allen Bereichen deines Lebens werden und im spirituellen Christus-/Buddha-/Gottes- bewusstsein leben. Dies ist eine große Aufgabe und du magst fragen: „Wie kann ich dies erreichen?" In diesem Kapitel gebe ich dir Ziele, die du in deinem täglichen Leben erreichen kannst, um dir dabei zu helfen, deinen Lichtkörper sowie dein Bewusstsein in allen Bereichen deines Lebens auszubilden. Lasst uns nun beginnen! In diesem von der kollektiven Kerngruppe der Aufgestiegenen Meister gechannelten Kapitel möchte ich dir gerne unsere Vision für deinen täglichen Planer im Aufstiegsprozess und die Integration dieser Praktiken in deinem täglichen Leben geben. Natürlich magst du von diesem Schema, das wir dir geben, abweichen und nur die Praktiken durchführen, mit denen du in Resonanz stehst. Du wirst dich nur zu denjenigen hingezogen fühlen, von denen du wirklich glaubst, dass du sie ausführst, abhängig von deiner Stufe des Lichtkörpers und des Aufstiegs zu der gegenwärtigen Zeit.

Bevor wir mit dem täglichen Planer beginnen, möchte ich gerne die Qualitäten besprechen, die du versuchen solltest in diesem Aufstiegsprozess zu erlangen. Dies ist Teil der Integrationsarbeit, die du in deinem täglichen Leben erfahren und sie zu einem Teil deines vollkommen bewussten Wesens machen solltest. Du solltest deine Gedanken und Handlungen immer auf das spirituelle Christus-/Buddha-/Gottesbewusstsein konzentrieren. Manche von euch mögen die wahre Bedeutung dieser Aussage nicht erkennen und wir geben euch daher die Antwort. Es ist wirklich sehr einfach! Ihr denkt, atmet und lebt stets vollkommen mit dem Gedanken an Gott. Nur weil Gott dir nicht in einer greifbaren Form erscheint, bedeutet das nicht, dass Er und Seine wunderbare Macht und Liebe nicht existiert. Diejenigen, die daran zweifeln, können diese Theorie ausprobieren. Wir ermächtigen euch, vom Wasser zu kosten. Erinnere dich daran: „Bitte, so wirst du empfangen!" Du musst verstehen, dass dir nicht alles gewährt wird, worum du bittest, nur weil du darum gebeten hast. Erinnere dich auch daran: „Gott hilft denjenigen, die sich selbst helfen!" Nimm diese beiden Aussagen in deine tägliche Lebensweise auf und schon bald wirst du, ohne es zu bemerken, dein Denken auf das spirituelle Christus-/Buddha-/Gottesbewusstsein ausgerichtet haben. Das war leicht, oder? Leicht zu benennen, doch es ist etwas anderes, dies auch derart in deinem Leben umzusetzen. Du musst hingebungsvoll sein, zu 100% in deiner persönlichen Kraft stehen, deinen freien Willen benutzen, um konstant deine Gedanken in Balance zu halten und diese Prinzipien in deinem täglichen Leben und in deinem ganzen Wesen zu integrieren.

Das ist noch nicht alles, was nötig ist, um im spirituellen Christus-/Buddha-/Gottesbewusstsein zu leben. Du musst dich darum bemühen, in allen Bereichen deines Lebens in Balance zu kommen. Du musst lernen, die mentalen / physischen / psychologischen Aspekte deines Lebens zu balancieren und zu integrieren. Wie kann dies am besten erreicht werden? Indem man immer im bewussten Gedanken an Gott verweilt und lebt! Jeder von euch hat im Leben Dinge erlebt, um die er sich nicht besonders gekümmert hat, als es geschehen ist. Ich sage euch, dass es immer eine Lektion gab in dem Geschehen und wenn ihr im Bewusstsein Gottes leben würdet, hättet ihr die Lektion gelernt und hättet das Ereignis mit gleichmütiger Hingabe und Vertrauen erlebt. Gott hat einen Plan für jeden von uns; als Gruppe und als Individuum. Du musst immer vertrauen und vollkommenen Glauben und Hingabe in dir haben, denn Gott in Seiner unendlichen Weisheit versorgt uns immer mit Seiner Liebe. Diese Feststellung selbst wird dir helfen, im spirituellen Christus-/Buddha-/Gottesbewusstsein zu leben. Gott ist Liebe! Mit diesen Prinzipien für das Leben, die ich dir gerade gegeben habe, wirst du in der Lage sein, deine Gedanken zu konzentrieren und diese Liebe und Energie in allen Bereichen deines Lebens zu balancieren.

Du wirst fähig sein, das spirituelle Christus-/Buddha-/Gottesbewusstsein in den mentalen / physischen und psychologischen Bereichen deiner Existenz zu balancieren und zu integrieren. Was auch immer in deinem Leben geschieht, konzentriere dich stets auf das spirituelle Christus-/ Buddha-/Gottesbewusstsein. Richte deine Gedanken immer in dem Moment darauf aus, in dem etwas geschieht und konzentriere dich nur auf dieses Bewusstsein. Dieses Ziel selbst zu erreichen, wird dir automatisch dabei helfen, die Aufstiegsstufe für den Lichtkörperquotienten zu erlangen. Ist dies nicht erstaunlich? Diejenigen, die all dies, was es über den Aufstieg und die Ausbildung des Lichtquotienten zu wissen gilt, wirklich nicht verstehen, müssen nur wissen, dass dieses Ziel erlangt werden kann, indem man im spirituellen Christus-/ Buddha-/Gottesbewusstsein lebt und alle diese Prinzipien des Lebens, die wir euch gegeben haben, anwendet. Es ist nicht für alle gleichermaßen notwendig, die selben Aufstiegsstufen des Lichtkörpers zu erlangen oder durch die gleichen Schritte oder Stadien zu gehen. Jeder Mensch auf der Erde ist ein Individuum, nach Gottes Bild geschaffen und es hängt wirklich von deiner

Stufe der Evolution, deinem Weg oder Puzzleteil und deiner Stufe der Balance und Integration ab, wie du deine Ziele für den planetaren Aufstieg erlangst. Meine Freunde, vertraut euch stets selbst und der unendlichen Weisheit Gottes, dass die Stufen der Vollendung in göttlicher Ordnung erworben werden. Der nächste Schritt beim planetaren Aufstieg besteht darin, deine spirituelle Standhaftigkeit enorm zu steigern. Damit meinen wir, dass du in deinen Überzeugungen religiös sein musst, um auf dein spirituelles Christus-/Buddha-/Gottesbewusstsein ausgerichtet zu bleiben. Du darfst dir selbst nicht erlauben, dich auf etwas zu konzentrieren, was dich aus der Balance bringt. Ich sage nicht, dass du dich nicht auf das Leben auf der Erde konzentrieren solltest, denn das musst du. Dies ist Teil des Prozesses, integriert und balanciert zu sein in allem, was du denkst und tust. Du musst dich immer daran erinnern, dass deine Gedanken deine Realität erschaffen und auf diese Weise konzentrierst du dich auf die Realität deiner Welt in einer eher produktiven und balancierten Weise. Dies ist sicherlich Nahrung für die Gedanken und ein anderer Teil deines täglichen Planers. Dies kannst du deinen „täglichen spirituellen Diätplan" nennen, denn alles, was du denkst, ist Nahrung für die Gedanken.

Jeden Morgen solltest du deine Gedanken produktiv nutzen, indem du dir selbst positive Affirmationen für den bevorstehenden Tag gibst. Eine positive Haltung wird durch deine Gedanken und Handlungen erzeugt. Denke positiv über deinen bevorstehenden Tag und visualisiere ihn positiv und empfinde, wie du dich an diesem Tag gut fühlen wirst und was geschehen wird, wenn etwas nicht nach deinem Plan geht. Wie wirst du darauf reagieren? Wirst du positiv bleiben? Wirst du auf dein spirituelles Christus-/Buddha-/Gottesbewusstsein konzentriert bleiben? Natürlich! Du wirst darauf ausgerichtet bleiben, denn du hast bereits 100% Kontrolle über deine persönliche Kraft, vollkommene Kontrolle über deine Gedanken, deine Gefühle, deine geistige Haltung und am wichtigsten von allen, deine persönliche Realität erlangt. Wer von euch könnte nicht einen großen und glorreichen Tag erleben, wenn er sich auf das spirituelle Christus-/Buddha-/Gottesbewusstsein konzentriert? Es ist ein Zustand des Geistes. Es ist deine Absicht und dein Plan, wenn du dich dafür entscheidest, diese Realität zu erschaffen. Denkt ganz genau über diese Weisheit, die wir euch gegeben haben, nach. Wir bitten euch darum, es wenigstens 21 Tage lang zu versuchen. Was hast du zu verlieren? Die viel wichtigere Frage lautet hier: „Was hast du zu gewinnen?" Die Antwort ist: Alles! Denn Gott ist alles! Im spirituellen Christus-/Buddha-/Gottesbewusstsein zu leben, ist alles. Meine Freunde und ihr seid alles! Die Meister und ich haben euch demütig die Lebensprinzipien und die göttliche Weisheit überbracht. Nun möchten wir euch gerne einen 21-Tages-Planer geben. Nach 21 Tagen hast du neue Gewohnheiten und eine neue Realität erschaffen, in der du lebst. Du wirst in deinem Leben ein neues Programm installiert haben, welches spirituelles Christus-/Buddha-/Gottesbewusstsein heißt! Ich möchte bescheiden feststellen, dass du eine neue Realität für das Leben erschaffen haben wirst! Ein Leben, in dem du in der glorreichen Schöpfung Gottes, welche Himmel auf Erden heißt, lebst.

Täglicher Planer

1. Tag

* Erwache mit Liebe in deinem Herzen! Danke Gott, bevor deine Füße den Fußboden berühren, für diesen glorreichen Tag!
* Spreche positive Affirmationen zu dir selbst und empfinde sie, während du dich für den Tag vorbereitest. Erstelle eine Liste mit positiven Affirmationen, die dich stärken.
* Visualisiere deinen Tag und sieh und fühle dich selbst angefüllt mit Liebe für dich und die ganze Menschheit.

* Führe deine Lieblingsmeditation durch. Nimm dir selbst am Morgen genügend Zeit, um die Meditation durchzuführen, die du an diesem Tag benötigst oder kombiniere einige Meditationen miteinander. Du wirst wissen, was du zur Integration und Balance für diesen Tag benötigst.
* Warum sich sorgen, wenn du beten kannst? Nutze bevorzugt diese Zeit am Morgen, denn dies hilft dir, dich auf die Energie und Liebe Gottes einzustimmen und auch deine Haltung und Gedanken auf den Tag einzustimmen. Auch das Gebet ist sehr heilsam und beruhigend und hilft dir, dich für den bevorstehenden Tag in Balance zu bringen.

2. Tag

* Spreche, fühle und visualisiere dein persönliches Gebet zu Gott. Tue dies ganz persönlich für dich und deine individuelle Situation. Es ist deine persönliche Verbindung zu Gott! Wer unter euch könnte nicht anschließend mit einem Lächeln auf dem Gesicht in die Welt hinausgehen?
* Wähle einen Gedanken, eine Handlung oder einen persönlichen Charakterzug, den du heute gerne ändern möchtest. Visualisiere dich selbst davon befreit in deinem gegenwärtigen Wesen. Ein Teil des Visualisierens besteht auch darin, dich davon befreit zu fühlen. Wie fühlst du dich, nachdem du dieses Ziel erreicht hast? Du solltest dir selbst für das eben Erreichte zulächeln!
* Meditation – Visualisiere, wie alle deine Chakren vom weißen Licht Gottes gereinigt werden. Dies hilft dir, deine Energiekörper in Balance zu bringen. In den Anfangsstadien deines Trainings sollte dies täglich oder manchmal mehrmals täglich wiederholt werden.

3. Tag

* Erinnere dich selbst an das Erreichte der vergangenen Tage. Gratuliere dir selbst dazu und vergib dir, wenn du fühlst, dass du deine Ziele noch nicht erreicht hast. Erinnere dich daran, dass Fehler korrigiert werden können. Beginne heute einfach erneut, genau jetzt, in diesem Moment! Du kannst und wirst deine Ziele erreichen, weil du zu 100% in deiner persönlichen Kraft stehst. Erinnere dich daran!
* Positive Affirmationen sollten im Überfluss vorhanden sein. Schreibe diejenigen auf, die dich wirklich motivieren! Wiederhole sie immer wieder, solange bis du sie in deinem Wesen fühlen kannst. Dann kannst du in die Welt hinausgehen und positiv fühlen, denken und sein! Die Menschen werden die Veränderung in dir feststellen. Sie werden dich fragen, was geschehen ist und du wirst in der Lage sein, ihnen zu sagen, dass du deine bewusste Realität geändert hast.
* Erinnere dich daran, dass jeder neue Tag ein Schritt näher zu dem Ziel ist, das du erreichen möchtest. Mache kleine Schritte, damit du dich nicht selbst überforderst.
* Danke Gott für diesen wunderbaren glorreichen Tag! Danke Gott für die Lektionen, die du lernen wirst und für die Menschen, denen du auf dem Weg helfen wirst.

4. Tag

* Danke Gott für diesen wundervollen Tag! Wenn du dich an etwas Unangenehmes vom Vortag erinnerst, so bitte Gott darum, deine Gedanken von allem zu klären, was nicht in der Liebe ist. Bitte Gott darum, das negative Ego mit seinem angstbegründeten Denken des niederen Selbst loszulassen. Dies wird vermutlich Teil deines täglichen Programms sein. Das negative Ego des niederen Selbst wird immer ein Hindernis auf deinen Weg legen. Es liegt ganz an dir, deinem Bewusstsein und Unterbewusstsein

zu sagen, diese Art von Gedanken loszulassen und nur noch aus dem spirituellen Christus-/Buddha-/Gottesbewusstsein heraus zu denken.
* Wähle eine neue Meditation. Erweitere deinen Horizont, erlange dein Ziel, greif nach den Sternen! Nichts hält dich zurück, außer du selbst!
* Denke nach deinem täglichen Gebet daran, für jemanden etwas Nettes zu tun, ohne etwas zurück zu erwarten. Das muss nichts Besonderes sein; du könntest einfach jemandem die Tür aufhalten, falls du dies normalerweise nicht tust. Tue etwas, was du normalerweise nicht tust. Wenn du damit begonnen hast, wirst du es später automatisch, ohne daran zu denken, tun.

5. Tag

* Nimm den Kaffeeduft am Morgen nach dem Erwachen wahr. Mache dir bewusst, was du in den letzten vier Tagen erreicht hast. Fühlst du dich besser mit dem Erreichten? Das solltest du! Erinnere dich daran, wirklich ehrlich mit dir in dieser Bewertung zu sein. Achte dich selbst dafür, dies alles zu versuchen! Gib dir selbst positives Lob! Gott wird dich loben und du solltest dich selbst auch loben! Erinnere dich daran, dass Gott denjenigen hilft, die sich selbst helfen!
* Beginne noch einmal mit der Liste der Veränderungen, die du bei dir und deinen Handlungen vornehmen möchtest. Wenn du bereits etwas auf dieser Liste erreicht hast, wovon wir überzeugt sind, nimm dir ein anderes Thema heraus und beginne heute damit. Erinnere dich daran, dass du in deinen Gedanken und Handlungen ehrlich sein musst. Du hältst außer dir selbst niemanden zum Narren, wenn du deine Handlungen veränderst, deine Gedanken jedoch nicht mit deinen Handlungen übereinstimmen. Gott weiß alles, sieht alles und ist alles! Und vergib dir wiederum selbst für irgendwelche Fehler und beginne wieder ganz neu!

* Wähle eine Meditation. Du wirst die Richtige für diesen Tag auswählen. Oder konzentriere dich einfach auf den bevorstehenden Tag, beruhige deinen Geist und denke nur an Liebe und Licht. Dann hast du eine Meditation durchgeführt, ohne es überhaupt bemerkt zu haben.

6. Tag

* Wähle bewusst die Realität, die du erschaffen möchtest. Denke darüber nach, wie du systematisch die Veränderung, die du vornehmen möchtest, planen kannst und erstelle eine Liste. Diese Liste sollte alle Bereiche deines Bewusstseins und deiner gegenwärtigen Realität beinhalten. Deine Liste sollte in allen Bereichen des spirituellen Christus-/Buddha-/Gottesbewusstseins ausgewogen sein und alle Aspekte deiner mentalen, physischen und psychologischen Existenz integrieren. Es müssen keine monumentalen Veränderungen sein, sie können zu Beginn auch klein sein. So wie du die kleinen Veränderungen vornimmst, werden die Großen in der göttlichen Ordnung folgen.
* Erstelle eine Liste mit allen dir vertrauten Gebeten. Wechsle täglich diese Gebete. Dies hilft dir dabei, deine Energie ausgeglichen zu halten. Sprich jeden Tag dein persönliches Gebet zu Gott, während du an diesem Tag deinen Umständen gemäße Veränderungen vornimmst. Erinnere dich auch immer daran, dass dein persönliches Gebet zu Gott deine ganz individuelle Verbindung ist.
* Vergiss auch deinen physischen Körper nicht. Auch wenn du deine Realität und deine Gedanken veränderst, musst du doch auch noch an deinem physischen Körper arbeiten. Für diejenigen unter euch, die bereits Übungen machen, ist es wunderbar. Diejenigen, die es noch nicht tun, sollten in ihren Tagesplan irgendwelche körperliche Übungen einbauen. Geh draußen spazieren und genieße die Energie der Erde! Tue irgendetwas draußen in der Natur. Tanke frische Luft, gehe durch den Wald

und genieße den Sonnenschein! Dies hilft dir bei deiner Mission, deine Realität zu verändern, geerdet zu bleiben. So wie du deine Realität veränderst, verändert sich und wächst auch dein Lichtkörper und du musst Schritt halten und deinem physischen Körper auch helfen.

7. Tag

* Du hast bereits ein Drittel des Weges auf der Strecke zu deinem Ziel bis zum 21. Tag hinter dir. Gratuliere dir selbst zu der gut geleisteten Arbeit! Ehre dich selbst und ehre Gott! Gehe heute innerhalb deiner Meditation in die Stille und fasse die letzten sechs Tage zusammen. Visualisiere und fühle alles, was du erreicht hast! Lass jeden Zweifel oder jegliche Kritik bezüglich irgendeiner kleinen Veränderung, die du vollzogen hast, los. Kleine Veränderungen sind ein großer Teil des Zieles! Gratuliere dir für deine Verwirklichungen und vergib dir selbst jegliche Fehler. Alle Fehler können korrigiert werden. Dies ist heute dein erstes Ziel!
* Bitte Gott darum, dir zu helfen, deine Ziele zu erreichen. Diese könnten beispielsweise lauten: um Hilfe zu bitten, liebevoller zu sein, das negative, auf Angst begründete Ego loszulassen, in der Lage zu sein, alle Menschen als Inkarnation Gottes und als deine spirituellen Brüder und Schwestern anzusehen, mitfühlender zu sein, vergebungsvoller zu sein, empathisch anderen gegenüber zu sein, freudvoller, friedlicher, weniger kritisch dir selbst und den anderen gegenüber zu sein, Verständnis für das Leben und Gottes Plan für dich zu erlangen. Die Liste ist endlos! Erstelle sie für dich und deine persönliche Situation im Leben und übernehme dann 100-%ig deine persönliche Kraft und deinen freien Willen und geh voran an diesem neuen Tag und ändere deine Realität!

8. Tag

*Das Gebet ist wesentlich, um deinen Aufstiegsprozess zu beschleunigen. Es muss kein formales Gebet zu Gott sein. Spreche es für dich ganz persönlich. Du musst es nicht laut sprechen, damit es zählt. Gott wird deine Gedanken hören und deine Aufrichtigkeit fühlen.
* Meditiere! Erinnere dich daran „Bitte, so wird dir gegeben!" und „Gott hilft denjenigen, die sich selbst helfen!" Integriere diese beiden Aussagen in deinen täglichen Gedankenprozess. Erinnere dich daran, dass es nicht genügt, nur zu bitten, du musst dir selbst auch helfen und aufrichtig sein in deinem Entschluss, dein Ziel zu erreichen! Es gibt viele Arten zu meditieren. Meditationskassetten können dabei hilfreich für dich sein.
* Überprüfe nochmals deine Liste der Ziele, die du in diesen 21 Tagen erreichen möchtest. Kreuze die an, die du erreicht hast und gratuliere dir selbst dazu! Erinnere dich daran, dass die Meisterung darin besteht, das Erlangte kontinuierlich integriert und balanciert in deinem Wesen zu halten. Jemand kann zu Zeiten die Leiter herunterfallen und Meisterung besteht darin, wieder aufzustehen und schnell auf den Weg zurückzukehren.
* Beginne heute mit deinem nächsten Ziel!

9. Tag

* Erinnere dich heute daran, dass jeder Tag integriert und balanciert sein muss. Beginne jeden Tag mit einem Lächeln und mit dem Dank an Gott. Nun wollen wir mit den schwierigeren Errungenschaften beginnen und am Ziel des integrierten Aufstiegs und der Meisterschaft arbeiten. Beginne heute mit einer kraftvolleren Meditation zur Aktivierung und Verankerung deines integrierten Lichtkörpers. Bitte darum, dass dein Lichtkörper vollständig gereinigt und von unreinen Gedanken oder vergangenen Unstimmigkeiten geklärt wird.

* Arbeite heute nach dieser wunderbaren Meditation der Reinigung daran, allen um dich herum deine Liebe zu senden. Fühle und visualisiere die Energie deines Lichtkörpers, wie er die Energie der Liebe jedem, mit dem du in Kontakt kommst, zukommen lässt. Es wird dir ein Vergnügen sein. Visualisiere klar, wie deine Energie und Liebe zu anderen ausströmt und du keine negative Energie aufnimmst. Dies ist ein sehr wichtiger Faktor in deinem Training, anderen deine Liebe und dein Licht zu senden.

10. Tag

* Sprich dein persönliches Gebet zu Gott, indem du Ihm für alle Geschenke, die du durch Seine Gnade erhalten hast, dankst!
* Führe eine Meditation durch, die alle deine Energiefelder reinigt. Erinnere dich daran, dass die Visualisierung und Konzentration Schlüsselfaktoren in diesen Meditationen beim Erreichen der Ziele darstellen. Deine aktive Teilnahme unterstützt die Kraft dieser Meditationen sehr.
* Visualisiere nach Abschluss der Reinigung den Lichtfunken Gottes in dir, der sich zu einem hellen pinkfarbenen Licht ausdehnt. Fühle, während du visualisierst, wie dieses pinkfarbene Licht aus dir herausströmt, wie sich dieses Licht immer weiter ausdehnt und eine immer intensivere Farbe erhält. Dies hilft dir sehr dabei, anderen deine Liebe und dein Licht zu senden. Dieses Licht wird bereits in deinen Energie- und Lichtkörpern sein, wenn du den Tag beginnst und jeder um dich herum wird es auf irgendeine Weise wahrnehmen.
* Arbeite heute an deiner Liste mit den Zielen. Wenn du Punkte auf deiner Liste ausstreichst, dann erinnere dich immer daran, dass diese Themen und Errungenschaften in deinem Bewusstsein bleiben müssen und in dein Wesen im täglichen Leben integriert werden müssen. Dies ist ein fortwährender Prozess und du kannst nicht davon ausgehen, dass du das eine oder andere gemeistert hast, wenn du das Ergebnis nicht täglich in dir wahrnimmst.

11. Tag

* Mittlerweile solltest du eine starke Veränderung in deiner Haltung, deinen Urteilen, Handlungen und Gedanken erfahren. Gratuliere dir selbst dazu! Gott tut es gewiss! Jeder um dich herum hat wahrscheinlich eine Veränderung bei dir festgestellt, obwohl bisher noch nicht klar war, woran dies liegt. Manch anderer hat bereits eine drastische Veränderung in dir bemerkt. Was auch immer andere bemerkt haben, es sind deine Gedanken und Ziele, die du erreicht hast, um im spirituellen Christus-/Buddha-/Gottesbewusstsein zu leben, worauf du sehr stolz sein kannst! Du veränderst bewusst Schritt für Schritt deine Realität.
* Checke deine Liste! Seit du ein neues Gefühl des Erreichten in deinem Leben bekommen hast, wünschst du vielleicht, deine Liste mit den Zielen neu zu bewerten. Verändere die Liste; setze neue Prioritäten für das, was du im Leben erreichen möchtest. Durch den Aufstiegsprozess und das Leben im spirituellen Christus-/Buddha-/Gottesbewusstsein wird es öfter vorkommen, dass du dein Leben, sowie die Prioritäten darin, neu bewerten möchtest. Gewöhne dich daran, sozusagen „im Fluss zu sein", denn Gott ist ein konstanter „Fluss" an Liebe. So wie du deinen Weg der Gottesverwirklichung und des Gottesbewusstseins gehst, wird sich dein Leben verändern und auch vom ursprünglichen Plan abweichen, und du solltest gewillt sein, mit zu fließen.
* Bete! Bete! Bete! Ändere dein persönliches Gebet zu Gott, so wie du dich an die Veränderungen in deinem Leben anpassen möchtest. Vergiss nicht: „Bitte, so wird dir gegeben!" Bitte um den Segen, den du in deinem Leben empfangen möchtest. Gott wird dich erhören und wissen, ob du aufrichtig die angemessenen Veränderungen und Korrekturen in deinem Leben vornimmst. Gott ist Liebe und möchte, dass alle Seine Söhne und Töchter glücklich und in Fülle leben. Das einzige, worum Er bittet ist, dass wir uns selbst helfen.

12. Tag

* Heute erreichst du ein monumentales Ziel! Du erkennst bewusst, was du wirklich in deinem Leben verändern möchtest. Es ist kein materielles Ziel, es ist kein greifbares Ziel, es ist nichts, was du in deinen Händen halten kannst. Es ist dein gottverwirklichtes Wesen; deine Seele, dein neu gefundener Geist und dein neues Bewusstsein. Du kannst es durch keinen materiellen Wert ersetzen! Du hast dich verändert und solltest dich auch anders fühlen. Du bist dabei zu erkennen, dass du, wenn negative Gedanken in deine Realität eintreten, sie bewusst beiseite legen und in das spirituelle Christus-/Buddha-/ Gottesbewusstsein umwandeln solltest. Sonne dich in diesem Glanz und in dieser Mitschöpfung Gottes!
* Führe die heutige Meditation speziell zu Ehren deiner Erfolge durch. Gehe in einen dir vertrauten meditativen Zustand und konzentriere dich auf das Licht Gottes. Konzentriere dich darauf, wie deine Gedanken und dein Licht direkt in die Himmel Gottes gelangen. Meine Freunde, ihr werdet die himmlischste Meditation durchführen und eurem Erfolg wird auf allen Ebenen applaudiert werden!
* Lasst uns den heutigen Tag zum Tag der Gebete machen. Sprich nach deiner Meditation dein persönliches Gebet zu Gott. Lasst uns heute nur etwas Spezielles hinzufügen. Du solltest darum bitten, dass etwas in dein Leben tritt, von dem du möchtest, dass es wirklich geschieht. Nun musst du realistisch in deiner Bitte sein und dich auch daran erinnern, dass Gott denjenigen hilft, die sich selbst helfen. Also solltest du um etwas Realistisches bitten und du wirst in der Lage sein, das Mitschöpfertum Gottes zu erfahren. Visualisiere, während du diese spezielle Bitte an Gott richtest, wie dies in jedem einzelnen Detail geschieht. Fühle, sehe, höre und berühre es und zwar so, als geschähe es in diesem Moment in deiner bewussten Realität. Dies nennt man, die Realität manifestieren. Mit dieser Übung hast du Gott ein sehr tief

greifendes Gebet dargebracht und gleichzeitig an deinen Fähigkeiten zu manifestieren gearbeitet. Du wächst in diesem Moment in großen Sprüngen, indem du dies nur liest!

13. Tag

Heute wirst du nach dem Erwachen einen neuen tiefen Sinn der Verwirklichung bekommen. Du wirst eine neue Energie, einen neuen Fluss, in dir verspüren. Manche von euch mögen sagen, dass sich ihr Leben gar nicht so sehr verändert habe. Wenn das auf dich zutrifft, dann solltest du als erstes deine Liste neu bewerten. Der planetare Aufstieg und die Integration stellen einen täglichen Prozess der bewussten und unbewussten Bemühung dar. Sehr oft ist eine minuten- oder sekundenweise Neubewertung vonnöten für deine Prioritäten, deine Gedanken, deine gegenwärtigen Realität und für das, was du für deine zukünftige Realität wünschst, für deine Vollendungen, deine Fehler und die Vergebung der Fehler, für deine Handlungen, dein Mitgefühl, deine Liebe, deine Hingabe, deinen standfesten Entschluss und für viele andere bewusste und unbewusste Gedanken, so dass die Liste endlos wird! Lass die Liste in diesem Prozess der Neubewertung nicht so lang werden, dass sie dich überfordert. Erinnere dich daran, dass dies ein lebenslanger Prozess der Integration und Balance ist. Es gibt kleine Schritte, die nach und nach dem Guten in dir als gottrealisiertes Wesen hinzugefügt werden und die sich dann in das individuelle große Puzzleteil Gottes einfügen.
* Ein Teil des Neubewertungsprozesses, den wir dir gegeben haben, sollte auch täglich in deinen Gebeten zu Gott integriert werden. Bitte Gott darum, dir bei deinem Ziel für heute zu helfen. Er liebt dich so sehr und möchte nur, dass du erfolgreich bist und ein Leben in Fülle und Wohlstand führst. Erinnere dich daran, dass nichts zu klein oder unbedeutend wäre, um darum zu bitten! Nichts!

* Meditiere heute, um jegliche Negativität in deinem Wesen aufzulösen. Es gibt zahlreiche Meditationen, die du hierzu durchführen könntest. Vertraue darauf, dass du die richtige Meditation findest, die sich für dich gut anfühlt. Oder du nimmst eine Meditationskassette dazu. Es wäre jedoch nicht gut, eine solche Meditationskassette während des Autofahrens anzuhören. Du solltest deine Zeit so einteilen, dass du am Morgen mindestens fünf bis zehn Minuten Zeit hast zum Meditieren. Es benötigt nicht viel Zeit und jeder hat sicher zehn Minuten am Tag übrig. Natürlich kannst du dir auch so viel Zeit dazu nehmen, wie du möchtest. Die Entscheidung liegt bei dir.

14. Tag

* Die Chance der Wende! Du hast nun zwei Drittel des 21-Tage-Programms für deinen planetaren Aufstieg und die Integration hinter dir. Kannst du den Applaus hören? Dir wurde auf allen Ebenen gratuliert! Nun, heute kannst du dich auf alle deine Fähigkeiten konzentrieren. Du wirst diese neue Energie fühlen, die du für dich erschaffen hast. Du wirst bewusst verstehen, was du getan hast, um deine Realität zu verändern. Neue Gedanken sind in deine bewusste Realität eingetreten und du hast ein klares Verständnis darüber erhalten, wie du deine persönliche Kraft und deinen freien Willen dazu eingesetzt hast, um diese neue Realität zu manifestieren. Welch ein wundervoller Erfolg!
* Sprich dein Gebet zu Gott heute in Form einer Danksagung. Danke Gott für Seine Gnade, Seinen Segen und Seine Hilfe, bei der Erlangung deiner Ziele. Danke Gott für den Segen des Lebens und des freien Willens, denn ohne dies wärest du nicht in der Lage gewesen, deinen freien Willen einzusetzen, um dein Leben zu der neuen Realität zu verändern, die du erschaffen hast. Lobpreise Gott!

* Gehe heute in die Welt hinaus und betrachte die Menschen mit neuen Augen. Erkenne die Welt in einem neuen Licht! Sieh die Menschen als Inkarnation Gottes, so wie du es bist. Sieh Gott, wie er Gott betrachtet. Sieh Gott, wie er mit Gott umgeht, so wie er behandelt werden möchte. Die goldene Regel in ihrem besten göttlichen Potenzial. Welch ein glorreicher Tag und Segen!

15. Tag

* Es gibt viele Arten, um auf diesem Planeten den Aufstieg zu erlangen. Aufstieg bedeutet, den Lichtquotienten zu erhöhen. Du möchtest den integrierten Aufstieg erlangen. Um dies zu erreichen, musst du dich daran erinnern, alle Aspekte des spirituellen-, physischen- und psychologischen Bewusstseins auszubalancieren. Du kannst nicht die ganze Zeit über beten und meditieren und den Rest deines Lebens vergessen. Du wirst nicht in der Balance bleiben, wenn du dies tust, obwohl diese Dinge ein sehr wichtiger Bestandteil für den planetaren Aufstieg sind. Der Schlüssel bei deiner täglichen Planung besteht darin, dass du dich daran erinnerst, dass du in einem integrierten und balancierten Zustand verbleibst. Dies wiederum ist ein stetiger Prozess der Neubewertung deines täglichen Planes. Wenn das Leben dir einen Ball schräg zuwirft, dann ergreifst du die Gelegenheit und bewegst die Dinge um dich herum ein wenig, um die Verschiebung auszugleichen. Mit anderen Worten, du lernst Regulierungen in deiner Tagesordnung zu machen; dein Plan bleibt immer bei deinem spirituellen Christus-/Buddha-/Gottesbewusstsein. Du bleibst immer gleichmütig und ruhig, denn du weißt, dass dies ein spiritueller Test oder eine Lektion ist, die es zu lernen gilt.
* Die Schlüssellektion für diesen Tag besteht darin, dass du dich an die Lektionen und Fähigkeiten der vorangegangenen Tage erinnerst. Nachdem du dies getan hast, bist du bereit für den nächsten Schritt. Heute wirst du eine neue Technik probieren.

Diese wird „Aufstiegsverstärker" genannt. Setze dich dazu ruhig nieder. Konzentriere dich auf das Licht Gottes. Für diejenigen unter euch, die meinen, dass sie das Licht Gottes nicht sehen können, macht dies nichts. Stelle dir das Licht Gottes irgendwie vor und du wirst es mit deinem geistigen Auge sehen. Sieh, wie dieses Licht heller und heller wird, so dass es blendet. Sieh nun, wie dieses Licht direkt in dein Kronenchakra einströmt und dein gesamtes Wesen mit dem Licht und der Liebe Gottes anfüllt. Sonne dich in dieser Energie und dem Glanz, solange du möchtest oder – wir sollten sagen – solange wie du es magst, denn du wirst diese Übung mögen. Dies ist der Aufstiegsverstärker, den der Arzt verordnet hat!

16. Tag

* Du solltest einen erneuerten Sinn deiner Fähigkeiten und Entschlossenheit verspüren. Du hast schon 16 Tage deines veränderten Lebens mit dem spirituellen Christus-/Buddha-/Gottesbewusstsein verbracht. Du hast bereits deine Realität verändert, indem du dich dazu entschlossen hast, dieses Programm zu einem Teil deines Bewusstseins zu machen. Du bist ein göttliches Wesen und hast die bewusste Realität deiner Göttlichkeit wieder erlangt. Erfreue dich daran!
* Wie sieht deine Liste aus? Bist du in der Lage gewesen, die Themen mit vollkommener Ehrlichkeit auszustreichen, die du in dir selbst oder in deinem Leben verändern wolltest? Rom wurde nicht in einem Tag erbaut und ebenso hat Gott diese Erde nicht in einem Tag erschaffen, also erinnere dich daran, dass dies ein lebenslanger Prozess der zu lernenden Lektionen, der zu erreichenden Ziele, der neu zu arrangierenden täglichen Planungen des Lebens ist. Es wird Zeiten geben, in denen du fühlst, dass du keine großen Errungenschaften erlangt hast und dass sich die Dinge in deinem Leben wirklich nicht sehr verändert haben. Erinnere dich daran, dass hier dein negatives

Ego am Werk ist. Wie Jesus sagen würde: „Tritt hinter mich, Satan!" Lass das negative, auf Angst begründete Ego hinter dir und katapultiere deine Gedanken direkt in das spirituelle Christus-/Buddha-/Gottesbewusstsein! Dies ist ein Hauptziel beim Erreichen des planetaren Aufstiegs, der Integration und der Erlangung der Balance in deinem Leben.

17. Tag

Wir geben dir ein Gebet, das du, wenn du magst, einmalig oder täglich sprechen kannst. Dieses Gebet hilft dir beim planetaren Aufstieg und bei der Integration.

Geliebte Gegenwart Gottes,
ich danke Dir, Gott, für den Segen und die Geschenke, die ich von DIR empfangen habe!
Ich bitte und bete mit meinem ganzen Herzen, meiner Seele und meinem Geist, dass Du mit mir an meiner Seite jeden Schritt, den ich auf dieser gesegneten Erde tue, gehen mögest!
Ich bitte und bete, dass Du mich führen und beschützen mögest bei meiner Reise durch das Leben!
Ich bitte und bete, dass Du mir erlauben mögest, dass ich immer in der göttlichen Reinheit, Klarheit, Liebe und Licht verweilen möge!
Ich bitte und bete, dass Du mir erlauben mögest, die Verkörperung von Dir zu sein, Gott auf Erden, so wie ich den Weg des Dienstes gehe, wie Du es vorgesehen hast!
So steht es geschrieben! So soll es geschehen!
Amen

* Deine Meditation an diesem Tag sollte direkt mit deiner neuen Energie, deinen neuen Gedanken und deinem Bewusstsein verbunden sein. Wähle heute eine neue Meditation. Du wirst genau wissen, welche für heute richtig ist. Du könntest Klärungsarbeit durchführen, deine Chakren balancieren und

reinigen und deine Lichtkörperfelder neu energetisieren. Es gibt unendlich viele Möglichkeiten. Ihr seid alle Individuen und ihr solltet eure Meditationen nach eurem persönlichen Bedürfnis für diesen Tag gestalten.

18. Tag

* Du solltest dich absolut wie ein neues Paar Schuhe fühlen! Dies ist natürlich nur eine Redewendung! Du hast diese letzten 17 Tage sehr hart gearbeitet und Großes vollbracht. Lobe dich selbst! Du hast es verdient! Sprich dein tägliches Gebet zu Gott aus einer neuen Haltung, dem Prozess und dem neuen Verständnis des göttlichen Planes gegenüber. Du hast viel über dich, deine Gedanken, deine Wahrnehmungen, deine Urteile und deinen Überfluss oder deinen Mangel in gewissen Bereichen deines Lebens und deine Persönlichkeit gelernt. Für die meisten Menschen, die dieses 21-Tage-Programm durchlaufen, war es eine große Zeit des spirituellen / mentalen / physischen Wachstums. Wenn du fleißig und hingebungsvoll an diesem Prozess gearbeitet hast, wirst du viele starre Strukturen, die du in deinem Gedankenprozess, deinem Bewusstsein und deiner physischen Realität trägst, aufgedeckt haben. Du hast gelernt, dass es viele Dinge über deine Realität und Persönlichkeit gibt, die du liebst und fortsetzen möchtest und dass es Vieles gibt, das du verändern möchtest. Beginne zunächst einmal damit, Gott und dich selbst zu ehren! Du hast eine große Tat vollbracht, indem du diese breit gefächerte Sicht deiner Realität und deines Bewusstseins verstanden hast.

* Eine der größten Fertigkeiten und Ziele, die man beim planetaren Aufstieg und der Integration erreichen kann, ist das Transzendieren des negativen, auf Angst begründeten Ego und zu lernen, balanciert im spirituellen Christus-/Buddha-/Gottesbewusstsein zu bleiben. Dies ist eines der grundlegenden Ziele eines jeden Tages. Beobachte deine Gedanken, denn deine

Gedanken erschaffen deine Realität! Stimmt es nicht, dass, wenn du im negativen Denken verweilst, sich deine Energie, dein physischer Körper, die Art, wie du das Leben und die Menschen betrachtest, verändert? Natürlich ist es so! Es ist eine bewiesene Tatsache! Übe dich deshalb stets darin, gleichmütig und balanciert zu bleiben und Vergebung, bedingungslose Liebe, Mitgefühl, Freude, Frieden, Nicht-Verurteilen, Empathie und alle Aspekte Gottes in deinem täglichen Leben zu praktizieren.

19. Tag

* Wie fühlst du dich? Du solltest dich absolut wunderbar und angefüllt von Gottes Liebe fühlen. Du bist in diesen letzten 18 Tagen so weit gekommen! Erstelle eine Liste des Erreichten und der Ziele und arbeite fleißig und bewusst daran, diese Ziele zu erreichen. Du hast gelernt, dich bewusst auf deine Gedanken und deine Realität zu konzentrieren. Du hast das zu manifestieren gelernt, was du in deiner neuen Realität möchtest, indem du die notwendigen Veränderungen vorgenommen hast, um im spirituellen Christus-/Buddha-/Gottesbewusstsein zu verbleiben. Große Vollendungen - eine jede einzelne von ihnen. Gibt es nun irgendetwas, von dem du fühlst, dass es neu bewertet werden muss? Du hast gelernt, dich und deine Realität durch verschiedene Filter zu betrachten, wenn du schonungslos ehrlich zu dir selbst gewesen bist. Was siehst du? Heute ist ein Tag, um inne zu halten, eine Pause einzulegen und dich selbst und den ganzen Prozess durch den Filter deines spirituellen Christus-/Buddha-/Gottesbewusstseins zu betrachten. Wenn du durch diesen Filter der bewussten Realität schaust, bringt dir dies Wahrheit und bedingungslose Liebe.
* Meditiere heute, indem du dich auf Gott einstimmst. Bitte um die angemessene Energie. Bitte darum, dass deine spezifischen Fragen beantwortet werden. Bitte um Hilfe für dieses Programm, wenn du sie benötigst. Bitte, so wird dir gegeben!

* Fühlst du dich in deiner Energie und deinem Leben ausbalanciert? Welche Veränderungen brauchst du noch für deine physisch/irdische Existenz? Benötigst du mehr körperliche Übungen in deinem täglichen Programm? Muss deine Arbeit und deine Freizeit effizienter ausbalanciert werden? Benötigst du mehr freie Zeit für dich? Kümmerst du dich um die materielle Seite des Lebens, wie um das Bezahlen von Rechnungen, das Haus sauber und ordentlich zu halten oder Reparaturen für das Haus oder das Auto durchzuführen? Dies ist alles Teil der Balance und Integration, um im spirituellen Christus-/ Buddha-/Gottesbewusstsein zu verbleiben.

20. Tag

* Heute machen wir uns noch einmal bewusst, dass dieser Prozess des planetaren Aufstiegs und der Integration ein lebenslanger Prozess ist. Erinnere dich daran, dass alle Dinge, Segnungen und Gaben dadurch erlangt werden, dass du im spirituellen Christus-/Buddha-/Gottesbewusstsein lebst. Erinnere dich auch daran, dass es 352 Stufen gibt, um die Gottesverwirklichung zu erlangen. Die Geistige Welt und die Meister befinden sich noch immer auf dieser Leiter zur Gottesverwirklichung und ihr, als Söhne und Töchter und Inkarnationen Gottes, werdet eine Lebensspanne damit verbringen, um an diesem Prozess zu arbeiten. Überfordert euch nicht. Genießt es! Der Weg zur Gottesverwirklichung ist gepflastert mit spirituellem Segen und Ekstase, bedingungsloser Liebe für sich selbst und alle anderen fühlenden Wesen auf der Erde, spirituellen Tests und Lektionen und am wichtigsten, mit spirituellem Wachstum auf jeder Stufe der Existenz. Dieses Wachstum muss durch Hingabe, Wachsamkeit, Balance und Integration in allen spirituellen, physischen und psychologischen Aspekten erlangt werden. Es gibt keine Abkürzung oder

schnelleren Weg, um diese Dinge zu erlangen; du musst lernen und es dir erarbeiten.
* Jeder Tag ist ein Tag der Neubewertung. Drehe jeden Stein auf deinem Weg um und bewege jedes Puzzleteil zur Gottesverwirklichung. Gestalte das Gebet als wichtigsten Teil eines jeden Tages. Die Kraft des Gebetes ist nicht zu übertreffen! Die Kraft deines Gebetes zu Gott wird dir dabei helfen, deine Ziele zu erlangen. Sich auf Gott mit dem höchstmöglichen Potenzial eines „integrierten spirituellen Meisters" einzustimmen, wird sich auf dein Leben, deine Segnungen, deine Gaben, deine Wahrnehmung des Lebens auf allen Ebenen und auf deine Fähigkeit, im spirituellen Christus-/Buddha-/Gottesbewusstsein zu leben, drastisch auswirken!

21. Tag

* Hörst du den Applaus? Gott und die Meister gratulieren dir auf allen Ebenen! Du wurdest auf so viele Arten und Ebenen der Existenz gesegnet. Du warst auf allen Ebenen fleißig und hingebungsvoll beim Erschaffen einer neuen Realität, eines neuen Bewusstseins und einer neuen Art des Lebens für dich selbst! Ehre dich selbst an diesem geheiligten Tag, denn du wirst von Gott und den Meistern geehrt! Tue etwas Besonderes! Belohne dich selbst für deine gute Arbeit! Du verdienst es! Du hast all diese Segnungen, die dir auf deine Bitten hin geschenkt wurden, verdient und sie wurden durch die Gottverwirklichung und das Erlangen des spirituellen Christus- /Buddha-/Gottesbewusstsein ermöglicht!
* Lass Gott die Kraft deines heutigen Gebetes fühlen, mehr als je zuvor, indem du Gott für Seine Gnade, Seine Herrlichkeit und Hilfe beim Erreichen deiner Ziele dankst. Gemeinsam mit Gott hast du deine Ziele in einem gottverwirklichten kollektiven Team erreicht. Dieses Team ist unschlagbar! Es ruft: „Gewinne! Gewinne! Gewinne!" Gemeinsam mit Gott existiert kein anderes

Team als das „gewinnende Team!“ So geht voran, Söhne und Töchter Gottes, geht euren Weg und besteigt die Leiter zur Gottesverwirklichung, indem ihr wisst, dass Gott und die Meister bei jedem Schritt eures Weges mit euch gehen und euch zum Sieg beim Erreichen des spirituellen Christus-/Buddha-/Gottesbewusstseins anfeuern! Denn ihr seid niemals allein auf dieser Erde mit dem Geist Gottes in eurem Herzen, eurer Seele, eurem Verstand und eurer Macht!

So steht es geschrieben! So soll es geschehen!

Meine geliebten Freunde, die Geistige Welt, die Meister und ich glauben aufrichtig, dass dieser tägliche Planer für den planetaren Aufstieg und die Integration dabei helfen wird, euch die Grundlage für das Erreichen eurer Ziele im Leben und für ein Leben im spirituellen Christus-/Buddha-/Gottesbewusstsein zu verschaffen. Erinnert euch daran, dass dies ein täglicher Prozess der Balance und Integration auf allen Stufen der spirituellen, physischen und psychologischen Existenz ist. Erinnert euch daran, dass es 352 Stufen und Stadien zum Erlangen der Gottesverwirklichung gibt und dass jeder Schritt und jede Stufe eine Gelegenheit zum Wachstum, zur Erleuchtung und Segnung jenseits des Glaubens darstellt, wenn ihr euch kontinuierlich auf den Prozess einstimmt, in eurem spirituellen Christus-/Buddha-/Gottesbewusstsein zu verbleiben. Das Leben ist eine Segnung! Ehrt Gott!

16

Wie der eigene Lichtkörper in den verschiedenen Entwicklungsstadien aussieht

Dieses Kapitel handelt davon, wie der eigene Lichtkörper in den verschiedenen Entwicklungsstadien aussieht. Zunächst musst du dir bewusst machen, dass der Lichtkörper verschiedene Stadien und Stufen der Entwicklung durchläuft, die deine Bewusstseinsstadien und Aufstiegsstufen begleiten. Der Aufstieg besteht natürlich zum Teil aus dem Aufbau deines Lichtquotienten und Lichtkörpers. Die Geistige Welt, die Meister und ich möchten euch nun die verschiedenen Stufen dieser Entwicklung erklären und wie der Lichtkörper aus der Perspektive Gottes und der Meister aussieht. Manche Lichtarbeiter besitzen die Gabe des Hellsehens, was ihnen ermöglicht, die Lichtkörper so zu sehen, wie sie aus einer höheren Ebene der spirituellen Sicht wahrgenommen werden. Andere Lichtarbeiter besitzen die Fähigkeit des Hellfühlens, was ihnen ermöglicht, die Energie der Lichtkörper aus einer höheren Ebene, zu fühlen. Wieder andere besitzen die Gabe des Wissens oder der Intuition, was ihnen ermöglicht, die Energie aus verschiedenen Stufen oder Stadien der Lichtkörpertransformation zu spüren und zu fühlen.

Der Aufbau des Lichtkörpers ist ein Prozess der Bewusstseinsbildung, der mit der Errichtung der Lichtkörper einhergeht. Jeder wird mit einem Lichtkörper geboren, welcher dein physischer Körper ist. Dein physischer Körper trägt das Licht Gottes in sich. Von da an gehst du durch den Prozess der Erhöhung deines Lichtquotienten und deiner Evolutionsstufe, indem du deine Stadien der Entwicklung und Erleuchtung durchläufst. Es ist als

Teil dieser Thematik bekannt, dass jede Seele in einem anderen Evolutionsstadium, welches sie sich durch die Erfahrungen aus den vergangenen Leben erarbeitet hat, auf diese Erde kommt. Doch wenn du auf der Erde geboren wirst, musst du mit deiner Entwicklung wieder erneut beginnen. Mit anderen Worten, das Evolutionsstadium, in dem du zur Erde kommst, wird dir nur dann helfen, weiteres Wissen zu erlangen und dich weiterzuentwickeln, wenn du dich dafür entscheidest, dich an die Erfahrungen deiner früheren Leben zu erinnern und sie zu nutzen. Besitzt jeder vergangene Leben? Nicht jeder wird mit der Erfahrung eines vergangenen Lebens auf der Erde geboren; doch wenn man keine Erderfahrung hatte, dann hat man Erfahrungen innerhalb des göttlichen Universums oder auf anderen Planeten gesammelt. Sehr interessant! Die Geistige Welt und die Meister möchten, dass ihr wisst, dass es eine sehr hohe Ehre ist, auf die Erde gesandt zu werden. Dieser Planet ist für die Fähigkeit bekannt, höhere Einstimmungen auf Gott und höheren Dienst an Gott zu erlangen. Die Erde ist eine der kompliziertesten Schulen, die man abschließen muss und sie enthält mehr Lehrpläne als alle eure Colleges zusammen genommen, in einer großen Universität, die als Erde bekannt ist.

Wie die Geistige Welt und die Meister mir sagen, ist das Erlangen eines Grades auf dieser Schule die größte Ehre, die man erreichen kann. Wirklich erstaunlich, wenn man all die höhere Intelligenz, die spezifischen Grade und das höhere Lernen betrachtet, worauf wir so stolz sind auf diesem Planeten. Doch das Bestehen der Erdenschule beinhaltet noch nicht alles, was an Stufen oder Graden erlangt werden kann. Der Schlüssel besteht darin, in allen Bereichen deines Lebens ausbalanciert und integriert zu sein. Du brauchst keinen Grad auf dem College erreichen und eine hohe Position in einer Körperschaft einnehmen, um die höheren Stufen der Gottesverwirklichung zu erreichen. Jeder Mensch hat seinen Platz sowie sein eigenes Puzzleteil im göttlichen Plan für den

Himmel auf Erden. Es spielt keine Rolle, welches dein Puzzleteil im göttlichen Plan ist, du kannst die höheren Stufen und Stadien des Aufstiegs durch deine Hingabe, deinen Dienst, deinen Glauben, dein Vertrauen und deine Einstimmung auf Gott erreichen. Der Aufstieg ist ein Prozess der Entfaltung und so wie du dich entwickelst und den höheren Lichtkörper erlangst, werden diese Veränderungen in jedem Teil deiner Existenz erscheinen. Jeder weiß, wie der physische Körper aussieht. Jeder physische Körper besitzt ein anderes Aussehen, selbst bei Zwillingen gibt es subtile Unterschiede. Der gemeinsame Nenner innerhalb aller physischen Körper ist das Licht Gottes. Durch alle Stadien des Aufstiegs oder der Lichtkörperquotienten werden diese Veränderungen in einer subtilen Art gezeigt. So wie du in deinen neu erworbenen Lichtkörper wächst, werden dir die Menschen sagen, dass du anders aussiehst. Manche werden sagen, dass du ein „Leuchten“ um dich hast. Sie werden nicht verstehen warum, doch sie werden nur die Wahrheit sagen. Du wirst ein neues „Strahlen“ um dich tragen. So wie du die höheren Stufen des Lichtkörpers erlangst, wirst du ein „Strahlen“ besitzen, da du deinen Lichtquotienten vergrößert hast. Ist dies nicht erstaunlich? Wie viele Menschen sind sich darüber bewusst, dass sie ihren Lichtquotienten innerhalb ihres physischen Körpers vergrößern und ihre Energiefelder durch das Erreichen des höheren Lichtkörpers erweitern? Die meisten Lichtarbeiter sind sich dessen nicht bewusst.

Nun lasst uns zu unserer Diskussion darüber, wie die Lichtkörper auf den unterschiedlichen Stufen der Entwicklung aussehen, zurückkehren. Ihr habt alle von eurer Aura gehört oder ihr wisst um ihre Bedeutung. Die Aura ist eine unsichtbare Energieausstrahlung, welche einen bestimmten Menschen oder einen Gegenstand umgibt. Alles in der göttlichen Schöpfung besitzt eine Aura, denn alles wurde durch Energie oder Licht erschaffen. Durch Betrachtung der Aura kann man ihre

Ausdehnung erkennen sowie Aufschluss über die Lichtkörperstufe und den Zustand des Lichtkörpers erlangen. Die Hauptlichtkörper, mit denen ihr vertraut seid, sind der physische-, der ätherische-, der emotionale-, der mentale-, der buddhische- und der atmische Lichtkörper. Wir haben bereits über den physischen Körper gesprochen. Der ätherische Körper ist die nächste Schicht des Lichtkörpers. Er liegt schützend eng am physischen Körper und erscheint in gold-weißem schimmernden Licht. Der ätherische Körper trägt die Blaupause, oder Gitternetz-Arbeit, für den physischen Körper und kann mit dem spirituellen Auge auch als ein Körper der Gitternetz-Arbeit gesehen werden, der den physischen Körper komplett bedeckt. Meistens geschieht die Heilung durch den ätherischen Körper. Die Lichtarbeiter müssen erkennen, dass Gedanken, die durch den Geist erzeugt werden, durch alle Lichtkörper hindurchstrahlen, indem sie einen Welleneffekt produzieren. Gedanken erschaffen Balance oder Unausgeglichenheit, die man in allen Lichtkörpern trägt. Selbst wenn du eine gewisse Stufe des spirituellen Christus-/Buddha-/Gottesbewusstseins erlangt hast, wirst du gelegentlich Gedanken haben, die dein Lichtkörpersystem ins Ungleichgewicht bringen. Dies ist ganz natürlich, während du dich durch die 352 Stufen und Stadien des Aufstiegs bewegst und all deine spirituellen Lektionen lernst und dir erarbeitest.

Das Schlüsselelement besteht darin, dass du dich daran erinnerst, dich anmutig durch deine Lektionen zu bewegen und bei allen Lektionen im spirituellen Christus-/Buddha-/Gottesbewusstsein zu verbleiben. Der ätherische Körper ist ein sehr wichtiger Schutzkörper. Mit diesem ätherischen Körper ist der emotionale oder astrale Körper eng verbunden. Das Bilden des Lichtquotienten oder des Lichtkörpers ist wie das Erbauen eines Wolkenkratzers. Deine Lichtkörper bestehen aus Schichten und Stadien. Nachdem du die neunte Stufe des Lichtkörpers erreicht hast, können die höheren Lichtkörper, gemäß dem spezifischen Rezept Gottes für jedes Individuum, miteinander verschmelzen. Darüber werden wir ausführlicher im Kapitel 22 über die "integrierten Lichtkörper" sprechen. Der Emotionalkörper ist so, wie er klingt. Dieser Körper enthält und projiziert alle deine emotionalen Gedanken, Handlungen und Reaktionen. Er wird auch der „fühlende Körper" genannt. Der Emotional- körper sieht wie eine wolkengleiche Substanz aus, mit den Hauptfarben Blau und Weiß, wie die Wolken am Himmel. Alle deine Emotionen können in diesem Körper in unterschiedlichen Farben als Energie gesehen werden, die von deinen emotionalen Gedanken und Gefühlen ausstrahlen. Ein Mensch, der darin geübt ist die Aura zu sehen und zu lesen, wäre in der Lage, deinen emotionalen Zustand zurzeit der Lesung zu benennen und dir auch zu sagen, was dir Sorgen bereitet. Alle deine Gedanken und Emotionen durchziehen wellenartig alle anderen Lichtkörper und gehen in das Universum hinaus, wo die Manifestation dann stattfindet.

Du kannst sehen, weshalb es im Aufstiegsprozess so wichtig ist, sich an die folgenden Worte der Wahrheit zu erinnern: „Deine Gedanken sind Dinge und so wie du denkst, bist du!" Die Geistige Welt, die Meister und ich möchten dich daran erinnern, dass dies mehr als Worte zum Nachdenken sind, diese Worte sind erfahrbar; denn so wie du denkst, erschaffst du dir deine Wirklichkeit. Du kannst auch auf Grund unserer Diskussion die Bedeutung verstehen, die deine Gedanken bei der Erzeugung von Balance oder Ungleichgewicht in allen deinen Lichtkörpern haben. Dieses Schlüsselelement ist äußerst wichtig bei der Entwicklung deines spirituellen Christus-/Buddha-/Gottes-bewusstseins und bei der Erlangung des Aufstiegs in einer balancierten und integrierten Weise. Der nächste Lichtkörper ist dein Mentalkörper. Er ist so komplex wie alle Lichtkörper, aber der Mentalkörper hat einen enormen asymmetrischen Umfang. Was meinen wir damit? Dieser Körper umfasst deine mentalen

Einstellungen, deine Intelligenz, wie sie von deinem zentralen Geist angezeigt wird, dein Gehirn, dein Bewusstsein auf allen Ebenen, deine Ansichten, die Initialprogrammierung und unendlich viele Gedanken, die von deinem Geist oder deiner mentalen Kapazität ausgehen. Aus deinem Geist stammen Gedanken, die ein mentales Bewusstsein erschaffen, das Zeit und Raum transzendiert. Es sollte aus einer universellen Perspektive verstanden werden, dass der Umfang und die Schwingung deiner Gedanken jede Realität erzeugen. Deine mentale Struktur und dein Bewusstsein versetzt deinen Gedankenprozess durch alle deine Lichtkörper hindurch in Schwingung, indem sie Balance oder Ungleichgewicht in der Linie deiner Chakren erzeugt. Diese mentale Schwingung erzeugt die Manifestation von allen bewussten und unbewussten Realitäten. Die Kraft deines Geistes oder deines mentalen Lichtkörpers ist eine der machtvollsten Schwingungsstrukturen. Deshalb ist es so wichtig, deinen mentalen Lichtkörper durch deine persönliche Kraft zu meistern. Es ist daher auch äußerst wichtig, ein Meister im spirituellen Christus-/Buddha-/Gottesbewusstsein zu sein.

Der buddhische- oder kausale Lichtkörper ist auch als der spirituelle Körper bekannt. Mit dem spirituellen Auge sieht man ihn in der Farbe Gold bis Gelb. Jedoch kann er in verschiedenen Farben ausstrahlen, abhängig von der Struktur und Balance der anderen Lichtkörper unterhalb von diesem. So musst du wieder erkennen, dass deine Gedanken und dein Wohlbefinden zu der Zeit, da jemand diesen Lichtkörper sieht und beurteilt, ihm etwas über deinen Zustand der Balance oder des Ungleichgewichtes in genau diesem Moment aussagt. Der spirituelle Körper oder der buddhische / kausale Körper ist auf viele Arten multi-talentiert. Die Lichtarbeiter, die sich auf einer höheren Stufe der Evolution oder des Aufstiegs befinden, nutzen ihren buddhischen oder kausalen Körper, um durch das Innere des universellen Raumes zu reisen. Speziell während des Schlafes wird der buddhische /

kausale oder spirituelle Körper dazu eingesetzt, um als Hilfe für deine Mission und dein Puzzleteil, zu den Inneren Ebenen des höheren Lernens und der Bildung zu reisen. Mit deinem Einverständnis wird diese Zeit auch dazu genutzt, anderen während deines göttlichen Dienstes zu helfen. Erstaunlich, nicht wahr? Viele Lichtarbeiter sind sich nicht bewusst, dass sie ihren Dienst während des Schlafes verrichten. Man muss verstehen, dass alle Lichtkörper miteinander verbunden sind, aber manche Lichtkörper bleiben immer beim physischen Körper; so wie der physische, emotionale und mentale Körper. Die Fähigkeit des Seelenreisens wird in Verbindung mit dem buddhischen/kausalen Körper und den höheren Lichtkörpern ausgeübt. Alle deine Lichtkörper sind zudem mit einer göttlichen Schnur verbunden. Diese göttliche Schnur ist als "Silberschnur" bekannt und sie verbindet alle Lichtkörper mit deiner Seele und deinem physischen Körper. Dadurch bist du niemals von deinen Lichtkörpern getrennt.

Der letzte Lichtkörper, über den wir in diesem Kapitel sprechen, ist der atmische Körper. Dies ist ein himmlischer Lichtkörper, der es dir ermöglicht, alle deine anderen Lichtkörper in diesem reinen beschützenden Bündel vollständig zu entfalten. Er ist der stärkste von allen Lichtkörpern, über die wir in diesem Kapitel gesprochen haben. Verwechsle diesen Lichtkörper nicht mit deiner Merkabah. Die Merkabah ist ein völlig separater Lichtkörper, der im Kapitel über die Merkabah behandelt wird. Der atmische Lichtkörper ist transparent leuchtend mit Gold überzogen. Innerhalb dieses Lichtkörpers könntest du in der Lage sein, die anderen Farben von allen anderen Lichtkörpern unterhalb des atmischen Körpers zu sehen. Wie ich bereits erwähnte, ist die wichtigste Komponente und Absicht dieses Lichtkörpers der Schutz. Der atmische Körper besitzt die höchste Stufe an Intelligenz und hilft den anderen Stufen der Lichtkörper. Die Absicht des atmischen Körpers besteht darin, eine höhere

Lichtenergie zu halten. Seine Struktur ist halbdurchlässig, die es der Transmutation der Energie erlaubt, durch ihn ins Universum zu fließen. Sie ermöglicht auch der universellen Energie, in und durch ihn in den physischen Körper und alle anderen Lichtkörper zu fließen. Dies ermöglicht dem physischen Körper, die Übertragung der Energie und Liebe Gottes zu empfangen. Die Funktionen des atmischen Körpers bestehen darin, dieser Energie und Liebe den Zugang in den physischen Körper zu ermöglichen und die Schwingungsrate, mit welcher der physische Körper umgehen kann, zu bestimmen. Auf diese Weise benutzt der atmische Körper seinen Intellekt. Es ist erstaunlich zu wissen, dass deine Lichtkörper Intellekt besitzen.

Der Aufbau deiner Lichtkörper ist ein sehr komplizierter Prozess, bei dem du deine persönliche Kraft in Besitz nimmst, dich selbst meisterst und mit deinem freien Willen deine Realitäten manifestierst. Das höchste Ziel eines jeden Lichtarbeiters auf diesem Planeten sollte die Meisterung des spirituellen, physischen und psychologischen Aspektes des Lebens in einer vollkommen integrierten und balancierten Weise sein. Jeder besitzt eine gewisse Anzahl an Lichtkörpern, die ihm von Gott gegeben wurden, um die menschliche Form, das da sein auf diesem Planeten zu erhalten. Es liegt allein an uns, als Söhne und Töchter Gottes, diese Lichtkörper aufrechtzuerhalten und zu perfektionieren. Es ist unser Ziel und unser göttliches Recht, die Dualitäten des Lebens auf der Erde zu klären und zu transzendieren. Es sollte unser persönliches Ziel sein, die höheren Lichtkörper in diesem Leben zu erlangen. Meine Freunde, die einzige Art, dieses göttliche Ziel zu erlangen, besteht darin, sich auf Gott einzustimmen und das spirituelle Christus-/Buddha-/ Gottesbeswusstsein in einer integrierten und balancierten Weise zu erlangen. Die Resultate dieses Prozesses können nur durch Leben, Lernen und Bestehen deiner spirituellen Lektionen und Tests erfolgen, indem du mit dir selbst und mit Gott in Ordnung kommst und dich in einen höheren Zustand des spirituellen Christus-/Buddha-/Gottesbewusstseins hinein entwickelst. Meine Freunde und Söhne und Töchter Gottes, dies ist ein lebenslanger Prozess des Lernens und Erreichens eurer Ziele und des kontinuierlichen Bewertens eures Fortschrittes und Bewusstseins in allen Bereichen eurer Gedanken, Gefühle und Handlungen. Es ist unsere aufrichtige Hoffnung und unser Gebet, dass diese Weisheit Gottes euch ermächtigen und erleuchten wird, um euer höchstes Potenzial auf eurer Reise zur Gottesverwirklichung zu suchen und zu erlangen.

17

Wie die geometrischen Codes die Chakren und Lichtkörper beeinflussen

Dies ist ein faszinierendes Thema! Was wissen wir bereits über die geometrischen Codes? Wir wissen, dass das geometrische Codieren ein mathematischer Prozess ist, den Gott und die Meister dazu verwenden, um fast alles im Universum zu erschaffen. Die Wissenschaftler werden diese Information lieben! Der göttliche Plan enthält viele komplizierte Phasen und Sprachen der Mathematik, Physik, biochemische Gleichungen, Sprachen des Lichtes, Feuerzeichen und heilige Sprachen, die nur Gott und den Meistern bekannt sind. In diesem Kapitel erklären wir die geometrischen Codes und ihre Auswirkung auf deine Chakren und Lichtkörper.

Geometrische Codes offenbaren Gottes unendliche Weisheit und beherrschen die Schöpfung jeglicher universellen Verkörperung. Geometrisches Codieren wurde seit Beginn von Zeit und Raum angewandt und es gibt keine Grenzen bei der Schöpfung aller der Menschheit bisher bekannten und unbekannten Dinge. Es ist ein spezielles mathematisches Codieren zur Erschaffung von Licht, Elektronen, Neutronen, Atomen, Zellen, Aminosäuren, zellulärer Struktur, molekularer Struktur, elektromagnetischen Feldern, epikinetischen Feldern und aller Lichtkörper, von jetzt bis in die Ewigkeit. Nun magst du fragen: „Wie kann Mathematik in dieser wunderbaren Weise funktionieren?" Es ist wirklich sehr einfach und gleichzeitig ziemlich komplex. Erzengel Metatron, der Schöpfer von allem Licht in Gottes unendlichen Universen, und Mahatma, ein Gruppenbewusstseinswesen aus allen Lichtsynthesen, arbeiten kollektiv als Team, um dieses herrliche Wunder direkt unter Gottes Führung und Kommando zu erschaffen. Die Information in diesem Kapitel wurde euch durch ihre Liebe und Hingabe zu Gott gegeben; als Hilfe für die Menschheit, die Bedeutung des geometrischen Codierens und ihre Auswirkung in eurem Leben zu verstehen.

Geometrische Codes sind die Grundlage der Schöpfung. Alles in und auf dieser Erde wurde in seinen Einzelteilen mit geometrischen Codes erschaffen und mit anderer Lichtenergie und den Zutaten, die wir erwähnt haben, aufgebaut. Dies ist ein faszinierendes Thema! In dieser Hinsicht kommt in Zukunft bei der Erforschung und Anwendung der geometrischen Codes und der Lichttechnologie für die weitere Entwicklung der Erde einiges auf die Erde und die Menschheit zu. Geometrische Codes werden dazu benutzt, die Technologie der Erde in allen Bereichen als Hilfe für die Menschheit zu gestalten und auszuweiten. Diese Technologie wird der Erde auch enorm helfen und den Boden, das Wasser und die Atmosphäre nicht verunreinigen. Jedoch gibt es hier einen Haken, denn die Menschheit muss ihre Lektionen über die Umweltverschmutzung lernen. Die Menschheit muss damit aufhören, Gifte in die Wasserläufe, den Boden und die Atmosphäre zu schütten. In gewisser Weise wird die Menschheit diese neue Lichttechnologie lernen, jedoch nicht, bevor sie nicht auf einer gewissen spirituellen, physischen und psychologischen Stufe der Evolution ihres Aufstiegsprozesses steht und ein lebendiges Beispiel des spirituellen Christus-/Buddha-/Gottesbewusstseins wird.

Wir haben bereits erläutert, dass die geometrische Codierung ein komplizierter Teil der gesamten Schöpfung ist. Dies ist eine bekannte Tatsache, doch euer Geist wünscht weitere Information darüber, um sie in eurem Leben umsetzen zu können. Liege ich mit dieser Vermutung richtig? Natürlich! Alles in der Schöpfung hat eine Grundstruktur an numerischem Code. Ihr habt alle von Numerologie gehört. Numerologie basiert auf der Grundlage von Zahlen, die eine direkte Beziehung zu all euren Emotionen, persönlichen Charakterzügen, astrologischen Stellungen und eurem Weg im Leben hat und zwar nicht nur für die Zukunft, sondern an jedem Tag eurer Existenz. Numerologie ist ein gutes Werkzeug, um die geometrischen Codes zu verstehen, aber es ist nicht die gesamte Essenz der Gleichung. Wir könnten mehr über Numerologie erklären, doch ihr könnt dieses Thema auch selbst studieren. Ihr müsst natürlich erkennen, dass Numerologie ein Werkzeug darstellt, welches die Zahlen als Führung in eurem Leben benutzt und der Interpretation des Lesers unterliegt. So wie auch Channeln, Hellsehen, Hellhören, Hellfühlen und alle anderen spirituellen Gaben durch den Filter und das Bewusstsein des Lesers interpretiert werden. Ihr müsst eure spirituelle Unterscheidungskraft einsetzen, wenn ihr die Resultate interpretieren wollt, die ihr durch Numerologie oder jegliche andere Art des Lesens oder der Führung bekommt.

Die geometrischen Codes beeinflussen jede Stufe der Existenz, euer Blut, eure DNA, RNA, molekulare Struktur, zelluläre Anlage, Lichtkörper und grundlegend die Evolution eures gesamten Wesens auf allen Stufen. Dies ist ein sehr aufregender Prozess. Wir geben euch in diesem Kapitel keine explizite Information, wie etwa die Gleichungen oder mathematischen Funktionen, die bei der Bildung der Schöpfung erforderlich sind, doch wir bewahren diese Information für ein späteres Buch, wenn die Erde und die Menschheit besser in der Lage sein werden, diese hohe technische Information zu verstehen. Nachdem dies erwähnt wurde, möchten wir euch nun die geometrischen Codes erklären, welche eure Lichtkörper und Chakren beeinflussen.

Chakren sind Energiemeridiane im physischen Körper. Jedes Chakra verfügt über ein spezielles Maß an Energie und Ausstrahlung, und wird als Empfänger und Übermittler, durch die Meridiane deines Körpers hindurch, eingesetzt. Jedes individuelle Chakra besitzt eine spezifische Funktion und Energie für den physischen Körper. Die meisten von euch sind mit den grundlegenden sieben Chakren in eurem Körper und ihren Funktionen vertraut. Ihr müsst die Bedeutung, diese Chakren in eurem Leben gereinigt und balanciert zu halten, erkennen. Wenn eure Chakren verschmutzt oder nicht in Balance sind, dann wird dies eine Unausgeglichenheit in eurem gesamten System erzeugen. Euer gesamtes System würde euer mentales, emotionales, psychologisches, physisch/irdisches Bewusstsein und euer Tages-Bewusstsein in all diesen Bereichen umfassen. Ihr versteht, dass eine Unausgeglichenheit in diesen Bereichen eurer Energiemeridiane oder Chakren auch eine Unausgeglichenheit in eurem physischen Körper nach sich ziehen wird, wie auch einen Welleneffekt in allen anderen Bereichen eures Bewusstseins und der anderen Lichtkörper erzeugen wird.

Die gute Nachricht ist, dass eine Unausgeglichenheit korrigiert werden kann. In den Anfangsstadien des Aufstiegs wird es für viele Lichtarbeiter erforderlich sein, die Chakren täglich zu reinigen und auszubalancieren. Dies sollte mehrmals täglich durchgeführt werden. Es muss auch erkannt werden, dass eure Gedanken eure Realität erzeugen. Daher steht ein Teil der Unausgeglichenheit in euren Chakren in direkter Verbindung mit euren Gedanken, die ihr kreiert. Erinnert euch daran, dass negative Gedanken direkt eure Chakren und alle Meridianpunkte in eurem physischen Körper und alle Lichtkörper beeinflussen. Viele Lichtarbeiter vergessen diese Weisheit! Jeder hat bereits erfahren, dass die Gedanken eine Energieverschiebung in den Lichtkörpern erzeugen. Wenn ihr ärgerlich werdet, dann sind eure mentalen und emotionalen Körper nicht mehr in der Balance und erzeugen somit eine Energieverschiebung in euren Chakren. Dies ist ein erstaunlicher geometrischer Prozess eurer Codes, welcher die Energie in euren Lichtkörpern verschiebt. Wenn ihr extreme Glückseligkeit erfahrt, dann geschieht dasselbe, aber es bedeutet nicht, dass eure Chakren in einer Linie ausgerichtet sind und die Energie perfekt balanciert ist. Ihr mögt Glückseligkeit in einem Bereich eures spirituellen, physischen, psychologischen Bewusstseins zum Nachteil der anderen Bereiche erfahren. Deshalb ist es so wichtig, alle Bereiche in eurem Leben zu integrieren und zu balancieren und fortwährend im spirituellen Christus-/Buddha-/Gottesbewusstsein zu leben. Eure Gedanken sind in Beziehung zu euren Chakren und allen Lichtkörpern höher stehend. Es sollte gebührend vermerkt werden, dass, sobald ihr eine höhere Stufe des spirituellen Christus-/Buddha-/Gottesbewusstseins erlangt habt, eure Chakren und Lichtkörper normalerweise in Balance bleiben, was exakt der Stufe des Bewusstseins entspricht. Ist dies nicht eine faszinierende Sache? Die Balance und Integration dieser Schlüsselelemente ist wesentlich für euer Wachstum und für die Entwicklung in allen Bereichen eures Lebens, eures Aufstiegsprozesses und beim Erreichen des spirituellen Christus-/Buddha-/Gottesbewusstseins.

Wir reden nun darüber, wie das geometrische Codieren funktioniert. Der Prozess des Codierens kommt mit eurem Gedankenprozess ins Spiel, im Einklang mit eurem spirituellen Christus-/Buddha-/Gottesbewusstsein. Ja, das geometrische Codieren besitzt eine direkte Verbindung zur Einstimmung auf Gott und dem Erreichen der höchsten Stufe des spirituellen Christus-/Buddha-/Gottesbewusstseins. Dies ist eine revolutionäre Weisheit, die unseren geliebten und gesegneten Lesern demütig von Gott gegeben wurde. Niemals zuvor wurde diese Information der Welt in dieser Weise gegeben! Ihr mögt fragen: „Wie beeinflusst das Codieren mein Bewusstsein?“ Sehr gute Frage! Je intensiver die Einstimmung auf und das Erlangen des spirituellen Christus-/Buddha-/Gottesbewusstseins ist, desto direkter wird der Bezug zur Neucodierung eurer Lichtkörper sein. Nun, diese Feststellung wirft viele weitere Fragen auf!

Die erste Frage lautet: „Wie wirkt sich das Neucodieren auf mein Leben und meine Lichtkörper aus?" Auf diese Frage gibt es zahlreiche Antworten. Die erste Antwort ist einfach. Zunächst gibt es einen Unterschied in deinem Leben, vor allem durch das Anpassen deiner Gedanken, durch das Lernen und Bestehen deiner Lektionen und indem du diese in einer integrierten und balancierten Weise lebst. So wie du deine neu erschaffene Realität lebst, wirst du durch das spirituelle Christus-/Buddha-/Gottesbewusstsein zu einem lebenden Beispiel für die Realisierung und Verkörperung Gottes auf Erden! Dies ist der göttliche Plan für die Erschaffung des Himmels auf Erden. Wenn du dieses Bewusstsein und die Verkörperung Gottes erlangst, dann beeinflusst dies alle deine Lichtkörper. Dein Energie- und Lichtquotient aller deiner Lichtkörper ist direkt mit dem spirituellen Christus-/Buddha-/Gottesbewusstsein verbunden. In dem Maß wie deine Bewusstseinsstufe wächst, verleiht dir Gott seine Segnungen des Neucodierens der Geometrien, die mit der Funktion und dem Intellekt deiner Lichtkörper verbunden sind. Ja, deine Lichtkörper besitzen Intellekt! Du wirst mehr darüber in Kapitel 22 mit dem Titel: "Die Namen und Funktionen deiner ersten 22 integrierten Lichtkörper" erfahren. Das geometrische Codieren wird neu berechnet und neu konfiguriert, so dass die höhere Intelligenz und das höhere göttliche Licht alle deine Chakren und Lichtkörper erfüllt. Meine Freunde, als Söhne und Töchter Gottes ist es euer göttliches Recht und Privileg, diese Realität für euch selbst zu erschaffen.

Diejenigen unter euch, die linear denken, mögen sagen: „Welchen Unterschied macht es für mich, die geometrischen Codes zu verstehen, ich war niemals sehr gut in Mathematik!" Dies sagt euer negatives Ego mit seinem angstbegründeten, trennenden Denken! Ihr müsst Mathematik oder Geometrie überhaupt nicht verstehen, um aus der göttlichen Schöpfung der geometrischen Codes Nutzen zu ziehen. Ihr braucht nur euren freien Willen einzusetzen, um eure Ziele beim Erlangen und der Verkörperung des spirituellen Christus-/Buddha-/Gottesbewusstseins zu erreichen. Ihr werdet Nutzen ziehen aus dem geometrischen Neucodieren, indem ihr eure persönliche Kraft beansprucht und eure bewusste Realität erschafft. Diese Weisheit Gottes wurde niemals zuvor in einer solch einfach zu verstehenden Weise erklärt. Die geometrischen Codes beeinflussen jedes Stadium und jede Stufe deiner Lebenserfahrung, deines Wissens, deines Intellektes, deiner Psychologie, deines physischen Körpers, der Erde; die Liste wäre endlos. Die Schlüssellektion besteht darin, zu lernen, alles in den spirituellen, physischen und psychologischen Bereichen deines Lebens zu balancieren und zu integrieren und in dieser Lebensschule im spirituellen Christus-/Buddha-/Gottesbewusstsein zu verbleiben. Es genügt zu sagen, dass die geometrischen Codes jegliche Schöpfung beeinflussen. In diesem Kapitel haben die Geistige Welt, die Meister und ich erklärt, wie geometrische Codes deine Chakren und Lichtkörper beeinflussen. In zukünftigen Büchern wird erklärt werden, wie geometrische Codes alles auf der Erde beeinflussen und welchen Anteil diese Codes bei der Schöpfung der Erde haben. Versteht allein das Wissen, dass geometrische Codes Teil der grundlegenden mathematischen Gleichungen jeglicher Schöpfung Gottes sind und den Umfang der Funktion und Struktur, die sie darstellen bilden und so unendlich wie Gottes Schöpfung der Universen sind!

18

Das Verstehen der stufenweisen und in Stadien auftretenden Aufstiegsaktivierungen und ihre Abhängigkeit vom gesamten Kontext deines integrierten spirituellen Weges

Es ist mir eine große Freude, dieses Kapitel zu schreiben und zu channeln, in dem euch die Geistige Welt und die Meister die Weisheit und das Wissen der Zeitalter überbringen. Wie ihr wisst, ist der Aufstieg ein Prozess der Ausbildung eurer Lichtquotienten und Lichtkörper. Es gibt in den 40 Bänden der Ausgabe der leicht zu lesenden Enzyklopädie des spirituellen Pfades eine Vielfalt an tiefem Wissen. Ich empfehle euch sehr, euch mit dem Aufstieg zu beschäftigen, indem ihr diese Bücher lest. Unsere Diskussion in diesem Kapitel wird sich nicht nur auf den Aufstieg konzentrieren, sondern auch darauf, wie die Aufstiegsaktivierungen in Stadien und Stufen auftreten und vollständig von der spirituellen Integration und Balance abhängig sind, die ihr erreichen möchtet. Ihr bemerkt, dass ich sagte „die ihr erreichen möchtet." Der Prozess des Erschaffens ist eure eigene Realität; ihr müsst wissen, dass eure Gedanken real sind und daher eure Wirklichkeit erzeugen. Ihr müsst verstehen, dass eure Gedanken wirkliche Energie und Schwingung erzeugen, was einen Welleneffekt durch all eure Lichtkörper verursacht und in das Universum übergeht, um eure Wirklichkeit zu manifestieren. Wenn es nur eine Sache gäbe, an die ihr euch im Leben erinnern könntet, dann sollte es dieser Punkt aus der Weisheit Gottes sein!

Die Geistige Welt, die Meister und ich möchten, dass ihr diesen Prozess vollständig versteht. Der erste Teil dieses Prozesses besteht darin, dass ihr euren spirituellen Weg im Leben versteht.

Euer spiritueller Weg ist der Dienst an Gott, dessen Vervollständigung ihr gewählt habt, als ihr hierher gekommen seid. Ihr habt mit Gott dieser Priorität zugestimmt, bevor ihr auf diesen Planeten inkarniert seid. Interessant! Weshalb erkennen dann so viele von uns nicht, weshalb sie hierher gekommen sind? Gute Frage! Eine einfache Antwort darauf ist, dass „ihr es vergessen habt." Ja, ihr habt es vergessen! Als ihr hierher gekommen seid, wart ihr auf Gott ausgerichtet und wusstet ohne Zweifel, was eure Absicht war. Doch im Prozess des Wachsens in körperlicher Gestalt, des Lernens und programmiert Seins durch die Schule des Lebens auf der Erde, habt ihr neu erworbene Gedankenformen erschaffen sowie eine Psychologie, die eure spirituelle Absicht hier zu sein beinhaltet oder nicht. Mit anderen Worten, ihr habt es vergessen!

Die gute Nachricht ist, dass ihr gewöhnlich an einem gewissen Punkt in eurem Leben die Antwort auf diese Frage auf eurem spirituellen Weg sucht. Hier beginnt das Vergnügen! Ja, es ist ein Vergnügen! Das Puzzleteil oder der spirituelle Weg ist bei jedem unterschiedlich. Dies müsst ihr vollständig verstehen. Nur weil ihr auf einem Weg seid und dein Freund auf einem anderen, macht dies den Weg des anderen nicht falsch und den deinen richtig, denn alle Wege führen zu Gott. Wenn du natürlich meinst, dass andere einen falschen Weg gehen, dann ist es ziemlich offensichtlich, dass du nicht im spirituellen Christus-/Buddha-/Gottesbewusstsein lebst und deine Realität etwas eingeschränkter bewertest. Ich könnte euch Beispiel für Beispiel geben für die vielen spirituellen Wege eines jeden Individuums auf diesem Planeten, aber dies ist nicht notwendig. Du solltest verstehen, dass der spirituelle Weg eines Menschen nicht mehr oder weniger bedeutend ist als der anderer Menschen. Es ist für Gott nicht wichtig, ob jemand ein berühmter spiritueller Führer ist, der Präsident oder ein obdachloser Mensch. Der eine Weg stimmt dich nicht mehr auf Gott ein als ein anderer. Alle

Wege führen zu Gott und alle spirituellen Wege sind in Gottes Augen gleichwertig. Du kannst nicht jemanden verurteilen, denn wir sind alle Söhne und Töchter Gottes und Inkarnationen Gottes. Wir alle erfüllen einen einmaligen Teil im göttlichen Plan.

Dies ist eine sehr interessante Information und trotzdem vergessen viele Menschen diese profunden Tatsachen der Weisheit. Wir sind alle hier, um einander zu helfen, die Ziele des Aufstiegsprozesses zu erreichen, in Harmonie und Frieden zu leben und einander zu ermutigen, die Gottesverwirklichung zu erlangen. Dies ist die göttliche Vision für den Himmel auf Erden und es ist unser göttliches Recht und unsere Segnung, in der Lage zu sein, dieses Ziel für uns selbst zu erlangen. Weshalb erkennen wir dann die Wahrheit nicht? Zuerst musst du die Wahrheit sehen, um zu verstehen, was Gott erwartet. Gott hilft denjenigen, die sich selbst helfen! Klar und einfach! Den meisten Lichtarbeitern ist nicht bekannt, wie man den Aufstieg erlangt. Der Aufstieg ist ein Prozess, den Lichtquotienten zu erlangen, aber was noch bedeutender ist, es ist ein Prozess, den integrierten Aufstieg zu erlangen. Niemals zuvor in der Geschichte dieses Planeten war es so bedeutend, den Aufstieg in einer integrierten und balancierten Weise zu erlangen. Wir haben euch viel Wissen über dieses Thema gegeben und werden es in diesen Schriften fortgesetzt wiederholen, denn seine Bedeutung kann nicht genug betont werden.

Was sind Aufstiegsaktivierungen? Gute Frage! Aufstiegsaktivierungen sind der Höhepunkt des Lichtes und der Energie, die deiner existierenden Struktur in der Form hinzugefügt werden, die Gott und die Aufgestiegenen Meister als „Lichtkörper“ bezeichnen. Die 40 Bände der leicht zu lesenden Enzyklopädie des spirituellen Pfades enthalten eine Vielzahl von Aktivierungen, die zur Verbesserung und Ergänzung deiner existierenden göttlichen Struktur angewandt werden können. Ich würde jedem empfehlen, diese Bücher zu lesen, um diese Aktivierungen aufrichtig zu erforschen und auszuprobieren. Du wirst zu den Aktivierungen hingezogen, die für dein Stadium der Evolution angemessen sind. Meine Freunde, ihr werdet über die Resultate erstaunt sein! In diesem Kapitel ist es nicht meine Absicht, euch all die verschiedenen Aktivierungen und ihre Auswirkungen zu zeigen. Dies soll eure persönliche Hausaufgabe sein!

Das Wichtigste über die Aufstiegsaktivierungen ist, dass sie nicht länger einfach auf Bitten hin gegeben werden. Was bedeutet das? Die Regeln von Gott für den Aufstieg haben sich verändert. Die Aufgestiegenen Meister möchten, dass ihr wisst, wenn ihr aufrichtig in eurer Bitte um Aktivierungen seid, keine Bitte ungehört bleibt. Es ist eine große Ehre und ein Vergnügen für sie, euren Bitten nachzukommen. Daher ist niemals irgendeine Bitte zu klein oder zu groß, um sie auszusprechen. Greift nach den Sternen und bittet um den Mond, indem ihr versucht, eure persönlichen Aufstiegsziele zu erlangen. Gebt niemals eure Suche beim Erklimmen der Leiter zur Gottesverwirklichung auf. Gott und die Aufgestiegenen Meister applaudieren euren Anstrengungen und gehen mit euch jeden Schritt auf dem Weg eures Pfades. Wir haben erwähnt, dass die Aufstiegsaktivierungen nicht einfach nur wegen des Bittens gegeben werden und dennoch sagen wir auch, dass ihr niemals aufhören sollt zu bitten. Das scheint eine Art Dualität zu sein. Es ist die Dualität des Aufstiegs, was Integration und Balance betrifft. Das dynamische Duo! Integration und Balance! Welch ein gewinnendes Team! Integration und Balance sind die wichtigsten Zutaten in deinem Aufstiegsrezept.

Es ist interessant, dass wir das Wort „Rezept" benutzen, denn bei unserer eifrigen Suche nach dem topaktuellen und bahnbrechenden Wissen und der Weisheit von Gott und den Meistern haben sie dies so bezeichnet. Die Aufstiegsaktivierungen können, nach Gottes vollständigem Belieben, eine Art Rezept sein. Den Lichtquotienten und die Lichtkörper kannst du erwerben, indem du die spirituellen Segnungen und Tests, die Gott dir gibt, lernst, bestehst und lebst. Auf der Grundlage der vollen Verkörperungen dieser Segnungen und Tests entscheidet Gott, auf welche Stufe du aufsteigen wirst und welcher prozentuale Anteil des Lichtkörpers dir gewährt wird. Dies ist eine erstaunliche Weisheit, welche direkt von Gott und den Meistern, mit der ganzen Menschheit geteilt wird. Nun magst du fragen: „Wie werden diese Stadien und Stufen des Aufstiegs erlangt?" Sie werden durch aktives Leben und Atmen im spirituellen Christus-/Buddha-/Gottesbewusstsein erlangt. Ja, Bewusstsein! Vergiss für einen Moment alle Werkzeuge, Weisheit, Wissen und Aktivierungen, um die man bitten und die man im Leben erlangen kann. Das spirituelle Christus-/Buddha-/Gottesbewusstsein ist ein Prozess des Lebens der Verkörperung Gottes auf Erden als ein Beispiel für deine Brüder und Schwestern, was für uns alle zu erlangen vorgesehen ist. Dies kann nicht über Nacht oder in einem Augenzwinkern erreicht werden. Wenn das ginge, dann hätten wir nicht die Absicht der Inkarnation in diese tief gehende Schule des Lebens und der Erfahrung, genannt Erde.

Lasst uns annehmen, dass wir euch ein einfach zu verstehendes, Schritt für Schritt - Handbuch für alle Stufen und Stadien des Aufstiegs geben könnten. Wäre dies nicht einfach? Alle müssten nur dieses Handbuch lesen, den Schritten folgen und jeder würde zur gleichen Zeit die Ziele und die Stufe der Vollendung erreichen. Dies ist ein Traum! Wacht auf! Deshalb wird die Erde die Schule des Lebens und der Erfahrung genannt und wir kommen alle mit einer individuellen Stufe der Evolution der Seele hierher kommen, um das Wissen zu erlangen, das wir benötigen, um bei unserem spirituellen Aufstiegsprozess zu wachsen. Alle von uns, einschließlich der Aufgestiegenen

Meister, arbeiten an den 352 Stufen des Aufstiegs, den Lichtkörpern und am spirituellen Christus-/Buddha-/Gottesbewusstsein, um Gottesverwirklichung zu erlangen. Eine hohe Leiter ist zu erklimmen und diese kann nur Schritt für Schritt, Stadium für Stadium und Stufe um Stufe genommen werden. Jedes Individuum wird diese Leiter nach seinem persönlichen Grad der Vollendung besteigen. Wir alle wachsen spirituell auf vollkommen unterschiedlichen Stadien des Lebens, was auf unserem freien Willen basiert, unserer persönlichen Kraft, unserem reinen Entschluss und unserer Hingabe an das höchstmögliche Einstimmen auf Gott und dem Leben im spirituellen Christus-/Buddha-/Gottesbewusstsein. Indem wir uns auch daran erinnern, dass uns alles in Gottes unendlicher Schöpfung zur Verfügung steht und uns durch Seinen Willen gegeben wird. Ehrt Gott und Seine wunderbare Kraft, Weisheit und Seine Segnungen!

Dies ist das Verstehen der stufenweisen und in Stadien auftretenden Aufstiegsaktivierungen und ihre Abhängigkeit vom gesamten Kontext deines integrierten spirituellen Weges. Jeder erfährt das Leben, das Wissen und das Verständnis auf unterschiedlichen Stadien und Stufen und wählt mit seinem freien Willen seinen spirituellen Pfad zum Aufstieg. Der Schlüssel besteht darin, sein Leben dem höchsten spirituellen Segen des Lernens, Erarbeitens und Erfüllens der spirituellen Segnungen und Tests, die Gott ihm gibt, zu widmen und dabei immer im spirituellen Christus-/Buddha-/Gottesbewusstsein zu verbleiben. Meine Freunde, dies ist ein großes Unternehmen, aber wenn man sich mit Hingabe, aufrichtigem Entschluss und reiner Klarheit darauf konzentriert, wird die Belohnung ein Frieden Gottes sein, der alle Vorstellung übersteigt!

19

Psychologische Auswirkungen des spirituellen Aufstiegs

Kein anderes Thema als dieses, ist für die Geistige Welt, die Meister und mich faszinierender und verblüffender! Es ist unser aufrichtiges Gebet und unsere Hoffnung, euch eine breit gefächerte Sicht der psychologischen Aspekte des spirituellen Aufstiegs zu geben. Dieses Thema könnte tatsächlich Bände von Büchern füllen, doch wir geben euch in diesem Kapitel eine zusammengefasste Version der Meister. Spirituelle Psychologie ist ein breites und glorreiches Omniversum Gottes in sich selbst! Über dieses Thema haben wir so oft geschrieben und wir werden damit fortfahren, euch bei all den Aufs und Abs eures spirituellen Weges und eurer Puzzleteile zu helfen. Es konzentriert sich alles darauf, im rechten Verständnis mit euch selbst und mit Gott zu sein, bevor ihr dies in das Universum projizieren und anderen helfen könnt. Interessant! Viele Lichtarbeiter sind zu beschäftigt, um zu versuchen, spirituelle Meisterung zu erlangen und den „Messingring" für Ruhm und Glück zu erlangen, anstatt sich auf den wichtigsten Aspekt des spirituellen Aufstiegs zu konzentrieren. Wovon sprechen wir hier? Wir sprechen über eure eigene persönliche Psychologie und wie ihr eure eigene persönliche spirituelle Unterscheidungskraft einsetzen könnt sowie eure unbewussten und bewussten Gedanken, um die Realität des spirituellen Christus-/Buddha-/Gottesbewusstseins zu erlangen.

Meine Freunde, es ist wichtig, dass ihr zuerst an diesem Aspekt eurer Selbst arbeitet, bevor Gott es erlauben wird, dass ihr den spirituellen Aufstieg erlangt. Wie wir in diesen Büchern geschrieben haben, ist es nicht länger gestattet, die spirituelle

Leiter des Aufstiegs zu erklimmen, ohne eure Lektionen zu lernen, zu leben und sie zu bestehen. Der Aufstieg ist ein Prozess, in dem euer Lichtkörperquotient beschleunigt wird. Es stimmt, dass ihr in diesem Aufstiegsprozess und beim Bilden eurer Lichtkörper, eine höhere Stufe und Einstimmung auf die spirituellen Gaben Gottes erlangt. Doch die Tage der Beschleunigung der spirituellen Stufe zum Nachteil aller anderen Aspekte, Stufen und Stadien des spirituellen Christus-/Buddha-/Gottesbewusstsein sind vorüber. Gott hat die Regeln geändert und nur zu eurem Guten, wie ich hinzufügen möchte. In Seiner unendlichen Liebe zu uns hat Er die Art geändert, wie der Aufstieg gegeben und erlangt wird. Ehrt Gott!

Denjenigen unter euch, die am Anfang stehen und sich auf das spirituelle Bewusstsein einstimmen und gerade zum Aufstiegsprozess erwacht sind, möchte ich vorschlagen, dass ihr das Buch *Seelenpsychologie* als eines der ersten grundlegenden Steine auf eurem Weg zur Gottesverwirklichung lest. Es wird euch enorm helfen, wenn ihr die Weisheit innerhalb dieser Seiten umsetzt und in eurer persönlichen Psychologie integriert und balanciert lebt. Ihr mögt fragen, was dieser Prozess der spirituellen Psychologie ist. Psychologie selbst ist der Prozess und die Wissenschaft, die sich mit dem Geist und mit mentalen und emotionalen Prozessen befasst, die Wissenschaft des menschlichen und tierischen Verhaltens, die Summe der Handlungen, Charakterzüge, Haltungen, Gedanken, mentalen Zustände usw. eines Menschen oder einer Gruppe.

In dieser Diskussion über spirituelle Psychologie geben wir euch die göttliche Wissenschaft, wie man mit den mentalen und emotionalen Prozessen des Entwickelns eurer spirituellen Psychologie in Übereinstimmung mit Gottes Plan umgeht, so dass die gesamte Menschheit im spirituellen Christus-/Buddha-/Gottesbewusstsein lebt und die Realität des Himmels auf Erden erschafft. Spirituelle Psychologie ist ein Prozess, bei dem man die rechte Beziehung zu sich selbst bekommt und vor allem zu Gott. Dies ist ein lebenslanger Prozess; erinnert euch daran, dass es 352 Stufen und Stadien zur Gottesverwirklichung gibt. Die Geistige Welt und die Meister arbeiten immer noch an diesen Stufen und Stadien und es wäre eine ziemliche Illusion zu denken, dass ihr alles für euch selbst „gemeistert" habt. Dies ist ein Prozess der täglichen Neubewertung, des Bestimmens von Prioritäten und des neuen Organisierens eurer Gedanken. Zu lernen, jegliches negative Ego mit seinem angstbegründeten trennenden Denken loszulassen und eure Gedanken und Handlungen auf das spirituelle Christus-/Buddha-/Gottesbewusstsein auszurichten. Wir betonen noch einmal die Tatsachen, die euch gegeben wurden, dass ihr die Lektionen und spirituellen Tests leben müsst, die euch auf eurem Weg zur Gottesverwirklichung und zum spirituellen Aufstieg gegeben wurden.

Viele Menschen und Lichtarbeiter haben in diesem negativen Ego mit seinem angstbegründeten, trennenden Denken mit den Verblendungen über die Welt gelebt. Ohne es absichtlich werten zu wollen, glauben sie, dass sie das tun, was in ihrem eigenen Geist richtig ist. Ihr negatives Ego hat sie davon überzeugt. Dies ist ein klassischer Fall von psychopathischer Persönlichkeit, womit ein Mensch gemeint ist, dessen Verhalten sehr unmoralisch und asozial ist und der durch Unverantwortlichkeit charakterisiert wird, der kein Schamgefühl hat, der pervers oder impulsiv ist, oft kriminell und weitere ernsthafte persönliche Fehler besitzt. Deshalb ist es so wichtig, die eigene persönliche Psychologie aufzubauen und zu schulen und sich auf den Prozess des Lebens im spirituellen Christus-/Buddha-/Gottesbewusstsein einzustimmen. Wenn du in diesem Bewusstsein lebst, wirst du auch in der Lage sein, deine spirituelle Unterscheidungskraft einzusetzen, um Menschen oder Situationen zu erkennen, die als spirituelle Tests oder Lektionen in dein Leben treten mögen.

Es ist sehr wichtig, in deiner Psychologie zu wissen und zu verstehen, dass deine Gedanken deine Realität erzeugen. Deine Gedanken, Gefühle, mentalen Haltungen und Handlungen. So kannst du erkennen, wie wichtig es ist, eine Realität der Reinheit Gottes in deiner spirituellen Psychologie zu errichten. Das Leben ist eines der wertvollsten Geschenke Gottes und ist es nicht wundervoll, dass uns Gott auch so viele Gelegenheiten zum Lernen, Wachsen und zum Erfüllen dieser Lektionen gibt? Er erweist uns diese Wohltaten. Bei diesen Tests und Lektionen wachsen wir stärker, wenn wir uns dafür entscheiden, unsere Gaben der spirituellen Unterscheidungskraft einzusetzen und unsere Gedanken und Handlungen darauf ausrichten, um im spirituellen Christus-/Buddha-/Gottesbewusstsein zu leben.

Nun möchten die Geistige Welt, die Meister und ich zu denjenigen sprechen, die relativ weit auf ihrem spirituellen Pfad sind. Wenn du meinst, dass dies nicht für dich gilt, dann denke noch einmal darüber nach. Erinnere dich daran, dass es 352 Stufen und Stadien zur Gottesverwirklichung gibt und die Lektionen und spirituellen Tests, die du erhältst, werden auf jeder Stufe härter. Du weißt, dass, je höher du die spirituelle Leiter besteigst, du umso mehr Verantwortlichkeiten erhältst und du umso mehr Tests und Lektionen bestehen musst. Spirituelle Führerschaft ist ein wunderbares Ziel, das man sich erarbeitet hat. Es wird dir nicht gegeben, du musst es dir erarbeiten, indem du deine Lektionen durchlebst, sie erfüllst und durch dein Beispiel führst. Schau dir die Meister an, die wir als Beispiel haben und die auf diesem Planeten Erde gelebt haben. Ihr habt alle die Geschichten von ihren Leben gelesen. Jeder Meister, der auf dieser Erde gelebt hat, hatte viele schwierige Umstände und Prüfungen zu bestehen und musste sich vieles erarbeiten. Manche von ihnen leben weiterhin auf dieser Erde und sie führen uns immer noch durch ihr Beispiel. Welch unglaubliches Erbe, das uns hinterlassen wurde. Spirituelle Führerschaft führt durch

Beispiel und Einsatz der spirituellen Psychologie, um dieses Ziel zu erreichen. Dies ist eine der wichtigsten Lektionen, die in dieser Evolutionsphase der Erde und des Aufstiegs zu lernen sind. Die Geistige Welt, die Meister und ich geben euch diese Weisheit direkt von Gott. Ein „integrierter spiritueller Meister" zu werden, ist ein lebenslanger Prozess, den man lernen und erarbeiten muss. Du musst alle Aspekte deiner spirituellen Psychologie in allen Bereichen deines spirituellen und physischen Lebens integrieren und ausbalancieren lernen. In dieser balancierten und integrieren Weise wirst du dein Ziel, im spirituellen Christus-/Buddha-/Gottesbewusstsein zu leben, erreichen und du wirst die spirituelle Psychologie eines fein geschliffenen Diamanten haben, mit einer breit gefächerten Sicht der Realität, die du für dich selbst und für diese Erde erzeugst. Gott sagt: „Geht weiter auf eurem Pfad zur Erleuchtung, meine Söhne und Töchter, denn ihr seid nur eine Widerspiegelung von mir!" Worte, nach denen man leben muss!

So steht es geschrieben! So soll es geschehen!

20

Wie du deine erreichte Stufe im Aufstiegsprozess bestimmst

Meine geliebten Leser, dieses Kapitel müsst ihr vom Verständnis eures spirituellen Christus-/Buddha-/Gottesbewusstseins aus lesen. Ihr müsst die Dinge durch den Filter der vollkommenen Aufrichtigkeit und Einschätzung eurer Selbst gegenüber betrachten. In diesem Kapitel bitten wir euch, dass ihr euch selbst aus der Ebene der integrierten spirituellen Meisterung mit der Weisheit der Meister einschätzt. Wie ihr wisst, befinden sich die Meister immer noch im Prozess der Selbstbewertung, bei jedem Schritt, den sie auf der spirituellen Leiter nehmen. Was sie zu Meistern macht, ist das kontinuierliche Lernen der Lektionen und sich diese auf jeder Stufe zu erarbeiten.

Es ist ein lebenslanger Prozess der Selbstbewertung, des Lernens spiritueller Lektionen, des sich Erarbeitens der Aufstiegsstufen und des kontinuierlichen Lebens im spirituellen Christus-/Buddha-/Gottesbewusstsein. Zunächst befassen wir uns mit dem Aufstiegsprozess selbst. Wie ihr wisst, bedeutet der Aufstieg den Aufbau eures Lichtquotienten. Wie bereits in einem früheren Kapitel erwähnt, hat Gott den Plan für das Erreichen der Aufstiegsstufen geändert. Es ist nicht länger annehmbar, Aufstiegsstufen zu erlangen, ohne alle Aspekte des spirituellen, physischen und psychologischen Bereiches eures Lebens auszubalancieren und zu integrieren. Zu viele Lichtarbeiter haben an der Bildung ihres Lichtquotienten und ihrer spirituellen Gaben zum Nachteil aller anderen Bereiche ihres Lebens gearbeitet. Dies hat zu Zersplitterung, Glanz, Illusion und in manchen Fällen sogar zu kriminellem Verhalten geführt. Dies war nicht die

Absicht Gottes, als er uns in der Vergangenheit das Geschenk des beschleunigten Aufstiegs gewährt hat. Er hat uns diesen beschleunigten Aufstieg gewährt, um uns dabei zu helfen, den Lichtquotienten und die Schwingung der Menschheit anzuheben und um die Erde auf eine höhere Stufe der Evolution und Dimension zu bringen. Unglücklicherweise haben zu viele Lichtarbeiter ihr Geschenk des freien Willens dazu benutzt, in die Fallen des negativen Egos, der Habsucht, der Illusion, des Glanzes und so weiter zu fallen. Dies war ein Experiment im göttlichen Plan und größtenteils haben die Lichtarbeiter ihren erhöhten Lichtquotienten und den Aufstieg in richtiger Weise eingesetzt. Es war vorgesehen, dass wir das Geschenk Gottes einsetzen, um zu helfen und Gott und der ganzen Menschheit zu dienen.

Wie bestimmt man nun seine erreichte Stufe im Aufstiegsprozess? Das ist wirklich ganz einfach. Ihr müsst euer tägliches Leben als einen Prozess des Lernens und Erarbeitens betrachten. Macht euch jeden Morgen nach dem Erwachen bewusst, dass Gott, wenn ihr euren Tag mit dem Wunder und der Freude, eure Ziele zu erlangen, beginnt, euch Seinen Segen gibt. Wie beginnt nun also dieser Prozess der Einschätzung? Beginnt jeden Morgen mit eurem täglichen Gebet zu Gott und den positiven Affirmationen für euch selbst. Wie wir in früheren Kapiteln erläutert haben, sind die beiden wichtigsten Beziehungen, die zu euch selbst und die zu Gott. Jede andere Beziehung wird sich im größeren Plan entwickeln, wenn diese beiden Beziehungen in eurem spirituellen Christus-/Buddha-/Gottesbewusstsein ausbalanciert und integriert sind. Die Beurteilung des Aufstiegsprozesses ist tatsächlich eine Selbst- einschätzung. Ihr bestimmt die Stufe eures Erfolges. Wenn ihr wirklich ehrlich und aufrichtig euch selbst gegenüber seid und die Stufen des Erreichten aus einer breit gefächerten Sicht des Prozesses betrachtet, wird eure Einschätzung und Entscheidung ganz exakt sein. Wenn ihr jedoch noch geneigt seid, im Bewusstsein des negativen Egos mit seinem angstbegründeten, trennenden Denken zu leben, werdet ihr meinen, Erfolgsstufen beim Aufstieg erlangt zu haben, die ihr, gelinde ausgedrückt, noch nicht erreicht habt. Der Prozess der Bestimmung der Aufstiegsstufen ist relativ zum Bewusstsein des Menschen, der die Bewertung durchführt. Es ist ein Prozess, der mit vielen Stufen des Bewusstseins, mit vielen Ansichten der Relativität und vielen Blickwinkeln, aus denen man diesen Prozess bewerten kann, verbunden ist. Also was könnt ihr tun? Wie bestimmt ihr eure erlangte Aufstiegsstufe? Eure Wahrnehmung und Bestimmung der erlangten Aufstiegsstufe ist sehr vielschichtig. Jedes Individuum durchläuft seine eigenen Stufen, Stadien und hat seine bestimmte Zeit, zu welcher es den Aufstieg vollziehen wird. Jedes Individuum hat seine eigenen Lektionen und Tests in diesem Aufstiegsprozess, deshalb ist es unmöglich, euch eine endlose Liste an Beispielen zu geben und diese als markante Punkte auf der Aufstiegsleiter zu benennen. Gott hat der ganzen Menschheit das Geschenk des freien Willens und der freien Entscheidung gegeben, daher sind die Limitierungen für den Aufstieg so grenzenlos, wie die Gedanken, das Bewusstsein und die Handlungen eines jedes Individuums. Ihr könnt sehen, dass der Erfolg eines jeden Individuums variiert und durch seinen eigenen persönlichen Erfolg beim Lernen der Lektionen, welche Gott für jeden Menschen bereit hält, bestimmt wird. Erfolg wird einem nicht nur durch das Lernen der Lektionen zuteil, sondern auch durch das Erarbeiten dieser Lektionen und durch das Integrieren dieser Lektionen ins Leben und durch das kontinuierliche Leben dieser Lektionen.

Wie werdet ihr nun wissen, um welche Lektionen es sich dabei handelt? Dies stellt euren ersten persönlichen Test dar. Das Erkennen, ob ein Test dazu dient, einen persönlichen Aspekt eurer Selbst zu verändern, einen physischen Aspekt zu verändern oder eure Art zu leben, eure physische Erscheinung zur

Verbesserung eurer Gesundheit und eures Wohlergehens zu verändern, euer psychologisches Profil zu verändern, euren Gedankenprozess neu auszurichten, vom negativen Ego mit seinem angstbegründeten Denken weg zu positiven, liebenden Gedanken hin und so weiter. Wie ihr seht, ist die Liste mit den Tests oder Lektionen so endlos wie Gottes Universum. Sobald ihr den Test oder die Lektion erkennt, habt ihr ein Stadium oder eine Stufe des Aufstiegs erlangt. Gratuliert euch selbst dazu! Ihr habt es verdient! Anerkennung ist der erste Teil des Bewertungsprozesses. Die zweite Phase besteht darin, danach zu handeln. Wenn ihr nicht wisst, was zu tun ist, dann sucht Führung, entweder von einem anderen Menschen, dem ihr vertraut oder von Gott. Bittet in euren Gebeten, dass ihr die Führung erhaltet, die euch die richtige Richtung zeigt. Gott hört alle eure Gebete und möchte euch nur Seine Liebe und Hingabe schenken. Wenn ihr in eurem Gebet aufrichtig und gewillt seid, euch selbst zu helfen, dann wird Gott euch die Antworten geben, nach denen ihr sucht. Erinnert euch immer daran: „Gott hilft denjenigen, die sich selbst helfen!" Das ist das Schlüsselelement für euren Erfolg im Aufstiegsprozess! Ihr könnt euch nicht zurücklehnen und darauf warten, dass der Erfolg eintritt, ihr müsst euch selbst zum Erfolg verhelfen! Worte, nach denen man leben muss!

Die dritte Phase beim Aufstiegsprozess ist das Integrieren der Lektionen und Tests in euer spirituelles Christus-/Buddha-/Gottesbewusstsein. Jeder Test und jede Lektion, die ihr erfahrt, muss in euer persönliches „Buch des Wissens und der Erfahrung" eingebracht werden. Dieses „persönliche Buch des Wissens und der Erfahrung" wird zu einem Teil eures Seins, eurer Seele und eures gesamten spirituellen Christus-/Buddha-/Gottesbewusstseins. Ist es nicht aufregend zu wissen, dass ihr durch Gottes Geschenk des Lebens euer eigenes persönliches Buch des Wissens schreibt und erfahrt? Ihr gestaltet dieses Buch durch eure Handlungen und bewussten und unbewussten Gedanken. Ihr erschafft eine neue Realität für euch selbst, ein neues Kapitel in eurem Buch. Könnt ihr euch vorstellen, wie das Buch umfangreicher und sich entwickeln wird, so wie sich euer Leben verändert und ihr diese neue Realität und Existenz für euch selbst kreiert? Erstellt nun ein Tagebuch über euer Leben und wie es sich durch den Aufstiegsprozess und durch das Entwickeln eures spirituellen Christus-/Buddha-/Gottesbewusstseins verändert. Durch den Prozess des Schreibens eures persönlichen Buch des Wissens und der Erfahrung, werdet ihr in der Lage sein, aufrichtig die Stufe des Erfolges beim Aufstiegsprozess zu bestimmen. Welch ein aufregender Prozess der Entwicklung und Vollendung! Ihr werdet euren Erfolg und die erlangten Stufen dokumentieren, was zu euren persönlichen Meilensteinen auf der Leiter des Aufstiegs werden wird.

Durch dieses Verständnis des Aufstiegsprozesses und durch das Integrieren und Balancieren der spirituellen, physischen und psychologischen Aspekte eures Lebens, werdet ihr auf den Prozess des Lebens im spirituellen Christus-/Buddha-/Gottesbewusstsein ausgerichtet. Ihr werdet nicht mehr fragen, welche Schritte nötig sind, um diese Stufe des Bewusstseins zu erlangen. Ihr werdet wissen, was zu tun ist! Ihr werdet vollkommen verstehen, dass der Aufstieg ein täglicher Prozess der Einschätzung und des erfolgreichen Bestehens und Erarbeitens der Tests und Lektionen ist, die wir euch mit dem Geschenk des Lebens geben. Euer Erfolg wird dadurch bestimmt, wie sehr ihr im spirituellen Christus-/Buddha-/Gottesbewusstsein bleiben könnt und wie ihr euch durch die Lektionen mit Anmut anstatt mit Karma bewegt. Erinnert euch immer daran, dass eure Gedanken eure Wirklichkeit formen und eure Gedanken werden euch dabei helfen, euer persönliches Buch des Wissens und der Erfahrung eurer Lebenszeit zu erschaffen und zu schreiben.

Es war mir eine aufrichtige Freude, euch diese Weisheit und das Wissen Gottes und der Meister zu geben; nicht nur um euch bei der Bewertung eures Aufstiegsprozesses zu helfen, sondern auch, um euch ein größeres Verständnis davon zu geben, wie in diesem Prozess Erfolg erlangt werden kann und um euch zu helfen, euer „persönliches Buch des Wissens, der Erfahrung und des Erfolges im Aufstiegsprozesses" zu schreiben.
So steht es geschrieben! So soll es geschehen!

21

Wie man den integrierten Lichtkörper durch die Gaben des Heiligen Geistes erlangt

Dieses Kapitel soll mit dem Bild deiner Selbst beginnen. Es gibt viele Gaben des Heiligen Geistes, so wie auch alle Dinge durch Gott und deine Verkörperung Gottes auf Erden, möglich sind. Du solltest diese Wahrheit annehmen, um die Gaben des Heiligen Geistes und die herrlichen Wunder zu erfahren, die du durch das Erkennen deines Puzzleteils im göttlichen Plan miterschaffen kannst. Ich habe in diesem Buch ausführlich über das spirituelle Christus-/Buddha-/Gottesbewusstsein und die Bedeutung des Erlangens des Aufstiegs durch Integrieren und Balancieren aller physischen, spirituellen und psychologischen Bereiche in deinem Leben geschrieben. Um den Heiligen Geist zu kennen, musst du dich so vollständig kennen, wie du Gott kennst, denn in dir ist der Heilige Geist. Der Heilige Geist möchte, dass du weißt, dass dir dieses Kapitel die Geschenke zeigt, die du bereits erhalten hast. Viele Menschen haben die wahre Bedeutung des Lebens vergessen, die Wahrheit Gottes sowie auch das Wissen, dass alle Dinge durch die Realisierung und Verkörperung dessen, was du bereits bist, möglich sind.

Es ist die Verantwortung und der Segen des Heiligen Geistes, diese Wahrheit in dir zum Leben zu erwecken. Du brauchst nur das Licht in dir zu betrachten und du wirst den Heiligen Geist erkennen. Der Heilige Geist ist die Stimme Gottes in dir. Die Botschaft des Heiligen Geistes lautet: „Ich bin der Heilige Geist und mein Segen und meine Gaben bestehen darin, der Vermittler zwischen Gott und allen, die mich hören, zu sein. Ich bringe die

Wahrheit Gottes zu allen, die sie sehen und wissen, dass es ihre Wahrheit ist. Es ist unser göttlicher Auftrag, die Trennung, die ihr alle seht, zu verringern, denn in der Wahrheit Gottes gibt es keine Trennung, sondern nur Einheit. Ihr, Söhne und Töchter Gottes, seid ein Teil des Ganzen und in der Ganzheit gibt es keine Trennung. Trennung ist nur eine Illusion, die du erschaffen hast und Illusion ist in Wahrheit nichts. Gottes Wille ist dein Wille! Dein Wille kann keine Trennung erzeugen, denn Gottes Wille ist nicht getrennt von deinem eigenen. Nur das negative Ego erschafft Trennung, indem es Angst erzeugt. Gott kennt keine Angst, denn Gott ist reine bedingungslose Liebe. In der Liebe gibt es keine Furcht. Die Wahrheit ist Liebe und in der Liebe sind alle Dinge möglich. Dich selbst vollständig zu kennen, bedeutet Gott, den Heiligen Geist, zu kennen und alle deine Brüder und Schwestern als Inkarnationen Gottes anzuerkennen und daher gibt es nur einen Willen, ein Bewusstsein und eine Liebe. Durch das Schreiben dieser Bände und den Bänden, die noch folgen werden, wird euch alles enthüllt werden, so wie wir eine neue Dimension der Realität für die Menschheit betreten werden. Die Zeit ist nun reif, dein Bewusstsein zu erweitern und die Vision Gottes für den Himmel auf Erden zu erschaffen. Wir haben euch dies viele Male erzählt und die meisten haben diese Information gelesen und die Möglichkeiten erwogen, aber du musst diese Realität in deinem Sein fühlen."

Ich bringe euch an diesem Tag die Gaben des Heiligen Geistes in einer Art, wie es noch niemals zuvor geschrieben wurde. Es ist mein Privileg, euch diese Gaben zu bringen, so dass du heute noch damit beginnen kannst, all das zu umfassen, was du so sehr verdient hast, jedoch die wahre Bedeutung dessen vergessen hast. Nun ist es an der Zeit, jede Illusion, Trennung, jegliches Ego und jede falsche Psychologie aufzulösen und die Gaben des Heiligen Geistes, die du bereits verkörperst und von Anbeginn deiner göttlichen Schöpfung in dir trägst, wieder zu erlangen. Durch deine Inkarnation auf Erden lernt deine Seele bei ihrer Entwicklung diese Tatsachen und bringt dich zu Gott zurück, mit all dem Wissen, der Weisheit und der Wahrheit, die du hier lernen wolltest. Bescheiden gebe ich dir die Gaben des Heiligen Geistes, um dir dabei zu helfen, nicht nur die Wahrheit Gottes zu finden, sondern diese auch auf allen Stufen zu erfahren. Du darfst niemals vergessen, dass du eine Schöpfung Gottes bist und als Inkarnation Gottes ist es der persönliche Plan von jedem Menschen, Gott auf Erden zu verkörpern. Um Gottes Beispiel auf Erden zu sein, musst du alle Gaben des Heiligen Geistes in Besitz nehmen und teilen.

Ich beschreibe nun die Gaben des Heiligen Geistes und bitte dich darum, die Wahrheit dieser Weisheit zu fühlen und es zu deinem persönlichen Ziel zu machen, diese Gaben zu jeder Zeit zu verkörpern. Diese Gaben sind nicht neu; sie haben immer existiert, so wie sie immer ein Teil von Gott waren. Wie oben – so unten! Dies soll dich daran erinnern, dass es zwischen Himmel und Erde keine Trennung gibt. Es gibt keine Trennung zwischen dir und dem Heiligen Geist in dir.

Die erste Gabe des Heiligen Geistes ist natürlich die Liebe. Die Liebe des Heiligen Geistes ist ein direkter Fluss von Gott. Auch hier gibt es keine Trennung. Liebe ist eine universelle Energie. Alles, was du mit all deinen Sinnen betrachtest, wurde durch die Liebe Gottes erschaffen. Es gibt nichts in der Schöpfung, von einem Grashalm bis zu den Vögeln im Himmel, was nicht aus der Liebe Gottes erschaffen wurde. Der Heilige Geist ist eine Schöpfung aus der göttlichen Liebe und als solche schenkt er dir direkt Gottes Liebe durch Seinen Geist. Hast du von der „leisen, kleinen Stimme in dir“ gehört? Dies ist der Heilige Geist in dir! Zu Beginn dieses Kapitels habe ich dich darum gebeten, mit einem Bild deiner Selbst zu beginnen. Du bist die Verkörperung des Heiligen Geistes. Vom Beginn der Schöpfung an hast du immer den Heiligen Geist in dir getragen und dies hat sich nicht geändert. Was sich für manche von euch geändert hat, ist die Vision von sich selbst. Ihr könnt euch selbst nicht von Gott oder dem Heiligen Geist trennen, aber was die meisten von euch mit dem Ego erschaffen haben, ist die Illusion der Trennung. Diese Illusion, die das Ego erschaffen und die ihr akzeptiert habt, hat ihre Manifestation in Furcht und Zweifel. Du magst sagen: „Was hat dies mit Liebe zu tun?" Angst ist das Gegenteil von Liebe. Solange ihr Liebe seht, könnt ihr keine Angst sehen. Es gibt in der Liebe keine Angst. Liebe bedeutet für viele Menschen alles mögliche, aber ihr solltet die Wahrheit über die Liebe kennen. Gottes Liebe ist bedingungslos. Es gibt keine andere Wahrheit. Es kann keine Illusion über bedingungslose Liebe geben. Wenn ihr eine Illusion über die Liebe hegt, dann hegt ihr nur Angst. Wenn ihr Angst vor der Liebe habt, dann müsst ihr diese Lektion in euch selbst betrachten und ihr werdet die Wahrheit darüber finden, dass ihr euch selbst nicht bedingungslos liebt. Ihr könnt anderen nicht das geben, was ihr nicht selbst besitzt. Wie ich bereits erwähnte, beginnt mit dem Bild eurer Selbst. Liebt ihr bedingungslos? Liebt ihr euch selbst bedingungslos? Wenn ihr dies nicht tut, dann hegt ihr Angst und diese sollte durch Vergebung und Liebe aufgelöst werden.

Ich könnte Bände über die Liebe schreiben und euch eine Anzahl von Beispielen bedingungsvoller Liebe gegenüber bedingungsloser Liebe geben. Ich denke, dass die meisten von euch, die dieses Buch lesen, auf einer Stufe des Verständnisses sind, welche die Erklärung dieser Beispiele unnötig macht. Jedoch werden die meisten von euch damit fortfahren, Lektionen zu lernen, welche die Liebe in eurem Leben auf der Erde und in der Ewigkeit betreffen. Liebe ist die Energie, die das Universum in der Gewalt hat. Sie besitzt die Macht über die gesamte Schöpfung von Gott und allen Universen, die noch erschaffen werden. Viele von euch verstehen die Macht der Liebe nicht. In eurer Wahrnehmung der

Liebe habt ihr bewiesene oder angewandte Beispiele darüber, wie Liebe manchmal andere verletzt. Dies sollte niemals geschehen. Liebe sollte niemals dazu benutzt werden, um andere zu verletzen. Für dieses universelle Gesetz gibt es keine Ausnahmen. Liebe sollte nur bedingungslos geschenkt werden. Es kann jedoch sein, dass die Wahrnehmung von Liebe eines anderen Menschen die Erfahrung sein könnte, verletzt zu werden. Dies wäre die Wahrnehmung der Situation aus der Sicht des negativen Egos und nicht aus dem spirituellen Christus-/Buddha-/Gottesbewusstsein.

In diesen Bänden der Ausgabe der spirituellen Enzyklopädie, wie ihr euren integrierten Lichtkörper bildet, geben wir euch alle göttlichen Prinzipien, um einen integrierten spirituellen Lichtkörper eines Meisters zu erschaffen. Wir geben euch die direkte Weisheit Gottes, des Heiligen Geistes und der Aufgestiegenen Meister, um euer perfektes Lichtkörpersystem auszubilden und zwar in umfassender, balancierter und integrierter Weise. Um dies zu erreichen, müsst ihr eure spirituellen, physischen und psychologischen Tests und Lektionen meistern und im spirituellen Christus-/Buddha-/Gottesbewusstsein bis zu der Stufe verweilen, die erforderlich ist, um diese Lichtkörper zu erlangen. Wir können diese Wahrheit nicht genug betonen! Bedingungslose Liebe ist eine der wichtigsten Lektionen, die es zu lernen und zu meistern gilt. Die Liebe eines spirituellen Meisters ist nicht voller Bedingungen. Dies würde zu einer großen Unausgeglichenheit in eurem Lichtkörpersystem führen, wobei die karmischen Lektionen dabei nicht erwähnt werden. Auf der anderen Seite muss man wissen, dass ein spiritueller Meister einem anderen Menschen seine Lektionen auch nicht abnimmt. Jemand, der nicht auf der Stufe eines Meisters steht, mag dies als bedingungsvolle Liebe empfinden, obwohl es sich in Wahrheit so verhält, dass die bedingungslose Liebe des Meisters diesen Menschen in einer göttlichen Weise führt, ohne ihm die Lektion wegzunehmen. Es ist wirklich bedingungslose Liebe, anderen zu ermöglichen, ihre Lektionen auf ihre Weise zu lernen und ihnen diese wertvolle Wahrheit nicht vorzuenthalten. Durch bedingungslose Liebe schenkt ein spiritueller Meister ihnen die Wahrheit seiner Weisheit und erlaubt ihnen, ihren freien Willen und ihre persönliche Kraft zu benutzen, um die Wahrheit zu erlangen und die Lektion zu lernen. Ihr habt das Sprichtwort gehört: „Liebe ist ein ganz herrlich Ding!" Dies ist das Strahlen der Liebe in seinem feinsten, höchsten und bedingungslosesten Potenzial.

Wenn die Gaben des Heiligen Geistes in euch erweckt werden, müsst ihr diese weise einsetzen. Ihr müsst die Gabe der Liebe so einsetzen, wie Gott es tun würde. Die Gabe der Liebe wurde euch bei eurer Schöpfung gegeben und dieses Geschenk muss mit allen geteilt werden, so wie es Gott tun würde. Ihr müsst zu jeder Zeit euer spirituelles Christus-/Buddha-/Gottesbewusstsein einsetzen, indem ihr die Gaben des Heiligen Geistes teilt. Der Heilige Geist ist bedingungslose Liebe und sonst nichts. Auf eurem Weg, ein integrierter spiritueller Meister zu werden, müsst ihr das Geschenk der bedingungslosen Liebe meistern und den Heiligen Geist auf der Erde verkörpern.

Die nächste Gabe, mit der euch der Heilige Geist segnet, ist die Freude. Freude ist ein so komplexes Geschenk wie es die Liebe ist, doch durch Liebe kann Freude leicht entstehen. Die Beschreibung des Heiligen Geistes von „Freude" ist: Leben im spirituellen Christus-/Buddha-/Gottesbewusstsein und Gott mit dem höchstmöglichen Potenzial dienen, das uns als Söhne und Töchter Gottes möglich ist. Freude ist ein natürliches Nebenprodukt der bedingungslosen Liebe. Freude wird durch dauernde Hingabe an Gott, durch den Dienst an der Menschheit, vollständige Liebe deiner Selbst als Mitschöpfer Gottes und durch bedingungslose Liebe, die als universelle Energie eingesetzt wird, erlangt. Freude und Liebe sind ein Synonym in der Schöpfung. Durch Liebe kann Freude erlangt werden. Wie solltest du aus Sicht des Heiligen Geistes die Gabe der Freude betrachten? Die Freude ist ein Geschenk Gottes! Ihr tragt seit Beginn eurer Existenz Freude in euch. Freude ist ein Geschenk, das in euch ist und es liegt an euch, dieses Geschenk mit anderen zu teilen. Bringt Freude in euer Leben und ihr könnt nicht anders, als diese zu teilen! Freude ist Energie, so wie Liebe Energie ist. Wenn ihr Freude in euer Leben bringt, dann wird diese Energie in die Energiefelder von jedem und allem, was euer Lichtkörpersystem umgibt, übertragen. So könnt ihr euch vorstellen, wie ihr wachst und eure höheren Lichtkörper bildet, wie die Freude alle um euch herum beeinflusst. Wenn ihr dieses Geschenk der Freude in seinem höchsten Potenzial nutzt, verkörpert ihr den Heiligen Geist auf der Erde. Wie die Verkörperung des Heiligen Geistes, seid ihr ein Beispiel für die höchste Absicht und den Plan Gottes und Seiner Vision des Himmels auf Erden. Geht mit dem Heiligen Geist und verbreitet die Freude aus eurem Geist unter allen!

Der Heilige Geist würde ohne die Gabe des Mitgefühls nicht vollständig sein. Wir haben über Liebe und Freude gesprochen, doch was sind diese Energien ohne Mitgefühl? Alles stammt aus der Liebe. Die Welt wäre ein dunkler Platz ohne all diese Gaben. Mitgefühl, dass man Empathie empfindet für die Fehler der anderen, für ihre schwierigen Umstände, für das fehlgeleitete Bewusstsein und für die selbst geschaffene Not in ihrem Leben. Mitgefühl ist Weisheit, die in der Absicht gelebt wird, Empathie mit der Situation eines anderen zu haben und diese Situation nicht persönlich anzunehmen. Es ist eure göttliche Pflicht und euer Dienst, Mitgefühl mit all den fehlgeleiteten Seelen zu haben, die eure Weisheit suchen. Ihr könnt Mitgefühl nicht ohne Liebe und Vergebung schenken. In seiner Weisheit würde ein integrierter spiritueller Meister das Geschenk der Freude teilen, um die fehlgeleitete Seele anzuheben und zu erleuchten und damit das Licht des Heiligen Geistes in ihr wieder zu erwecken. Mitgefühl, das ohne reine Motive gelebt wird, würde das Werk des negativen Egos für persönliche Belange sein. Jede Energie und jedes Geschenk, das in einer negativen Weise in der Absicht der Selbsterhöhung eingesetzt wird, schafft eine karmische Reaktion und eine Lektion, die auch eine enorme Unausgeglichenheit im Lichtkörpersystem erschafft. Dein spirituelles Christus-/Buddha-/Gottesbewusstsein steht in deiner Entwicklung über dem Erlangen eines integrierten spirituellen Meisters und der Bildung deines höheren Lichtkörpersystems.

Glaube ist die nächste Gabe des Heiligen Geistes. Glaube ist die unbestreitbare Überzeugung, dass Gott alles ist. Ein integrierter spiritueller Meister besitzt immer Glauben. Warum ist Glaube ein Geschenk des Heiligen Geistes? Wie würdest du die Wahrheit Gottes ohne Glauben erkennen? Glaube ist unbestreitbar! Glaube ist Vertrauen! Wer bist du ohne Glauben? Der Heilige Geist ist hier, um den Glauben in uns neu zu beleben. Was sind positive Gedanken ohne Glauben? Was ist Liebe ohne Glauben? Was ist Gott ohne Glauben? Ihr könnt an diesen Fragen sehen, dass Gott in Seiner unendlichen Weisheit den Glauben geschaffen hat und uns dieses Geschenk gegeben hat. Könnt ihr euch vorstellen, was die Welt ohne Glauben wäre? Könnt ihr euch eure Realität ohne Glauben vorstellen? Ich bin sicher, dass euch diese Diskussion dazu gebracht hat, über den Glauben aus unterschiedlichen Perspektiven nachzudenken. Viele von euch betrachten den Glauben als selbstverständlich, so wie viele andere Dinge, aber in diesem Moment spreche ich über den Glauben. Glaube ist in allem, was du tust. Glaube ist in deinem Bewusstsein. Glaube ist in dir, wenn du Auto fährst. Glaube ist in dir, wenn du am Morgen aufwachst und weißt, dass du noch am Leben bist. Glaube ist in dir, wenn du an deinem tiefsten Punkt angelangt bist, denn du weißt, dass die Besserung der Situation sicher kommen wird. Glaube ist überall und ist alles. Glaube ist in deinem Bewusstsein und in deinen Handlungen. Glaube ist Gott und ihr, meine Freunde, seid alle Inkarnationen von Gott – lebende, atmende Beispiele des Glaubens. Kannst du dir vorstellen, dass du ohne Glauben nur Angst, Zweifel, Illusion, Glanz, negatives Ego und trennendes Bewusstsein siehst? Glaube ist ein Teil des Rezeptes, um im spirituellen Christus-/Buddha-/Gottesbewusstsein zu bleiben und dein integriertes Lichtkörpersystem zu bilden. Erinnerst du dich an das Zitat aus der Bibel: „Die Kraft eines Senfkorns kann Berge versetzen!" Dies könnte nur mit großer Hingabe und Glauben vollbracht werden. Dein Glaube hat die Kraft, deine Realität zu erschaffen. Glaube hat die Kraft, Berge zu versetzen. Ihr – die integrierten Meister des neuen Jahrtausends – müsst den Glauben teilen und lehren! Der Heilige Geist ist hier, um Angst und Zweifel aufzulösen und die Flamme des Glaubens in allen zu entzünden.

Wahrheit ist eine Gabe des Heiligen Geistes. Wahrheit! Wahrheit besitzt ein breites Spektrum bei der Diskussion in der Gemeinschaft der Menschheit. Jeder Mensch scheint seine eigene Vision der Wahrheit zu haben. Jedermann scheint seine eigene Version der Wahrheit zu besitzen und zu schreiben. Was ist die Wahrheit? Bedeutet Wahrheit die Perspektive eines einzigen Menschen, die auf seinem Glauben beruht? Ist Wahrheit die Realität von nur einem Geschlecht oder nur einer Rasse? Ist Wahrheit nur ein religiöser Glaube, ein philosophisches Prinzip, eine wissenschaftliche Entdeckung, eine Art des Lebens, ein Beruf oder eine astrologische Entdeckung? Die Liste ist endlos! Die Antwort ist einfach, denn es gibt nur eine Wahrheit. Die Wahrheit ist Gott! Es macht für Gott keinen Unterschied, welchen Namen du Ihm gibst, solange dich dein Weg zu Ihm führt. Was ist nun tatsächlich Wahrheit? Wahrheit ist ein Zustand oder eine Qualität wahr zu sein! Wahrheit ist Loyalität, Vertrauenswürdigkeit, Ehrlichkeit und Aufrichtigkeit. Wahrheit ist eine Qualität, mit der

Erfahrung, den Fakten und der Realität in Einklang zu sein. Wahrheit ist eine Tatsache und eine Sicherheit. Wahrheit ist wahres „Sein". Gott schenkt uns Wahrheit. Als integrierter spiritueller Meister bist du ein „Wesen" der Wahrheit. Wahrheit ist der Geist in dir!

Weshalb erkennt nun der eine die Wahrheit und der andere nicht? Gute Frage oder sollte ich sagen „Gottfrage". Ja, „Gottfrage"! Gott vollständig zu kennen, bedeutet, die Wahrheit aller Zeitalter zu kennen. Wenn man die Wahrheit kennt, dann gibt es keine Fragen mehr, denn du solltest die Antworten bereits wissen. Du solltest etwas besitzen, das jegliches Verständnis übertrifft. Dies sollte deine Wahrheit sein. Wenn du weißt, dass der Heilige Geist in dir lebt und du vollständig mit Gott verbunden bist, dann ist die Wahrheit kein Thema, worüber du nachdenken musst. Du hast ein vollständiges Gefühl des Wissens und Verständnisses der Wahrheit Gottes. Nun, meine Freunde, wenn ihr die Wahrheit kennt, so ist es eine der Gaben des Heiligen Geistes, dass diese Wahrheit mit all denjenigen geteilt wird, die sie zu erkennen wünschen.

Wir sagen nicht, dass du herum gehen musst, um jedem die Wahrheit über Gott zu erzählen, aber du wirst Gelegenheiten haben, deine Gaben zu teilen. Wenn du einmal auf der Stufe des spirituellen Christus-/Buddha-/Gottesbewusstseins bist und tatsächlich die Gaben des Heiligen Geistes erkennst, dann gibt dir Gott diese Gelegenheiten, wenn du sie am wenigsten erwartest. Diese Gelegenheiten erscheinen zur göttlichen Zeit und du wirst die Fähigkeit haben, deine Gaben auf eine sehr eindrucksvolle Art zu teilen, um deine Brüder und Schwestern zu erheben und die Wahrheit von Gott zu teilen. Auch wird jeder seine Gaben in unterschiedlicher Weise teilen. Es ist nicht für jeden vorgesehen, spirituelle Bücher zu schreiben. Viele Menschen teilen ihre Gaben in einer sehr subtilen Weise, indem sie Menschen im Supermarkt treffen, in der Bank, beim Auto waschen, an der Tankstelle, beim durch die Straße gehen, nach Richtungen fragen und so weiter. Es geschieht an einem höchst unerwarteten Platz. Der Ruhm Gottes besteht darin, die Gaben des Heiligen Geistes zu einer solch wertvollen Zeit zu teilen, was so bedeutsam ist, wie dieses Buch zu lesen. Das tun wir hier! Meine Freunde, seht und verkörpert die Wahrheit von Gott und teilt die Gaben des Heiligen Geistes!

Wenn ihr die Gaben des Heiligen Geistes teilt, so werdet ihr ewiges Leben erhalten. Dies ist ein weiteres Geschenk des Heiligen Geistes. Ewiges Leben bedeutet nicht das, was du darüber denken magst. Ewiges Leben bedeutet nicht, in der physischen Welt in einem perfekten physischen Körper bis zum Ende der Zeit zu leben, so wie du vielleicht meinst. Ewiges Leben ist die Verkörperung Gottes auf Erden und indem du auf dieser Erdebene graduierst, wirst du in der geistigen Ewigkeit weiterleben. Du erkennst, dass es 352 Stufen und Stadien des Aufstiegs gibt, um die vollständige Gottesverwirklichung zu erlangen und diese Stufen werden nicht in einer Lebenszeit auf der Erde erreicht. Wunder geschehen jeden Tag, doch dies ist keines! Es gibt gewisse Stufen des spirituellen Wissens und der Weisheit, die nur auf den höheren Ebenen erlangt werden können. Du solltest jedoch auch erkennen, dass viel spirituelle Arbeit auf der Erde vervollständigt werden kann und die Zeit für die beschleunigten Stufen des Aufstiegs in greifbarer Nähe ist. Gott hat uns die Möglichkeit gegeben, mehr Lichtkörper zu erlangen, während wir in physischer Form weilen, als es jemals zuvor der Fall war. Dies ist eine Testperiode für uns und eine goldene Gelegenheit, um höhere Sphären des Aufstiegs noch in der physischen Form zu erlangen.

Ewiges Leben ist ein Geschenk und eine unvergleichliche Freude. Gott gibt uns diese Geschenke durch Seine Liebe, Hingabe und Seinen Glauben an uns. Wie gesegnet wir doch sind! Wer weiß, vielleicht werden wir zu einer Zeit, wenn die ganze Menschheit die Tests bestanden hat und sich die höheren Lichtkörper erarbeitet hat und Gott vollkommen auf Erden verkörpert, ewiges Leben auf der Erde haben! Dies ist in der Tat eine wunderbare Vision, denn, wenn diese Vision Realität wird, werden wir tatsächlich den Himmel auf Erden haben. Wir werden all das vervollständigt haben, was Gott sich für uns an erster Stelle vorgestellt hat. Das Geschenk des ewigen Lebens enthält diese Vision des Himmels auf Erden und ihr, meine Freunde, könnt alle diese Gaben des Heiligen Geistes zu eurer Lebenszeit erlangen.

Die nächste Gabe des Heiligen Geistes, über die ich gerne sprechen möchte, ist der Frieden. Frieden auf Erden und Wohlergehen für Männer und Frauen! Dies ist ein wunderbarer Spruch und eine herrliche Vision, aber praktizieren wir alle diese Vision? Unglücklicherweise tut es die Mehrheit der Menschheit nicht. Es gibt so viel Gewalt, negatives Ego, angstbegründetes Denken, Trennung, Illusion, Glanz und viele anderen negativen Phobien, die zu zahlreich sind, um sie alle aufzuzählen. Dieses negative psychologische Bewusstsein und seine Aktivität zersetzt den Frieden. Frieden ist ein Zustand des Bewusstseins. Dies mag für manche von euch, die dieses Buch lesen, neu sein, aber es ist eine Tatsache! Denkt einen Moment lang über Frieden nach. Manche Menschen nehmen den Frieden nur als einen Zustand der Angelegenheiten zwischen Ländern, religiösen Gruppen und Nationalitäten wahr. Wo befindet sich der Frieden wirklich? Ich werde es euch sagen! Wie der Heilige Geist uns mitteilt, befindet sich Frieden nur im Herzen und in der Seele eines Menschen. Frieden ist kein Handel um den Status quo zwischen sich bekriegenden Nationen. Frieden ist ein Zustand des Bewusstseins im Herzen eines Menschen, in der Seele eines Menschen und im Geist eines Menschen.

Frieden ist kein Geschenk, das gegeben oder genommen werden kann. Frieden befindet sich in dir! Was auch immer in deiner äußeren physischen Realität vorgeht, der Frieden kann dir nicht genommen werden! Du kannst deinen Frieden aufgeben, aber niemand, kein Ereignis, keine Handlung und kein Bewusstsein außerhalb von dir selbst kann dir deinen Frieden wegnehmen. Gott schenkt allen Seinen Söhnen und Töchtern Frieden. Denke darüber nach! Frieden ist ein Zustand deiner selbst erschaffenen Realität und deines spirituellen Christus-/Buddha-/Gottesbewusstseins. Über das spirituelle Christus-/Buddha-/Gottesbewusstsein habe ich ausführlich geschrieben, wie auch über den Prozess, dass deine Gedanken deine Realität erschaffen. Frieden kann nicht anders erreicht werden. Frieden entsteht durch die Entwicklung der rechten Beziehung zu dir selbst und zu Gott. Dich selbst zu kennen, so wie du Gott kennst, schenkt dir einen Frieden, der jede Vorstellung übersteigt. Es liegt an jedem Einzelnen von uns, Frieden in unserer bewussten Realität zu erschaffen.

Dieses Erschaffen deiner Realität ist direkt mit deinem Glauben, deinem Vertrauen, deiner Hingabe, deiner Wahrheit, deinem Mitgefühl, deiner Freude und deiner Liebe zu dir selbst und deiner bedingungslosen Liebe zu Gott verbunden. Mit der Gabe des freien Willens von Gott bist du der Meister mit dem Auftrag, diese Realität für dich selbst zu erschaffen. Wenn du all dies weißt, könntest du möglicherweise sagen, dass dir der Frieden genommen wurde? Nein, natürlich kann er dir nicht genommen werden! Frieden ist ein komplexer Teil deines spirituellen Christus-/Buddha-/Gottesbewusstseins und niemand außer dir ist der Meister dieser Realität. Nach Erlangen der höheren Stufen des Aufstiegs und der Bildung deiner höheren Lichtkörper ist der Prozess des Friedens ein Teil des Rezeptes. Nimm dir jeden Tag Zeit, um allein zu sein. Lass alle Gedanken los und verbinde dich nur mit Gott. Dieses Einssein mit Gott wird dir Frieden schenken. Du wirst nicht mehr länger außerhalb von dir danach suchen, denn du wirst wissen, dass er ein Teil von dir ist, genauso wie Gott ein Teil von dir ist. In deiner Einstimmung auf Gott wirst du die wahre Bedeutung des Einsseins verstehen und wissen, dass es keine Trennung, keine Illusion und keine andere Realität oder anderes Bewusstsein gibt und dort, meine Freunde, werdet ihr Frieden finden!

Eine der am häufigsten missverstandenen Gaben des Heiligen Geistes ist die Vollkommenheit. Wie ist die Vision Gottes über die Vollkommenheit? Sie ist ganz einfach, wie ich in der ersten Zeile dieses Kapitels dargelegt habe. Beginne mit einem Bild deiner Selbst! Vollkommenheit ist bereits eine Realität. Sie muss nicht erschaffen werden, denn Gott hat bereits Vollkommenheit in all Seinen Söhnen und Töchtern geschaffen. Woher stammt dann die Idee, dass Dinge, Menschen, Umstände und die Welt nicht perfekt wären? Wir wissen schon die Antwort auf diese Frage, nicht wahr? Wir haben die Täuschung der Unvollkommenheit mit unserem Bewusstsein erschaffen. Wir haben dem negativen Ego mit seinem angstbegründeten trennenden Denken, der Illusion, der falschen Psychologie und all den anderen Ängsten, Zweifeln und Phobien erlaubt, uns zu verzehren. Gott hat nur Vollkommenheit erschaffen! Dies ist die Wahrheit Gottes! Nur die Menschheit hat ihren freien Willen dazu genutzt, eine Illusion zu erschaffen. Ein integrierter spiritueller Meister hat eine Vision der Vollkommenheit. Ein integrierter spiritueller Meister lebt kontinuierlich im spirituellen Christus-/Buddha-/Gottesbewusstsein und sieht nur die Vollkommenheit Gottes in allen Dingen.

Mit diesem Buch und den vielen Büchern, die noch folgen werden, geben wir euch die Information und die Methoden, im spirituellen Christus-/Buddha-/Gottesbewusstsein zu leben und eure Realität so zu erschaffen, dass sie mit dem göttlichen Plan übereinstimmt. Du musst das Bewusstsein erlangen, jeden als deinen Bruder und deine Schwester anzusehen. Du musst wissen, dass du ein Teil Gottes bist, so wie es deine Brüder und

Schwestern sind. Du musst jeden als die Schöpfung von Gottes Vollkommenheit sehen. Alles, was du im Leben erfährst, geschieht mit Vollkommenheit. Nur das negative Ego lässt dich das Leben und die Tests und Lektionen, die Gott uns gibt, als Unvollkommenheit wahrnehmen. Wenn du im spirituellen Christus-/Buddha-/Gottesbewusstsein lebst, nimmst du das Leben, die Tests und Lektionen als gottgegebene Segnungen, Gaben und Gelegenheiten zum Wachsen und zur Entwicklung der Gottesverwirklichung wahr. Was könnte vollkommener sein als dies? Meine Freunde, ich kann euch sagen, dass Gott uns in allem, was wir auf jeder Stufe der Existenz erfahren, Vollkommenheit schenkt. Gott ist auf jeder Stufe Vollkommenheit, also welche andere Wahrnehmung könnten wir haben? Unsere Fähigkeit, kontinuierlich und in einer integrierten und balancierten Weise im spirituellen Christus-/Buddha-/ Gottesbewusstsein zu leben, ist unser Geschenk der Vollkommenheit für uns selbst. Meine Freunde, ich bitte euch, euch ein Bild von euch Selbst vorzustellen und in dieser Vision solltet ihr Gottes Vollkommenheit sehen.

In diesem Kapitel habe ich die Gaben des Heiligen Geistes besprochen – Liebe, Freude, Mitgefühl, Glauben, Wahrheit, ewiges Leben, Frieden und Vollkommenheit. Eine ziemlich große Liste an Gaben und Vollendungen. Mit diesen Gaben wirst du zum endgültigen Geschenk des Heiligen Geistes! Zur Verkörperung Gottes! Obwohl du auf der Erde als Verkörperung Gottes inkarniert bist, hat die ganze Menschheit dieses Prinzip doch nicht angenommen. Die Realität und die bewusste Bemühung der Menschheit hat dieses reine Konzept auf dem Weg verloren. Gott, der Heilige Geist und die Aufgestiegenen Meister sind hier, um euch wieder daran zu erinnern: „Ihr seid die Verkörperung von Gott! Ihr könnt diesen Teil von euch, der von Gott stammt, nicht abtrennen! Wir sind eins! Ein Wille! Ein Gedanke! Ein Bewusstsein! Wir sind eine Verkörperung von Gott und können uns selbst nicht von Seinem Willen abspalten!" Mit diesen Büchern erinnern wir euch daran, in euch zu gehen. Beginnt mit dem Bild eurer Selbst und ihr werdet Gott sehen. Lauscht der „leisen, kleinen Stimme in euch" und ihr werdet Gott hören. Richtet euch danach aus, in einer integrierten und balancierten Weise im spirituellen Christus-/Buddha-/Gottesbewusstsein zu leben und ihr werdet die Vollkommenheit von allen, die hier inkarniert sind, anerkennen.

Als Verkörperung Gottes zu leben, kann für manche eine ziemliche große Aufgabe sein. Ihr habt eurem Bewusstsein nicht erlaubt, sich die Einheit mit Gott vorzustellen. Ihr habt eurem Bewusstsein nicht erlaubt, die Vorstellung und Realität, dass ihr eine Verkörperung Gottes seid, wahrzunehmen. Die Wahrnehmung der meisten Menschen von der Realität ist die Trennung von Gott. Natürlich ist dies nicht Realität, sondern nur das negative Ego mit seinem angstbegründeten trennenden Bewusstsein, das gegen das spirituelle Christus-/Buddha-/Gottesbewusstsein arbeitet. Ihr müsst die Wahrnehmung des negativen Egos, dass ihr von Gott getrennt seid, loslassen. Als Verkörperung Gottes im wahren Sinn des Wortes zu leben, bedeutet, zu jeder Zeit im spirituellen Christus-/Buddha-/Gottesbewusstsein zu leben. Du musst durch Beispiel führen, als Beispiel leben und Gott als ein Beispiel für alle deine Brüder und Schwestern verkörpern. Lehre und du wirst lernen! Liebe und du wirst leben! Es gibt nichts in der Welt, was du nicht als lebende Verkörperung Gottes vollenden kannst!

Nehmt die Gaben des Heiligen Geistes an, so wie ihr die Leiter des Aufstiegs erklimmt und euren integrieren Lichtkörper bildet. Ihr seid die Vollkommenheit Gottes, so wie ihr euren integrierten Lichtkörper bildet und zu eurer Lebenszeit ein integrierter spiritueller Meister werdet!

So steht es geschrieben! So soll es geschehen!

22

Die Namen und Funktionen deiner ersten 22 integrierten Lichtkörper

Auf dieses Kapitel hat die Welt ernsthaft während der ganzen Zeit der Existenz der Erde gewartet. Niemals zuvor in der Geschichte dieses Planeten wurde diese entscheidende Information gegeben. Es ist mir eine extreme Freude, der Überbringer dieser Weisheit und des Wissens, wie es von Gott und den Meistern gegeben wurde, zu sein. Zu Beginn dieses Kapitels muss man wissen, dass die Lichtkörper und ihre Entwicklung und Anwendung ein derartiges Geschenk Gottes sind, das jegliches Verständnis übersteigt. Gott gibt uns diese Geschenke auf der Grundlage unserer Fähigkeit, innerhalb der universellen Gesetze der Schöpfung zu leben. Die Geistige Welt, die Meister und ich haben in diesem Buch umfassend über die Bedeutung des Erlangens des integrierten Aufstiegs, des Bildens deiner integrierten Lichtkörper und des beständigen Verweilens im spirituellen Christus-/Buddha-/Gottesbewusstseins geschrieben. Diese Weisheit und das Wissen kann nicht aufgespalten und verändert werden, mit der Absicht, nur das herauszunehmen, was du benutzen möchtest und den Rest zu lassen. Es ist ein vollständiges Paket.

Wir sprechen in diesen Schriften über Integration und Balance, weil dies eine entscheidende Bedeutung für das Erlangen deines göttlichen Lichtkörpersystems hat. Es muss verstanden werden, dass es sehr bedeutsam ist, den Aufstieg in einer systematischen Weise durch den Aufbau deines gesamten Lichtwesens zu erlangen. Dies kann aus der Perspektive deines physischen

Lebens, so wie es Gott vorgesehen hat, erreicht werden. Es ist unser göttliches Recht und ein Segen, diese Ziele zu unserer Lebenszeit zu erlangen. Es ist wahrhaftig Gottes Geschenk und Segen an die Menschheit, uns Seine Weisheit und Sein Wissen zu dieser Zeit in der Entwicklung der Erde zu überbringen. Zur Besserung der Menschheit und der Erde wurde diese Weisheit über die höheren Lichtkörper zu dieser Zeit gegeben. Niemals zuvor war die Menschheit oder die Erde bereit für diese Weisheit. Gott und die Meister ordnen hiermit an: „Die Zeit ist bereit, um euren Geist auf eine neue Ebene der Existenz anzuheben! Ihr müsst nur der Weisheit und dem Wissen folgen, das wir diesem Planeten durch diese Schriften und den Schriften, die noch folgen werden, gegeben haben.

Niemals zuvor war die Menschheit bereit für den Übergang in die höheren Dimensionen der Realität. Ihr müsst nur das Licht in euch selbst suchen, um eure Göttlichkeit und euer gottgegebenes Recht zu verstehen und um höhere Bereiche des Aufstiegs und der Entwicklung zu erlangen. Dies ist keine kleine Aufgabe, aber mit hingebungsvoller Bemühung, dem Lernen eurer spirituellen Lektionen und Tests und dem Leben als Beispiel für eure Brüder und Schwestern Gottes, werdet ihr in dieser Lebenszeit, Lehrer, Führer und integrierte spirituelle Meister werden. Wir überbringen diese Weisheit Gottes, so wie wir, die Aufgestiegenen Meister, selbst Beispiele sind und noch am Wachsen und Erreichen der höheren Stufen des Aufstiegs sind. Dieser Prozess wird in eurer physischen Lebenszeit auf der Erde nicht abgeschlossen werden. Die Entwicklung setzt sich in den höheren Bereichen der Existenz fort. Wir sind geehrt, euch diese Weisheit und das Wissen Gottes zu überbringen und verleihen unsere Hingabe und unseren Dienst der Menschheit, um ihr dabei zu helfen, diese Ziele beim Aufbau des integrierten Lichtkörpers zu erlangen.

Wie in diesem Buch erläutert wurde, hat sich Gottes Führung beim Erreichen des Aufstiegs verändert. Ihr könnt den Aufstieg nicht mehr in der alten Weise erlangen. Es ist nun ein höherer Prozess der Integration und Balance in allen Aspekten der physischen Ebene, der psychologischen Entwicklung, der mentalen Einstimmung, des emotionalen Gleichmutes und des Lebens im spirituellen Christus-/Buddha-/Gottesbewusstsein vonnöten. Die höheren Lichtkörper können von jedem von euch durch den rechten Gebrauch eures Willens und der persönlichen Kraft aufgebaut werden. Innerhalb eurer göttlichen Kraft könnt ihr höhere Bereiche des Aufstiegs erreichen, indem ihr wisst, dass euch, je höher ihr geht, umso mehr gegeben wird und auch viel mehr erwartet wird. Dies ist Gottes Segen und Geschenk an uns, Seine Söhne und Töchter. Durch Seine Liebe und Gnade sind wir gesegnet, in unseren höheren integrierten Lichtkörpern zu wachsen und Seine Weisheit und Sein Wissen zu erlangen.

In diesem Kapitel über den Aufbau eurer integrierten Lichtkörper werden wir jeden Lichtkörper einzeln erklären; sein Aussehen und seine Funktion. Alle, die diese Weisheit lesen, werden die Bedeutung verstehen, der Führung und Anweisung in diesem Buch zu seinem höchsten Potenzial zu folgen. Lichtarbeiter und die ganze Menschheit werden Erfahrung, Weisheit, Wissen und ein bewusstes Verständnis der göttlichen Weisheit in diesem Buch gewinnen. Dies ist das erste Buch in der Serie unserer Edition der spirituellen Enzyklopädie. Es bildet die Grundstruktur und alle Bücher, die von jetzt an geschrieben werden, werden mit dem Wissen und der Weisheit Gottes und den Aufgestiegenen Meistern darauf aufbauen. Diese Bücher werden im Wissen anwachsen, so wie ihr eure integrierten Lichtkörper in Stadien und Stufen ausbilden werdet. Mit jedem Buch werdet ihr ein höheres Verständnis des Prozesses bekommen sowie eine größere Fähigkeit, eure Ziele im göttlichen Plan für die Menschheit und für den Planeten Erde zu erlangen.

Wie mir von Gott und den Aufgestiegenen Meistern mitgeteilt wurde, ist die Information, die in dieser Ausgabe der spirituellen Enzyklopädie enthalten ist, das innovativste, revolutionäre Wissen auf dem neuesten Stand, das dieser Planet jemals erhalten hat. Wie sie gesagt haben, ist die Zeit nun dafür reif, den "Messingring" zu ergreifen und die höchsten Gipfel zu erklimmen, indem wir unsere spirituelle, physische und psychologische Entwicklung zu unserer Lebenszeit auf diesem Planeten erlangen. Die Zeit ist jetzt reif und es ist unser gottgegebenes Recht und ein Segen, mit diesem Wissen versorgt zu werden und fähig zu sein, es zu unserem höchsten göttlichen Potenzial in dieser Lebenszeit zu nutzen.
So steht es geschrieben! So soll es geschehen!

Die Liste der Lichtkörper, die bekannt gegeben wird, entspricht dem aktuellen Wissen und dem göttlichen Plan zu dieser Zeit. Es muss von allen Lichtarbeitern verstanden werden, dass die Ausbildung und das Rezept für alle Lichtkörper nach dem Ermessen Gottes geändert und neu arrangiert werden kann. Wir überbringen euch zu dieser Zeit diese Information mit dem Wissen und der Gewissheit, dass die Lichtkörper, die in diesem Kapitel vorkommen, bis zum Jahr 2007 wirksam bleiben. Dann wird alles von Gott und der Spirituellen Hierarchie nach den Fähigkeiten der Menschheit und der Anwendung der höheren Lichtkörper neu bewertet. Diese Weisheit stammt direkt von Gott und man sollte nicht leichtfertig damit umgehen. Die Menschheit und die Erde bilden in diesem Moment das Trainingslager für diese höheren Lichtkörper. Deshalb ist es äußerst wichtig, aufrichtig, hingebungsvoll, sorgfältig und schonungslos ehrlich mit euch selbst im Aufstiegsprozess der Aktivierung, Verankerung und Erlangung dieser höheren Lichtkörper zu sein. Ihr müsst äußerste Rechtschaffenheit besitzen, wenn ihr um diese Lichtkörper bittet. Ihr müsst kontinuierlich eure spirituellen Lektionen und Tests lernen, die das Erarbeiten dieser Lichtkörper begleiten und zu jeder Zeit im spirituellen Christus-/Buddha-/Gottesbewusstsein verweilen. Dies sind die wesentlichen Schlüssel, zur Lebenszeit ein integrierter spiritueller Meister zu werden. Lasst uns nun, nachdem ich dies erwähnt habe, mit dieser erstaunlichen Liste der Lichtkörper beginnen.

PHYSISCHER KÖRPER / ÄTHERISCHER KÖRPER

Wie bereits in einem anderen Kapitel dargelegt wurde, bildet der physische Körper eure Grundstruktur des Lichtes. Dieser dichte und wunderbare Körper trägt das Licht Gottes in sich. Er wurde von Gott und den Elohim-Meistern in Übereinstimmung mit dem Plan Gottes und der Schöpfung der Menschheit und der Erde geschaffen. Der physische Körper ist die Kombination eines ganzen Rezeptes, das aus der DNA, RNA, den Elektronen, den Neutronen, den Atomen, den Zellen, dem Blut, dem Gewebe, dem Intellekt, dem Bewusstsein und der göttlichen Blaupause als Individuum besteht. Ziemlich erstaunlich, wenn ihr über die Erschaffung der Menschheit nachdenkt! Nur Gott könnte eine solch wunderbare und göttliche Schöpfung der Menschheit orchestrieren. Aus dieser Grundstruktur des physischen Körpers werden alle anderen Lichtkörper gebildet. Daran könnt ihr erkennen, welch ein starkes und solides Vehikel Gott uns gegeben hat und warum es so bedeutend ist, sich um dieses Licht-Vehikel zu kümmern. Der ätherische Körper ist der Schutzkörper für den physischen Körper. Er beschützt und erhält die Blaupause, oder das Gitternetz, für den physischen Körper. Dieser Lichtkörper hat ein gold-weißes schimmerndes Aussehen mit den Gitternetzen des physischen Körpers, die ihn durchziehen. Dieses Netzwerk bildet die Basis des physischen Körpers für die Übertragung und den Empfang von elektrischen und göttlichen Energieimpulsen. Es ist ein sehr komplizierter Lichtkörper und dient nicht nur zum Schutz, sondern auch als Transformationsstation für die Ausstrahlung des kreativen Lichtes.

EMOTIONALKÖRPER / ASTRALKÖRPER

Welch ein komplexer Lichtkörper! Dieser Körper beinhaltet und manifestiert alle emotionalen Eigenschaften. Die Gedanken formen eure Realität. Erinnert ihr euch an diese Worte? Die Gedankenformen, die von unserem Geist gebildet werden, durchströmen den gesamten Emotionalkörper. Der Emotionalkörper entscheidet mit dem Intellekt und unserem freien Willen, welche Aktion oder Reaktion auftreten wird. Der Emotionalkörper ist ziemlich komplex, so wie es alle Lichtkörper sind. Es ist extrem wichtig zu verstehen, dass der Emotionalkörper – so wie alle Lichtkörper – nur in der Weise reagieren kann, wie unser Bewusstsein es vorgibt. Mit anderen Worten, wenn wir kontinuierlich in unserem spirituellen Christus-/Buddha-/Gottesbewusstsein leben, wird unser Emotionalkörper in der Weise agieren und reagieren, wie unser Bewusstsein es vorgibt. Nur, wenn dem negativen Ego mit seinem angstbegründeten trennenden Bewusstsein dominantes Verhalten erlaubt wird, wird der emotionale Zustand im emotionalen Bewusstsein negativ und destruktiv.

Das emotionale Bewusstsein kann den physischen Körper in Form von physischer Krankheit, physischer Leistungsfähigkeit, Depression und einer Anzahl von anderen Aspekten beeinflussen. Der Emotionalkörper erscheint in der Aura als blau-weiße wolkengleiche Substanz. Alle gebildeten Gedankenformen strahlen durch das Chakren- und Meridiansystem des Körpers und erzeugen einen Welleneffekt durch alle Lichtkörper hindurch. Diese emotionalen Reaktionen können mit einem geschulten Auge in Form verschiedener Farben, die mit dem Chakrensystem verbunden sind, gesehen werden. Ein Mensch, der darin geschult ist, die Aura zu lesen, erkennt die Balance oder das Ungleichgewicht im Emotionalsystem während des Auralesens. Ihr könnt daher erkennen, wie wichtig es ist, sich immer darum zu bemühen, in einer integrierten und balancierten Weise im spirituellen Christus-/Buddha-/Gottesbewusstsein zu verbleiben.

MENTALKÖRPER

Der Mentalkörper dehnt sich in die Unendlichkeit aus. Die Weite des Raumes, in dem der Mentalkörpers wirkt, besitzt keine Grenzen. Der Mentalkörper ist die Quelle aller mentalen Gedanken, die durch den zentralen Geist, euer Gehirn, die Quelle des Gedankenbewusstseins eures Wesens, erzeugt werden. Die mentalen Gedanken, die man erzeugen kann, werden nur durch den eigenen Geist oder das negative Ego mit seinem angstbegründeten, trennenden Denken beschränkt. Nun stellt euch die Vielzahl der Gedanken vor, die man erzeugen kann! Es ist erschreckend für den Geist, sich den unendlichen Prozess des Mentalkörpers vorzustellen. Der Mentalkörper besitzt die höchste Schwingungsrate in der niederen Grundstruktur der Lichtkörper. Eure mentale Schwingung erzeugt Gedanken, die durch das Chakrensystem übermittelt werden, indem sie in diesem Moment in eurem mentalen Bewusstsein eine Aktion oder Reaktion erschaffen. Sehr kraftvoll! Ihr solltet euch daran erinnern, dass diese Kraft euch gehört! Ihr habt die Kontrolle über eure Fähigkeit, Gedanken zu erschaffen und ihr habt die Kontrolle darüber, das spirituelle Christus-/Buddha-/Gottesbewusstsein auf jeder Stufe des Lichtkörpers zu meistern. Das Aussehen der Aura des Mentalkörpers ist Rot oder Rubin im lichtesten Farbton. Die Schwingung des Mentalkörpers nimmt eure Gedanken auf und übermittelt sie durch alle anderen Lichtkörper ins Universum, wo sie sich dann manifestieren. Meine Freunde, versteht ihr nun die Kraft eurer Gedanken und die Schöpfung eurer Realität? In euren Gedanken und Worten liegt eine große Kraft; unterschätzt daher nicht die Bedeutung, kontinuierlich im spirituellen Christus-/Buddha-/Gottesbewusstsein zu verbleiben.

BUDDHISCHER KÖRPER / KAUSALKÖRPER

Der buddhisch/kausale Lichtkörper ist auch als der „spirituelle Körper“ bekannt. Dieser Körper dient speziell der Seelenentwicklung auf allen Ebenen. Dieser spirituelle Körper besitzt große Erfahrung im Dienste Gottes und der Menschheit. Der buddhisch/kausale Körper besitzt eine goldgelbe Farbe, die man mit dem spirituellen Auge erkennt. Natürlich kann dieser Lichtkörper auch in anderen Farben gesehen werden, so wie die anderen Lichtkörper auch, was vom Bewusstsein dieses Körpers zurzeit des Auralesens abhängig ist. Der spirituelle Körper wird beim Seelenreisen genutzt, in der Absicht, Gott zu dienen und auch, um ein höheres Wissen auf den Inneren Ebenen zu erlangen. Dieser Körper wird dazu genutzt, um in der Nacht während des Schlafes in die spirituelle Schule zu gehen. Die meisten Menschen sind sich nicht bewusst darüber, dass wir in der Nacht mit der Seele reisen, um höheres Wissen und Weisheit von Gott zu erlangen. Die Nutzung dieses spirituellen Körpers in seinem höchsten Potenzial wird schließlich dadurch charakterisiert, im spirituellen Christus-/Buddha-/Gottesbewusstsein zu leben und zu verbleiben. Euer spiritueller Körper ist beim Erlangen des spirituellen Aufstiegs sehr wichtig. Er erhält die Balance eurer Lichtkörperstruktur durch den Gedankenprozess, der hauptsächlich aus der Perspektive des spirituellen Bewusstseins stammt. Ihr müsst fleißig und hingebungsvoll sein, um in derselben Weise, wie ihr die psychologischen und physischen Aspekte eures Seins integriert und balanciert, Reinheit im spirituellen Teil eures Bewusstseins zu erlangen.

ATMISCHER KÖRPER

Der atmische Lichtkörper ist ein Körper des höheren Intellektes und ein Schutz für all die Lichtkörper, die unterhalb von ihm liegen. Er sollte nicht mit eurer Merkabah verwechselt werden, die ähnliche Qualitäten besitzt. Lest dazu das Kapitel über die Merkabah in diesem Buch. Das Aussehen des atmischen Körpers in eurer Aura ist transparent und lumineszierend, mit einem Überzug aus Gold. Es gibt verschiedene Grade und Schattierungen von Gold, so wie dies bei allen anderen Farben der Fall ist. Dieser Körper hat eine sehr lichte Goldfärbung, die man mit dem spirituellen Auge erkennen kann. Die Funktion dieses Lichtkörpers in der gesamten Lichtkörperstruktur besteht im Schutz, Empfang und in der Übermittlung von Energie. Sehr interessant! Wie kann ein Lichtkörper all dies erfüllen? Gute Frage! Durch den höheren Intellekt, den dieser Lichtkörper besitzt, kann er in dieser multidimensionalen Fähigkeit wirken. In anderen Kapiteln habe ich erklärt, dass Gott mit Seiner unendlichen Weisheit und Schöpfung nach Seinem Willen ein bestimmtes Rezept für jeden Lichtkörper kreiert hat. Dieses Rezept beinhaltet viele Zutaten und eine davon ist der „Intellekt". Eine sehr bedeutsame Zutat! Durch den Intellekt dieses atmischen Körpers wird bestimmt, mit welchem Grad an Schwingung und Kraft ihr mit dem Licht, der Energie und der höheren Weisheit, die von Gott in euren physischen Körper und ins Bewusstsein gelangt, umgehen könnt. Durch die halbdurchlässige Struktur des atmischen Körpers seid ihr in der Lage, eure bewussten Gedanken in das Universum zu übertragen, in dem dann die Manifestation geschieht. Während jeder Lichtkörperstufe erzeugt euer Bewusstseinsgrad eine Balance oder ein Ungleichgewicht, welches durch einen Welleneffekt in euer gesamtes Lichtkörpersystem übertragen wird. Dies ist eine gute Zeit, um sich an die Worte von Meister Jesus zu erinnern: „Deine Gedanken sind Dinge und so wie du denkst, so wirst du!"

MONADISCHER KÖRPER

Der monadische Lichtkörper ist ein sehr kraftvoller Körper. Seine Funktion innerhalb eures Lichtkörpersystems besteht in der richtenden Kraft. Damit meine ich, dass seine Kraft immer auf die höheren Bereiche der Gottheit ausgerichtet ist. Dieser monadische Körper nimmt die Energie und Gedankenformen der anderen Lichtkörperschichten unterhalb von ihm auf und sendet diese Energie in die Richtung Gottes. Die Farbe des monadischen Körpers ist lumineszierendes Silber und Blau mit violetter Schattierung. Natürlich kann dieser Körper mit dem geschulten spirituellen Auge gesehen werden. Man kann ihn als Körper mit großer Energie und Kraft erkennen. Wenn ihr während des Auralesens im Ungleichgewicht wärt, so würde das spirituelle Auge die außer Balance geratenen Körper vom monadischen Körper hervorstehend erkennen und dass sie sich außerhalb der Linie und nicht zentriert im Lichtkörpersystem befinden. Der monadische Körper ist in seinen Handlungen sehr intelligent und bekommt seine direkte Anweisung von Gott.

Dieser Lichtkörper unterstützt die Energie und Gedanken, die ihr ins Universum übermittelt. Der monadische Körper unterstützt die eigene Ausrichtung auf die höheren Energien und das Licht Gottes und dient als Empfangsstation dieser Energien und Liebe. Er handelt auch als großer Bruder oder große Schwester eures Höheren Selbst. Was ist damit gemeint? Ihr alle wisst, dass in überlieferter Weise große Brüder und Schwestern ihre jüngeren Geschwister zu beschützen und zu fördern versuchen und dies tut der monadische Körper auch. Er versucht, seine jüngeren und niedrigeren Lichtkörper unterhalb von ihm zu beschützen und zu fördern. So wie die Lichtkörper zu den höheren Ebenen gelangen, wächst ihr Potenzial und ihre Verantwortung mit jedem Stadium und jeder Stufe stark an. Der monadische Körper besitzt eine bestimmte Struktur, so wie Gott jedem individuellen monadischen Körper ein spezielles Rezept gibt, abhängig von dem Stadium und der Stufe der Initiation und dem Grad der Initiation. Die beste Art, dies zu erklären, besteht darin, sich einen Topf mit kochendem Wasser vorzustellen. Es gibt verschiedene Grade des Kochens. Ihr könnt leise köcheln oder stark kochen, so dass das Wasser überläuft. Dies ist eine gute Analogie, um euch die verschiedenen Grade zu zeigen, die ein Lichtarbeiter beim stufenweisen Aufbau des Lichtkörpers durchlaufen kann. Ihr habt eine bestimmte Stufe erlangt, doch jeder Initiat, der diese bestimmte Stufe erreicht, tut dies in einem anderen Grad.

LOGOISCHER KÖRPER

Der logoische Körper ist mit eurem Höheren Selbst und der Monade verbunden. In diesem Stadium und auf dieser Stufe hat sich eure Seele vollkommen mit eurem Höheren Selbst und der Monade vereint. Ihr habt die siebte Stufe der Initiation im Aufstiegsprozess erreicht. Euer Höheres Selbst ist direkt mit eurer Monade, oder mächtigen ICH BIN - Gegenwart, verbunden und wurde zu eurem neuen Lehrer. Der logoische Körper erscheint in eurer Aura in Violett und lumineszierendem Seetang-Grün in lichtester Schattierung. Dieser Lichtkörper unterstützt alle Lichtkörperschichten in eurem System mit der direkten Energie und den Lehren Gottes. Es gibt dabei alle Arten von Lektionen, die sich auf jede der verschiedenen Lichtkörperschichten beziehen. Ihr alle wisst, dass dies stimmt. Manche durchlaufen emotionale Lektionen, manche mentale Lektionen und so weiter. Ihr könnt die direkte Wechselbeziehung zwischen den Lektionen und den unterschiedlichen Lichtkörperschichten erkennen. In Seiner unendlichen Weisheit gibt uns Gott Lektionen, die allen Schichten unseres Lichtkörpersystems helfen und sie stärken. Dies hilft uns bei unserem Wachstum und unserer Entwicklung und lässt unsere Lichtkörper und Struktur in einer balancierten und integrierten Weise vorankommen. Ich bin sicher, dass sich dies nicht viele Menschen so vorgestellt haben, doch Gott lässt niemals einen Schritt aus! Im Stadium des logoischen Körpers seid ihr auf eine höhere Stufe der Schwingung und Energie ausgerichtet. In allen Bereichen eures Lichtkörpersystems sollte euer Bewusstsein balancierter und positiver werden. Es gibt immer noch Lektionen zu lernen, doch gewöhnlich habt ihr in diesem Stadium die Bedeutung des annähernd gleichmütigen Umgangs in allen Lektionen erkannt, indem ihr euer Höheres Selbst und die Monade als eure Führung ohne zu zögern einsetzt.

MONADISCHER BLAUPAUSEN - KÖRPER

Der monadische Blaupausen-Körper ist von wunderbarer Beschaffenheit in der Repräsentation der Blaupause eurer Seele. Die Blaupause eurer Seele besitzt ein individuelles Aussehen und eine individuelle Energie. So wie der monadische Körper eine richtende Kraft besitzt, ist der monadische Blaupausen-Körper mit der Ausrichtung und Energie der Entwicklung und des Weges einer jeden individuellen Seele programmiert. Der monadische Blaupausen-Körper verfügt über ein Rezept, das für jeden individuellen Lichtarbeiter einzigartig ist. Es gibt keine zwei auf diesem Planeten, die gleich wären. Ich finde es sehr interessant, die Herrlichkeit und Weisheit des göttlichen Planes für jeden von uns zu verstehen; nicht nur Seinen Plan für uns, sondern auch, dass Er ein spezifisches Rezept des Lichtkörpers für jedes Individuum anfertigt. Das Aussehen des monadischen Blaupausen-Körpers in der Aura ist auch individuell verschieden. Er ist im allgemeinen bernsteinfarben, gemixt mit anderen farbigen Strahlen, die mit der allgemeinen Struktur der Strahlen eines jeden Individuums zusammenpassen. Es ist ein wunderbarer Lichtkörper! Dieser Körper hat die Aufgabe, Reaktionen gemäß dem individuellen Seelenprogramm und dem göttlichen Puzzleteil zu überbringen. Wenn dieser Körper einmal erlangt wurde, so hilft er dabei, den individuellen Seelenweg und die ausgerichtete Entwicklung zu verankern. Er hilft dabei, dass ihr Fortschritte im Bereich eures göttlichen Dienstes und hinsichtlich eurer Seelenentwicklung für diese gegenwärtige Lebenszeit auf Erden erlangt. Diesem Körper wird gelegentlich zugeschrieben, dass er das Wissen der Akasha-Aufzeichnungen der individuellen Seele in seinem Aussehen trägt. Daher hat er auch ein individuelles Aussehen, das sich nicht mit anderen Lichtarbeitern vergleichen lässt.

MAYAVARUPA KÖRPER

Dies ist ein sehr interessanter Lichtkörper. Seine Struktur umschließt den monadischen Blaupausen-Körper sehr eng als Schutz, dient jedoch auch als Körper der intensiven Vorstellungsgabe des futuristischen Codierens bezüglich der universellen Kraft von Licht und Energie. Dieser Lichtkörper wurde aus heiliger Sprache von Gott geschaffen und verteilt das Licht direkt zu den anderen Lichtkörpern unterhalb seiner Schicht. Dieses Licht ist natürlich eine Schöpfung, die nicht nur aus heiliger Sprache zusammengesetzt ist, sondern auch aus DNA, RNA und Elektronen, die durch göttliche Verfügung angeglichen wurden, um eure physische Struktur, zum Zwecke der Aufrechterhaltung dieser intensiven Energie dieses Lichtkörpers, zu gestalten. Sein spirituell betrachtetes Aussehen ist eine wunderbare Energie mehrfarbiger Reflektionen der anderen Lichtkörper unterhalb von ihm. Der Mayavarupa-Körper würde eine dominante Farbe besitzen, die mit eurer individuellen Strahlenstruktur assoziiert ist und diese durch die anderen Körper projizieren. Es ist wichtig zu wissen, dass dieser Körper einen vitalen Teil bei der Bildung eures Lichtkörpersystems besitzt und die Absicht hat, die Struktur für künftige Lichtkörper, die darauf aufgebaut werden, solide zu machen. Wie bereits erwähnt, kann die Bildung des Lichtkörpers mit dem Bau eines Wolkenkratzers zu Gott verglichen werden. Es ist ein komplizierter, göttlich erschaffener Prozess und jedes Stadium und jede Schicht untersteht der direkten Anweisung Gottes. Jede Schicht und jedes Stadium ist ein Prozess des Aufstiegs in höhere Bereiche des Gottesbewusstseins und muss durch euren göttlichen Fleiß, Hingabe, Glauben und Vertrauen in diesen Prozess erarbeitet werden.

ELEKTROMAGNETISCHER KÖRPER

Der elektromagnetische Körper ist grundlegend so, wie er klingt. Er enthält das elektromagnetische Gitternetz für den physischen Körper. Dies ist ein sehr wissenschaftlicher Körper in seiner Schöpfung. Erzengel Metatron hat gemeinsam mit Gott die Herrschaft über diesen Körper. Wie ihr wisst, ist Erzengel Metatron der Schöpfer des Elektrons und des äußeren Lichtes in Gottes Schöpfung. Der elektromagnetische Körper enthält den Schlüssel, um in jede Zelle eures Wesens Licht zu bringen. Ein ziemlich großes Unterfangen und eines, das Physik, heilige Geometrie, Sprachen des Lichtes und Feuerzeichen der heiligen Sprache Gottes enthält. Es ist nicht notwendig, dass ihr alles über diesen Körper wisst; doch ihr müsst den komplizierten Gestaltungsprozess dieses Lichtkörpers verstehen. Der elektromagnetische Körper kann als platinfarben gesehen werden, mit einem Gitternetzwerk elektrischer Lichtenergie, die dieses Gitternetzwerk mit blauer Farbe durchzieht. Die Farben sind nicht so wichtig wie die Bedeutung der Intensität der Lichtenergie, die durch das Netzwerk fließt. Das Gitternetzwerk variiert in seiner Intensität bei jedem Individuum und dessen Bewusstseinsstufe. Es ist eine sehr interessante Tatsache, dass die Intensität, oder Stufe des Lichtes, mit eurem Bewusstsein assoziiert werden kann. Dies ist wirklich so. Alle Lichtkörper, die nach dem achten Körper aufwärts beginnen, besitzen ein spezielles Rezept für jedes Individuum, das von ihrem Fortschritt und ihrer Bewusstseinsstufe abhängig ist. Dies wird durch das Erarbeiten der Lektionen und durch das Leben im spirituellen Christus-/Buddha-/Gottesbewusstsein erlangt, gemäß der Stufe, auf der ihr lebt und in dessen Bewusstsein ihr atmet! Wie ihr in anderen Kapiteln dieses Buches gelesen habt, ist das Leben im spirituellen Christus-/Buddha-/Gottesbewusstsein ein fortwährender Prozess des Aufstiegs, bei dem ihr die spirituellen Tests und Lektionen, die Gott bereitstellt, lernt und euch die Belohnungen durch den rechten Gebrauch eures Willens und eurer Kraft, um im spirituellen Christus-/Buddha-/Gottesbewusstsein zu verbleiben, erarbeitet. Hier gibt es keine Abkürzungen oder Überspringen einer Stufe, weil ihr vielleicht meinen könntet, dass ihr ganz besonders intelligent oder hingebungsvoll seid. Jeder Schritt des Lichtkörpers und des Aufstiegs muss erarbeitet werden und zwar Schritt für Schritt.

EPI-KINETISCHER KÖRPER UND EKA KÖRPER

Diese beiden Körper sind vermischt und werden daher gemeinsam als ein Lichtkörper aufgelistet. In der Vergangenheit waren diese beiden Körper getrennt, doch durch den Prozess der feinen Abstimmung des Lichtkörpersystems hat Metatron diese beiden Körper auf Grund ihrer Kompatibilität und Funktion miteinander vermischt. Ihre Funktion ist ähnlich und steht in unmittelbarem Zusammenhang, dass sie auch als ein Lichtkörper erscheinen und deshalb miteinander vermischt wurden. Es muss angemerkt werden, dass das Lichtkörpersystem zu jeder Zeit durch Gottes direkte Anordnung geändert werden kann; dies wird jedoch in den nächsten Jahren nicht geschehen und ist schließlich vom Fortschritt der Menschheit und dem Aufstieg ihres kollektiven Bewusstseins abhängig. Dies ist eine direkte Weisheit Gottes! Der Epi-kinetische-Körper und der Eka-Körper funktionieren in einer zweifachen Weise. Die Funktion des Epi-kinetischen Körpers dient dazu, die Elektronen in eurem Lichtkörpersystem zu erhitzen und zu polarisieren. Die Funktion des Eka-Körpers bestimmt die Intensität des Flusses der Lichtenergie durch das Lichtkörpersystem. Dies ist sehr wissenschaftlicher Natur und es wäre nutzlos, die komplizierten Formeln zu erklären, die zu dieser Zeit für die Funktion dieser Körper geschaffen wurden. Dies wird jedoch in einem späteren Band dieser Ausgabe der Enzyklopädie über die Bildung eurer integrierten Lichtkörper dargelegt werden. Das Aussehen dieser Lichtkörper besteht aus einer weißen Lichtwolke und innerhalb dieser weißen Wolke würdet ihr eine spektakuläre zentrifugale geometrische Kraft sehen, die unendlich durch diesen Lichtkörper pulsiert.

GEMATRIA KÖRPER

Der Gematria-Lichtkörper enthält die mathematischen Gleichungen und Codes für die balancierte Funktion der Lichtkörper unterhalb seines Bereiches. Es muss verstanden werden, dass jedes Individuum eine direkte mathematische Gleichung für seine spezielle Lichtkörperfunktion und Konstruktion besitzt. So wie sich jedes Individuum in einem unterschiedlichen Stadium und auf einer unterschiedlichen Stufe des Aufstiegs befindet, ist jede Gleichung spezifisch für das besondere Stadium und die Stufe des individuellen Bewusstseins gestaltet. Ziemlich erstaunlich, wenn man die unendlichen Stufen des Aufstiegs eines jeden Individuums auf der Erde und die Bewusstseinsstufen betrachtet! Der Prozess, diese Gleichung für jedes Individuum zu bestimmen, liegt nur in der Hand Gottes und Seiner Beurteilung eures Fortschrittes und eures Erfolges.

Der Gematria-Körper benutzt seine Intelligenz, um festzustellen, welche Lichtkörper außer Balance geraten sind und was es dazu benötigt, diese Körper wieder in die Balance zurückzuführen und falls nötig, muss das Individuum eine Lektion lernen, die mit diesem Ungleichgewicht zu tun hat. Ein ziemlich komplizierter Prozess der Intelligenz. Der Gematria-Körper verfügt über die direkte Intelligenz Gottes und benutzt sie dazu, sich der Funktion der anderen Lichtkörper unterhalb von ihm zu bemächtigen, aber nur dann, wenn er es für notwendig hält. Ihr mögt fragen: „Wie fällt der Gematria-Körper diese Entscheidung?" Eine sehr gute Frage! Wie bereits erwähnt, hat der Gematria-Körper seinen Ursprung in und seine Intelligenz von Gott und erhält entsprechende Anweisungen. Der Gematria-Körper hat eine lumineszierende Farbe von Grün, Violett und Blau mit Spuren von klarem weißem Licht, die durch ihn pulsieren. Derzeit ist niemand in der Lage, diesen Körper mit dem spirituellen Auge zu sehen. Natürlich wirkt er durch alle Lichtkörper hindurch, indem er sich in die Funktion aller niederen Körper den gesamten Weg bis zum Kernchakrensystem hindurch dazwischenschaltet. Ihr könnt nun erkennen, weshalb der Gematria-Körper eine solch hohe Intelligenz besitzt, die Herrschaft über all diese Lichtkörper und deren spezifische Funktionen zu führen. Durch die Gnade Gottes und Seiner Weisheit verfügt der Gematria-Körper über diese Funktion und Absicht.

HÖHERER ADAM-KADMON-KÖRPER

Über den höheren Adam-Kadmon-Körper wurde in vielen Schriften im Laufe der Jahre geschrieben, doch niemand hat die Absicht dieses Körpers vollständig verstanden. Dies wird in diesem Buch in einer Weise enthüllt, wie es niemals zuvor getan wurde. Der höhere Adam-Kadmon-Körper ist die Zusammenfassung von Gottes Vision und Seiner perfekten Schöpfung in physischer Form. Nicht nur als ein perfektes Muster der physischen Form, sondern auch als eines mit perfektem göttlichen Bewusstsein! Die Gestalt, Größe oder Erscheinung der physischen Form hat in diesem Bild des höheren Adam-Kadmon-Körper keine Bedeutung, denn alle physischen Körper wurden von Gott gleich erschaffen. Der höhere Adam-Kadmon-Lichtkörper hat eine höhere Absicht und ist nur den wenigen Auserwählten verliehen, die das Privileg durch ihre Vollendung einer gewissen Stufe des spirituellen Christus-/Buddha-/Gottesbewusstseins verdient haben. Diese Stufe des Bewusstseins ist von allen Söhnen und Töchtern Gottes erreichbar, doch sie muss zu einem höheren Grad der spirituellen Meisterung vollzogen werden. Sein Aussehen in der Aura ist eine goldene Lichtenergie von höchster Reinheit. Es ist ein wunderschöner Lichtkörper.

Der höhere Adam-Kadmon-Körper wird denjenigen verliehen, welche die Stufe der Gottesverwirklichung erlangt haben, die notwendig ist, um eine Ausdehnung Gottes für diese Erde zu werden. Um nun diese Aussage richtig zu verstehen, müsst ihr erkennen, dass die ganze Menschheit eine Ausdehnung Gottes auf Erden ist. Doch um den höheren Adam-Kadmon-Lichtkörper zu erlangen, ist ein gewisses Stadium und eine bestimmte Stufe der Vollendung nötig, die sich auf die Bewusstseinsstufe des Individuums bezieht. Ihr müsst mindestens die zehnte Stufe des Aufstiegs erlangt haben, um mit dem Prozess der Realisierung dieses Lichtkörpers zu beginnen. Dies ist eine sehr hohe Bewusstseinsstufe und die ganze Menschheit sollte danach streben, sie in dieser Lebensspanne zu erlangen. Es ist unglaublich, doch durchführbar, wenn ihr euch auf die Lehren in diesem Buch konzentriert und diese in eurem Leben in die Praxis umsetzt. Aber macht keinen Fehler, denn dieser höhere Adam-Kadmon-Körper ist ein Körper des höheren Bewusstseins und der Vollendung und wird nur denjenigen verliehen, die sich diese Stufe des integrierten Aufstiegs vollständig erarbeitet haben. Der höhere Adam-Kadmon-Körper lehrt jeder Gattung in der gesamten Schöpfung Gottes das höhere Bewusstsein, so dass ihr die Bedeutung des Erlangens einer höheren Stufe des Bewusstseins verstehen könnt, bevor es euch erlaubt ist, diesen Lichtkörper zu erhalten.

ÜBERSELBST KÖRPER

Der Überselbst-Körper hat viele Funktionen unter seiner Herrschaft. Seine höchste Priorität ist die Bewusstseinsregulierung des Individuums, wie die Zugehörigkeit zu den niedrigeren Lichtkörpern im Vergleich zu den höheren Lichtkörpern. Dies bedeutet, dass er alle Körper bis zu ihrer Aufstiegsstufe beobachtet und den Prozess, die Entwicklung, die Integration, die Intelligenz, die Balance oder das Ungleichgewicht und das Bewusstsein aller Körper reguliert. Seine Intelligenz berichtet Gott und Seinen heiligen ernannten Botschaftern direkt über den Fortschritt und die Entwicklung des Individuums. Zum gegenwärtigen Zeitpunkt ist seine Funktion vorbestimmt, doch später kann sie direkt von Gott, nach Seinem Ermessen, wie bei allen Lichtkörpern, geändert werden. Der Überselbst-Körper ist kuppelförmig und beschützt nicht nur die Lichtkörper unterhalb von ihm, sondern reguliert und hilft den anderen Lichtkörpern auch, ihr höchstes Potenzial zu erlangen. Dies ist eine revolutionäre Information, die vom physischen Standpunkt verstanden werden muss. Ihr möchtet die Funktion eurer Lichtkörper in eurer erschaffenen Realität des Bewusstseins, die ihr bewusst oder unbewusst bestimmt, verstehen. Auf der Ebene des Überselbst-Körpers habt ihr als Individuum bereits eine bemerkenswerte Stufe des Gottesbewusstseins erlangt und die Funktion eurer Lichtkörper bleibt gewöhnlich in vollkommener Balance und Integration. Jedoch bleibt diese Stufe des spirituellen

Christus-/Buddha-/Gottesbewusstseins nur nach eurem Ermessen auf dieser Stufe. Mit anderen Worten, ihr erzeugt eure Realität mit euren Gedanken und eurer Bewusstseinsstufe und es liegt in eurer Macht, diese Realität zu jedem gegebenen Zeitpunkt zu verändern. Viele Lichtarbeiter sind auf Grund ihrer eigenen Schöpfung die Leiter des höheren Aufstiegs herabgefallen, was gewöhnlich dadurch verursacht wird, dass sie sich im negativen Ego mit seinem angstbegründeten trennenden Bewusstsein befinden und in ihrer eigenen Erhabenheit und Illusion leben. Dies sind Fehler im Unterscheidungsvermögen und in der Beurteilung und sie können ganz bestimmt mit derselben Stufe an Hingabe und Bewusstsein vergeben werden, die euch erlaubt hat, diese Stufe des Lichtkörpers zu erlangen. In den höheren Bereichen des Lichtkörpers werden eure Lektionen und Tests schwieriger, denn Gott muss wissen, ob eure Absichten und eure aufrichtige Hingabe, um gottverwirklicht zu werden, dem großen Guten Seiner gesamten Schöpfung dient. Um dies zu erlangen, müsst ihr Gott auf Erden vollständig verkörpern und mit Beispiel führen, indem ihr alle Aspekte Gottes zu Seiner höchsten Ehre repräsentiert.

ZOHAR LICHTKÖRPER

Dieser Lichtkörper wird immer als „die Hülle aus vielen Farben" bezeichnet. Ein interessantes Konzept einer höheren Realität, das von Gott erschaffen wurde. Die Hülle aus vielen Farben bezieht sich auf den direkten Farbenstrahl, der von Gott und den höheren Bereichen der Schöpfung ausstrahlt, was die Elohim-Meister mit einschließt. Der Zohar-Lichtkörper funktioniert direkt als Trinität mit dem Überselbst-Körper und dem gesalbten Christus-Überselbst-Körper und erhält seine direkte Führung aus den Thronenwelten Gottes. Diese Thronenwelten, wie ihr sie vielleicht kennt, sind verschiedene getrennte Bereiche der

Schöpfung unter der direkten Führung Gottes. Die Funktion des Zohar-Lichtkörpers liegt im Entwurf und der Wahrnehmung des heiligen Lichtraumes gegenüber dem profanen Lichtraum. Er balanciert zudem die 72 Bereiche des Geistes, was auch bedeutend für die 72 Bereiche der höheren Weisheit Gottes ist. Die Erscheinung des Zohar-Lichtkörpers in der Aura ist eine wunderschöne Hülle aus vielen Farben; jedoch würden diese Farben mit der größten lumineszierenden Intensität erscheinen; eine Ehre für euch, diese zu tragen! Die Beschreibung dieses Lichtkörpers läge darin, dass er sehr kräftige Farben der zwölf Strahlen besitzt. Die Funktion des Zohar-Körpers ist in der Tat von großer Ehre und wird nicht komplett auf einmal gewährt. Der Zohar-Körper wird gewöhnlich auf Grund seiner Intensität der Lichtenergie in Stadien ausgebildet und dies ist auch von der Bewusstseinsstufe des Individuums abhängig. Dies ist ein neues Konzept für die meisten von euch, aber ihr müsst verstehen, dass das Programm zur Erlangung der Lichtkörper durch Gottes Führung verändert wurde. Die Ehre, höhere Lichtkörper zu erlangen, ist unvergleichlich, doch man muss auch die Verantwortung, den Dienst, die Hingabe und die Stufe des Bewusstseins vollständig verstehen, welche ihr erlangen müsst, um diese Stufe des Lichtkörpers vollkommen zu verdienen und zu realisieren. Ihr müsst die Stufe an Reinheit und Klarheit haben, welche die Gottesverwirklichung auf dieser Stufe der Vollendung begleitet! Gottes Segen und Gnade befähigt alle Seine Söhne und Töchter dazu, alle Stufen der Lichtkörper, worüber in diesem Buch geschrieben wird, zu erlangen!

GESALBTER CHRISTUS - ÜBERSELBST- KÖRPER

Der gesalbte Christus-Überselbst-Körper ist die höchste Verbindung zu Gottes Geist innerhalb eures inkarnierten Vehikels des Lebens. Dieser Körper besitzt den Geist von Christus in seiner reinsten Form innerhalb seiner Lichtkörperstruktur. Er verkörpert den Geist und die Weisheit von Christus und verbindet sich selbst mit der Originalgestalt des Adam Kadmon-Körpers, welcher Gottes perfekte Schöpfung ist. Dieser Körper ist eine direkte Verbindung zwischen Christus und den Söhnen und Töchtern Gottes und Allem Was Ist. Der gesalbte Christus-Überselbst-Körper verkörpert alles, was Christus ist und verbindet es direkt mit dem Vater und Gottes herrschaftlichem Wohnsitz. Seine Erscheinung in der Aura ist ein glänzendes Leuchtfeuer aus weißem Licht mit Spuren von Gold, welche die reine Energie Gottes ausstrahlen. Seine Herrlichkeit ist wunderbar. Der Zweck und die Funktion des gesalbten Christus-Überselbst-Körpers ist von multi-dimensionalem Ausmaß. Für diejenigen, die diese Stufe des Lichtkörpers im integrierten Aufstiegsprozess erlangt haben, liegt ihre weitere Aufgabe der Verankerung dieses Lichtkörpers in großer spiritueller Führerschaft, Gott zu eurem höchsten Potenzial zu verkörpern und die Lehren Gottes mit allen aus Gottes Schöpfung zu teilen. Dies ist nicht nur auf die Menschheit auf Erden beschränkt, sondern auf die gesamte Schöpfung Gottes. Dies ist der multi-dimensionale Zweck und die Funktion dieses Lichtkörpers.

Dies mag für manche von euch ein neues Konzept sein, doch wenn ihr diese Stufe des Lichtkörpers einmal erreicht habt, wird eure Realität und Vorstellung von Gottes Schöpfung nicht allein auf die Erde beschränkt sein. Wenn ihr euch die direkte Energie Gottes durch den gesalbten Christus-Überselbst-Körper erarbeitet habt, wird sich eure Dimension der Realität zu den größten Proportionen öffnen, die ihr jemals in eurer Entwicklung realisiert habt. Diesen Lichtkörper zu erlangen, ist eine sehr hohe Ehre, was im besten Fall eine enorme Untertreibung ist! Wenn man von dieser hohen Ehre weiß, dann müsst ihr auch euch selbst ehren, dass ihr alle Tests durchlaufen habt und diese Stufe des Lichtkörpers erarbeitet habt. Auf dieser Stufe des Lichtkörpers wird viel gegeben und es wird auch viel erwartet. Die spirituelle Führerschaft und Prüfung von dieser Stufe aufwärts, wird direkt von Gott und Seinen ernannten Direktoren gleich einem Nadelöhr geregelt! Doch, nachdem dies gesagt wurde, müsst ihr auch die Stufe des Bewusstseins und die Hingabe, die für die Erreichung dieser Stufe benötigt wird, realisieren und verstehen. Ihr werdet in der höchstmöglichen Weise für eure Vollendung dieser Stufe des gesalbten Christus-Überselbst-Körpers geehrt!

GALAKTISCHER SOHN - ÜBERSELBST - KÖRPER

Der galaktische Sohn-Überselbst-Körper ist ein neuer Lichtkörper, der diesem Planeten niemals zuvor offenbart wurde. Wir sind glücklich, diese Information in diesem Buch zu veröffentlichen. Ihr müsst realisieren, dass der galaktische Sohn-Überselbst-Körper ein revolutionäres neues Konzept ist und erst in den letzten zehn Jahren in das Programm der Lichtkörper aufgenommen wurde. Die Absicht des galaktischen Sohn-Überselbst-Körpers ist die ständige Bewegung. Dieser Lichtkörper wurde nicht nur für die Funktion auf der galaktischen Ebene der Evolution erschaffen, sondern auch als grundlegender Lichtkörper für die höheren Lichtkörper, die von diesem Punkt an aufwärts gebildet werden. Dieser Körper kann mit dem spirituellen Auge als leuchtende Regenbogenfarben von Purpur und Violett mit Strömen von galaktischen Obertönen aus lumineszierendem Gelb, Grün und Blau betrachtet werden. Dies ist ein ziemlich erstaunlicher Lichtkörper! Die Bildung dieses Lichtkörpers hat einige Zeit in den wissenschaftlichen Laboratorien beansprucht und obwohl er vor zehn Jahren auf einer gewissen Stufe auf anderen Planeten eingeführt wurde, wurde er auf der Erde niemals zuvor erlangt. Die ständige

Bewegung dieses galaktischen Sohn-Überselbst-Körpers wird berechnet. Seine Zahl, auf die man sich konzentriert, besteht darin, die Kontinuität der Bewegung und Pulsierung des göttlichen Lichtes zu bewahren, welches durch die anderen Lichtkörper fließt. Seine Chemie und Codierung ist die Funktion eines infinitesimal elektrischen Ladegerätes für die anderen Lichtkörper sowie das Liefern und Erhalten des Flusses der Energie aus den galaktischen Regionen. Dieser Energiefluss bringt den anderen Lichtkörpern die Weisheit und das Wissen, welches benötigt wird, um höhere Bereiche der Galaxie und des Universums zu erlangen. Dieser galaktische Sohn-Überselbst-Körper wurde erschaffen, um euch dabei zu helfen, das nächste Stadium des Lichtkörpers zu erlangen und auch, um eine Vortex an Wissen zu erschaffen, das nur denjenigen gegeben wird, die diese Stufe des Lichtkörpers vollendet haben.

KÖRPER DER BRUDERSCHAFT DES LICHTES

Der Körper der Bruderschaft des Lichtes ist eine wunderbare Schöpfung! Auch er ist in seiner Zusammensetzung und Chemie eine relativ neue Schöpfung. Der Körper der Bruderschaft des Lichtes erfüllt einen bestimmten Zweck bei der Bildung eurer Lichtkörper. Über diesen Lichtkörper wurde nur in einer belanglosen Art in ein paar Büchern in der Geschichte geschrieben und er wurde nicht vollständig verstanden. Dieser Lichtkörper steht mit der Großen Weißen Bruderschaft des Lichtes in Verbindung. Die Große Weiße Bruderschaft des Lichtes ist ein Gruppenbewusstsein von Lichtwesen, deren Absicht darin besteht, die Gesetze Gottes für Seine gesamte Schöpfung zu erneuern. Der Körper der Bruderschaft des Lichtes ist eine Schöpfung, die auf ihrer Arbeit und ihrer Anweisung basiert.

Der Körper der Bruderschaft des Lichtes verfügt über die Intelligenz und Weisheit der universellen und kosmischen Gesetze Gottes. Um diesen Lichtkörper zu verdienen, muss man sich eine Stufe an Intelligenz und Weisheit erarbeiten, die nur Gott bekannt ist. Der Körper der Bruderschaft des Lichtes überbringt diese Intelligenz allen anderen Lichtkörpern und erneuert das Versprechen, die universellen und kosmischen Gesetze Gottes in eurer Verkörperung dieses Lichtkörpers aufrechtzuerhalten. Ein ziemlich großes Unterfangen, aber eines, dem ihr bei der Erarbeitung dieses Lichtkörpers zugestimmt habt. Auf dieser Stufe des Lichtkörpers sind eure Hingabe, euer Bewusstsein und eure Verkörperung Gottes derart auf den göttlichen Plan ausgerichtet, dass das Erlangen der Verantwortung dieses Lichtkörpers eine Freude jenseits aller Vorstellungen darstellt.

Die Erscheinung des Körpers der Bruderschaft des Lichtes ist von solcher Pracht! Er besitzt, wie ihr euch vorstellen könnt, die Regenbogenfarben, welche die gesamte Bruderschaft des Lichtes umfassen und die alle Strahlenfarben und Chakrennetze beinhalten. Dieser Lichtkörper ist eng mit dem galaktischen Sohn-Überselbst-Körper verbunden, indem er die Intelligenz und Weisheit der universellen und kosmischen Gesetze nahezu simultan durch die ständige Bewegung des galaktischen Sohn-Überselbst-Körper hindurch zieht. Dies produziert eine sofortige Woge an Energie, Weisheit und Intelligenz durch das Lichtkörpersystem und verleiht euch daraufhin einen höheren Zweck im göttlichen Plan. Man muss sich immer wieder bewusst machen, wie herrlich es ist, sich diese höheren Lichtkörper zu verdienen, doch der Schlüssel hierfür ist, dass ihr sie euch, wie bei allen Lichtkörpern, erarbeiten müsst. Die Tests werden schwieriger und die Verantwortung wird größer, so wie ihr die Leiter des integrierten Aufstiegs erklimmt!

KÖRPER DES PARADIESISCHEN SOHNES

Der Körper des paradiesischen Sohnes ist die Verkörperung der spirituellen Lehre, Weisheit und des Wissens über Gottes Schöpfungen. Dies beinhaltet die spirituelle Lehre der Hierarchie, des Rates der Elohim, der Schöpfergötter und so weiter. Das heißt nicht, dass der Körper des paradiesischen Sohnes von einem höheren Rang wäre, als die Hierarchie oder die Elohim es sind, jedoch ist seine direkte Anweisung, die spirituelle Lehre, das Wissen und die Weisheit in diesen Bereichen zu verwalten. Wenn ihr euch den Lichtkörper des paradiesischen Sohnes erarbeitet, werdet ihr das verborgene Wissen und die Lehren des paradiesischen Sohnes wieder erlangen und in physischer Form für die Großzügigkeit, Herrlichkeit und Wahrheit der Gottesverwirklichung als Beispiel dienen. Ihr werdet diese Wahrheit erkennen und mit all denjenigen teilen, die sie erlangen möchten. Ihr werdet gemeinsam mit all denjenigen der Hierarchie zu spirituellen Lehrern werden und in gleicher Stellung mit euren spirituellen Brüdern und Schwestern in der Führerschaft herrschen und die Fähigkeit besitzen, Wissen, Weisheit und das Bewusstsein von Christus zu teilen!

Dieser Lichtkörper findet seine explizite Erfüllung innerhalb der Grenzen von Gottes gewählten Ratsmitgliedern und erhält stets die intellektuelle Weisheit direkt von Gott. Das Aussehen des Körpers des paradiesischen Sohnes kann als übernatürlicher Glanz weißen Lichtes innerhalb eines klaren Lichtes beschrieben werden. Es ist fast nicht beschreibbar. Der Körper des paradiesischen Sohnes ist von höchstem Rang und wird erst nach vielen Jahren des hingebungsvollen Dienstes und nach der Erarbeitung aller anderen Lichtkörper erlangt. Wie bereits erwähnt, können diese höheren Lichtkörper erlangt werden, doch die Tests, Lektionen und das Erarbeiten der höheren Lichtkörper kann damit verglichen werden, die höchsten Gipfel an spirituellem Glauben und Gottesverwirklichung zu erklimmen. Es gibt viele, die diese Gipfel nicht erklimmen können und den Versuchungen des negativen Egos mit seinem angstbegründeten Denken, seiner Illusion, seinem Glanz und seiner grundlegenden Sieger- und Verlierer-Haltung, die einen glauben lässt, dass man das Lernen der Lektionen, das Erlangen von Wissen, den Dienst an Gott und allen Schöpfungen und das Beibehalten der höchsten Integrität des spirituellen Christus-/Buddha-/Gottesbewusstseins in jedem Moment seines Lebens nicht fortführen muss, zum Opfer fallen! Auf dieser Ebene des Lichtkörpers meint man nicht, irgendeiner Versuchung unterhalb des reinen Bewusstseins der Gottesverwirklichung zu erliegen, ihr würdet jedoch überrascht sein, wie viele es aus diesen Gründen nicht bis zu dieser Stufe schaffen. Die spirituellen Tests und Lektionen werden viel schwieriger und sind nicht ohne eisernen Willen, Entschlusskraft, Hingabe, Dienst, Glauben und Vertrauen euch selbst und Gott gegenüber zu erlangen. Lasst die Gläubigen und Entschlossenen vorwärts gehen, das Licht des Körpers des paradiesischen Sohnes zu beanspruchen und Gottes Segen über euch wird jenseits von allem sein, was ihr euch vorstellen könnt!

ELOHISTISCHER KÖRPER DES HERRN

Der elohistische Körper des Herrn ist eine Schöpfung innerhalb der Stufe der Elohim-Schöpfergötter. Die Erschaffung dieses Lichtkörpers war in der Tat eine ihrer gemeinsamen Schöpfungen mit Metatron, Melchizedek, Mahatma, Christus und dem Heiligen Geist. Der elohistische Körper des Herrn verleiht euch die Kraft der Manifestation/ Schöpfung in dem Maß und zu dem Grad, in dem ihr diesen Lichtkörper erlangt habt. Dies bedeutet für euch, dass dieser erlangte Lichtkörper nur zu einem bestimmten Prozentsatz der Aktivierung innerhalb eurer Lichtkörperstruktur verankert wird. Es liegt in Gottes Ermessen, wie hoch dieser Prozentsatz des Lichtkörpers ist, abhängig von Seiner Beurteilung eures Fortschritts. Diese interessante Tatsache muss absolut verstanden werden! Wenn ihr die höhere Stufe des Lichtkörpers erreicht und verdient habt, liegt es am göttlichen Ermessen, welchen Prozentsatz des Lichtkörpers ihr bekommt, um ihn zu aktivieren und innerhalb eures Lichtkörpersystems zu verankern. Daher sind die Möglichkeiten und Formeln des Prozentsatzes der Aktivierung und Verankerung für jedes Individuum praktisch grenzenlos. Gottes Weisheit und Urteilskraft fällt diese Entscheidung; doch ein jeder Prozentsatz dieses Lichtkörpers wird eine Erfahrung von gewaltiger Größe mit sich bringen! Die Vision des elohistischen Körpers des Herrn in eurer Aura besitzt eine strahlen blaue Farbe mit lumineszierenden Spuren weißer Energie, welche derart durch die Energie fließt und pulsiert, als ob jemand eine Projektion von Energiefunken durch das Universum wahrnehmen würde. Der elohistische Körper des Herrn wurde zu dem Zweck konstruiert, dass er denjenigen gegeben wird, welche die Fähigkeit des direkten Mitschöpfers Gottes verdient haben. Ihr mögt fragen: „Was kann ich auf dieser Stufe des Lichtkörpers erschaffen?" Die Möglichkeiten sind endlos und wie ihr lehrt, werdet ihr auch lernen. Das ist der grenzenlose Fluss an Energie, Weisheit und Wissen, der euch von Gott gereicht wurde. Der elohistische Körper des Herrn kann mit nichts verglichen werden, was sich euer Geist vorstellen oder ausmalen kann. Die Belohnungen und Segnungen, die ihr empfangt und in eurem Dienst an Gott und der Menschheit teilt, indem ihr diesen Lichtkörper erlangt, sind so grenzenlos wie Gottes bedingungslose Liebe!

MYSTISCHER KÖRPER DES HERRN

Der mystische Körper des Herrn ist ein Mysterium der Schöpfung von allem, was war und sein wird! Diese Schöpfung des Lichtkörpers wird mit Melchizedek, Metatron, Michael, Mahatma, Christus, dem Heiligen Geist und den Schöpfergöttern, den Elohim, zusammenarbeiten. Eure Aufgabe beim Erarbeiten dieses Lichtkörpers besteht darin, den „Gott der Götter" und den „Herrn der Herren" in physischer Form auf dieser Erde hervorzubringen und zu veranschaulichen. Beim anfänglichen Erarbeiten dieses Lichtkörpers, wird euch nicht der volle Prozentsatz an Energie, die dieser mystische Körper des Herrn besitzt, gewährt. Es wäre zu kraftvoll für das physische Wesen, um dies auf einmal zu absorbieren! Beim anfänglichen Erarbeiten dieses Lichtkörpers wird euch nach Gottes Ermessen ein kleiner Prozentsatz gewährt. Euer Training, eure Tests und Lektionen werden sehr viel umfangreicher beim Erreichen dieser Stufe des Lichtkörpers. Eure spirituelle Führerschaft auf Erden und auch universell, steigert sich derart, wie wenn ihr zum ersten Mal die höchste anerkannte Schule im Universum besuchen würdet. So könnt ihr die Größe, Kraft und Heiligkeit des mystischen Körpers des Herrn verstehen. Der mystische Körper des Herrn umfasst alle anderen Lichtkörper mit seiner Pracht, Weisheit und Gnade. Der mystische Körper des Herrn erscheint als zentrifugale Kraftenergie, die durch die Aura mit lumineszierenden Goldkugeln, gepaart mit Spuren von Violett, Weiß, Gelb, Blau, Grün und platinfarbenen Strichbildern von Energie und Licht pulsiert. Nehmt euch einen Moment Zeit, um euch die Herrlichkeit dieses Lichtkörpers vorzustellen. Die wichtigste Funktion und Absicht des mystischen Körpers des Herrn besteht darin, eure Entwicklung und Weisheit bei der Mitschöpfung innerhalb des göttlichen Planes zu steigern. Mit dem mystischen Körper des Herrn werdet ihr euch einen Platz im Rat des Universums und innerhalb der Kosmischen Hierarchie erarbeiten, bei dem ihr ein Führer unter Führern im Dienste Gottes sein werdet!

SOHNSCHAFT - STERNEN - LICHTKÖRPER

Der Sohnschaft-Sternen-Lichtkörper wird euch heute als Geschenk Gottes gegeben! Dieser Lichtkörper wurde neu erschaffen und wurde niemals zuvor der Erde offenbart. Der Sohnschaft-Sternen-Lichtkörper wurde jedoch auf anderen Planeten getestet und hat den höchsten Standard und die höchste Fähigkeit beim Revolutionieren der äußeren Galaxien, Universen und Sternensysteme erlangt. Wir versuchen, euch in der Geschwindigkeit, Kraft und Macht des Sohnschaft-Sternen-Lichtkörpers zu unterweisen. Dieser Lichtkörper besitzt den Intellekt und die Macht der Schöpfung und arbeitet gemeinsam mit dem mystischen Körper des Herrn an der Schöpfung. So wie beim mystischen Körper des Herrn werdet ihr zu Beginn nicht die volle Kraft dieses Lichtkörpers erhalten. Euer physischer Körper würde sich in Sekunden auflösen, wenn euch zu Beginn zu viel gegeben würde. Es ist eine Tatsache, dass euer physischer Körper und eure Molekularstruktur beim Erlangen irgendeines Grades dieses Lichtkörpers geringfügig neu gestaltet wird, um in der Lage zu sein, die Energie des Sohnschaft-Sternen-Lichtkörpers zu absorbieren. Dies benötigt natürlich einige Zeit und Vorbereitung für den physischen Körper, um die molekularen Veränderungen, so wie sie euch verabreicht werden, vorzunehmen. In dieser Diskussion müsst ihr die hochgradige wissenschaftliche Formulierung und präzise Übergabe an euren physischen Körper verstehen.

Der Sohnschaft-Sternen- Lichtkörper hilft euch, eine Schöpfung durch euer spirituelles Christus-/Buddha-/Gottesbewusstsein durchzuführen. Auf dieser Stufe des Lichtkörpers werden eure Gedanken sofort manifestiert. Wiederum erinnern wir euch an die Kraft eurer Gedanken und Handlungen! Nur diejenigen, welche die Gottesverwirklichung auf der höchsten Stufe erlangt haben, empfangen den Segen des Erlangens des Sohnschaft-

Sternen-Lichtkörpers. Bis jetzt hat noch niemand auf der Erde diese Stufe des Aufstiegs erlangt! Es war Gottes Segen für uns alle, das Wissen des Sohnschaft-Sternen-Lichtkörpers zu empfangen und zu verstehen, dass es unser göttliches Erbe und unser Segen als Inkarnationen Gottes ist, fähig zu sein, diese Stufe der Gottesverwirklichung zu unserer physischen Lebenszeit zu erlangen!

Dieses Kapitel und Buch wurde uns als Geschenk Gottes gegeben! Dies ist der erste von vielen Bänden, die noch geschrieben werden. Die Information, die Weisheit und das Wissen, die von Gott und den Aufgestiegenen Meistern gegeben werden, beinhalten weiterhin Ziele für die Menschheit, um den integrierten Lichtkörper aufzubauen. Ihr müsst die Wahrheit dieser Weisheit nur kennen und in die Praxis umsetzen! Bei eurer Suche nach der Erlangung der Gottesverwirklichung werdet Ihr die Belohnungen eures spirituellen Christus-/Buddha-/Gottesbewusstseins auf allen Stufen der Existenz ernten und mit Gott gemeinsam Seine Vision und Realität des Himmels auf Erden erschaffen!
So steht es geschrieben! So soll es geschehen! Wie im Himmel so auf Erden!

Über die Autoren

Dr. Joshua David Stone ist Doktor für Transpersonale Psychologie und ein anerkannter Ehe-, Familien- und Kinderberater in Agoura Hills, Kalifornien. Auf der spirituellen Ebene verankerte er die "Melchizedek Synthesis Light Academy und Ashram", - ein integrierter Ashram auf der inneren und äußeren Ebene, der alle Wege zu Gott repräsentiert. Er dient als einer der Sprecher der planetaren Aufstiegsbewegung. Durch seine Bücher, Kassetten, Seminare, Vorträge und die jährlich stattfindende Wesakfeier ist Dr. Stone als einer der führenden spirituellen Lehrer und Channels der Welt durch seine Lehren der Aufgestiegenen Meister, der Spirituellen Psychologie und des Aufstiegs bekannt! Er hat inzwischen über 47 Bände in seiner Aufstiegs-Buchserie, die er auch "Die leicht zu lesende Enzyklopädie des spirituellen Pfades" nennt, geschrieben!

Dr. Joshua David Stone
Melchizedek Synthesis Light Academy
28951 Malibu Rancho Rd.
USA - Agoura Hills, California 91301
Tel.: (818) 706-8458
Fax: (818) 706-8540
http://www.drjoshuadavidstone.com
e-mail: drstone@best.com

Sally LeSar ist ordinierte Geistliche, die ihr Leben dem Christusbewusstsein gewidmet hat. Sie hat zwei wundervolle Töchter und ist Großmutter von drei wundervollen Enkelkindern. Sie hat in ihrem Leben intuitiv immer so gelebt, wie Gott es wünschte. Sie begann vor vielen Jahren mit dem spirituellen Aufstieg und wusste zu dieser Zeit noch nicht wirklich, was dies bedeutet. Indem sie sich auf das Licht und die Liebe Gottes ausrichtete und die richtigen Entscheidungen in ihrem freien Willen traf, stieg sie zu den höheren Ebenen der spirituellen Führerschaft auf. Sally ist die Autorin einer mehrbändigen Serie mit dem Titel: "Schätze aus dem Universum", die in Kürze erscheint. Diese Bände enthalten spirituelle Weisheit und Kenntnisse von Gott und den Aufgestiegenen Meistern über die Grundlagen, das Leben im spirituellen Christus-/Buddha-/Gottesbewusstsein zu leben. Ihr Lebensweg ist, allen zu helfen, die nach dem Licht und der Liebe Gottes suchen, um ihr ganzes göttliches Potenzial und ihre Göttlichkeit auf Erden zum Ausdruck zu bringen.

Saint Germain *Crea und Sananta*

broschur 128 S., EUR 15,90/ CHF 29,80 ISBN 3-933470-08-0

Durchgaben, Anrufungen und Meditationsübungen von SAINT GERMAIN. Eine Beschreibung des Wirkens dieses großen Meisters. Reinigung und Umwandlung mit der Violetten Flamme.

Sananda *Crea*

broschur 152 S., EUR 16,90/ CHF 29,80 ISBN 3-933470-02-1

Eine Zusammenfassung wertvoller Durchgaben und Meditationsübungen von SANANDA, die das Wirken dieses großen Meisters beschreibt.

LICHT - MEDITATIONEN Bd. 1+2 *Sananta*

mit Engeln und Aufgestiegenen Meistern

broschur 128 S., EUR 15,90/CHF 29,80

ISBN Band 1: 3-933470-09-9 / ISBN Band 2: 3-933470-11-0

Die regelmäßige Anwendung dieser Meditationen bewirkt eine Erhöhung der persönlichen Schwingung und unterstützt die eigene geistige Entwicklung. Diese Meditationen umfassen unter anderem Themen wie: Geistigen Schutz, Heilung, Reinigung, Erdung, Licht, Vergebung, Loslassen, Freude, Liebe, Frieden...

El Morya *Crea*

broschur 96 S., EUR 8,90/ CHF 16,80 ISBN 3-933470-01-3

Eine Zusammenfassung wertvoller Durchgaben und Meditationsübungen von EL MORYA, die das Wirken dieses großen Meisters beschreibt.

Maria - Die Ankunft des Lichtkindes *Sananta*

Empfängnis, Schwangerschaft, Geburt
und Kindheit aus geistiger Sicht

broschur 72 S., EUR 8,90/ CHF 16,80 ISBN 3-933470-00-5

Dr. Joshua David Stone

1. Band: Das komplette Aufstiegs-Handbuch
- Wie man den Aufstieg in diesem Leben erreicht
416 S., gebunden, EUR 29,90 / CHF 54,80 ISBN 3-933470-60-9

2. Band: Seelenpsychologie - Psychologie der Seele
- Die spirituellen Schlüssel zum Aufstieg
448 S., gebunden, EUR 32,90 / CHF 59,80 ISBN 3-933470-61-7

3. Band: Der Pfad des Aufstiegs - Ein Wegbegleiter
288 S., broschur, EUR 22,90 / CHF 39,80 ISBN 3-933470-63-3

4. Band: Aufgestiegene Meister weisen den Weg
- Leuchtfeuer des Aufstiegs
320 S., gebunden, EUR 26,90 / CHF 49,80 ISBN 3-933470-64-1

5. Band: Integrierter Aufstieg
- Offenbarungen für das neue Jahrtausend
448 S., gebunden, EUR 31,90/ CHF 56,80 ISBN 3-933470-65-X

6. Band: Aufstiegskurse
224 S., broschur, EUR 21,90/ CHF 37,80 ISBN 3-933470-66-8

7. Band: Spirituelle Achtsamkeit
im Angesicht des Terrorismus
- Enthüllte Wahrheit und Weisheit Gottes!
176 S. broschur, EUR 16,90/ CHF 29,80 ISBN 3-933470-67-6

8. Band: Verborgene Mysterien
448 S., gebunden, EUR 31,90/ CHF 56,80 ISBN 3-933470-68-4

9. Band: Wie man sich vom negativen Ego befreit
320 S., gebunden, EUR 25,90/ CHF 49,80 ISBN 3-933470-69-2

10. Band: Der Integrierte Lichtkörper
288S. broschur, EUR 23,90/ CHF 39,80 ISBN 3-933470-70-6